I0822084

Hannah Arendt (1906-1975) hat die politische Theorie des 20. Jahrhunderts durch eine folgenreiche begriffliche Unterscheidung nachhaltig herausgefordert. Sie entwickelt in ihren Schriften *Vita activa*, *Über die Revolution* und *Macht und Gewalt* die These, dass Macht und Gewalt zwei politische Phänomene darstellen, die gegenteilige Ursachen und Effekte haben und darum radikal zu unterscheiden sind. Arendt unterzieht die politische Geschichte der Gegenwart im Lichte des Gegensatzes von Macht und Gewalt einer Relektüre und entwickelt ein neues Verständnis von Revolution und Demokratie, von ökonomischer Rationalität und totaler Herrschaft. Den Ausgangspunkt ihrer politischen Philosophie bildet die Überzeugung, dass sich der freiheitliche Charakter der Politik daran bemisst, wie weit sie Gewalt in ihren verschiedenen Facetten vermeiden und transformieren kann.

Katrin Meyer analysiert Arendts politische Philosophie, indem sie die deskriptive und normative Unterscheidung von Macht und Gewalt ins Zentrum rückt. Der Gegensatz der beiden Konzepte bietet einen Schlüssel, um wichtige Aspekte von Arendts politischem Denken zu klären, die bei Arendt selber wie auch in der Sekundärliteratur nur ansatzweise ausgeführt sind. Dies beinhaltet einerseits die genauere Bestimmung des Konzepts der Macht, verstanden als Ermöglichungsmacht und als Durchsetzungsmacht, und deren Abgrenzung zu Formen der politischen Gewalt. Andererseits geht es darum, Arendts emphatisches Verständnis von Macht als Praxis des Anfangens, Teilens und der Teilhabe kritisch nach seinen Grenzen und Ausschlüssen zu befragen.

Das Buch bietet eine klare und detaillierte Rekonstruktion von Arendts Verständnis von Macht und Gewalt und diskutiert dessen aktuelle Bedeutung für eine politische Theorie demokratischer Praxis.

Katrin Meyer, geb. 1962, ist Privatdozentin für Philosophie an der Universität Basel und Lehrbeauftragte für Philosophie und Gender Studies an verschiedenen Schweizer Universitäten. Sie promovierte über Friedrich Nietzsche und habilitierte sich mit einer Studie über Michel Foucault und Hannah Arendt. Ihre aktuellen Forschungsgebiete sind Theorien der Macht und Gewalt, (Post-)Demokratie, Kritik der Sicherheit und feministische Theorien der Intersektionalität.

Katrin Meyer

Macht und Gewalt im Widerstreit

Politisches Denken nach Hannah Arendt

Schwabe Verlag Basel

Publiziert mit Unterstützung des Schweizerischen Nationalfonds zur Förderung der wissenschaftlichen Forschung im Rahmen des Pilotprojekts OAPEN-CH

MIX
Aus verantwortungsvollen Quellen
FSC® C068066

Schwabe Reflexe 47

Lektorat: Barbara Handwerker Küchenhoff, Schwabe Verlag
Umschlaggestaltung: Heike Ossenkop, h.o.pinxit//editorial design, Basel
Gesamtherstellung: Schwabe AG, Druckerei, Muttenz/Basel, Schweiz
Printed in Switzerland
ISBN 978-3-7965-3556-7
ISBN E-Book (EPUB) 978-3-7965-3561-1

rigths@schwabe.ch
www.schwabeverlag.ch

Inhalt

Einleitung

> Ein solches Absolutes ist auch die Macht;
> sie ist, wie man zu sagen pflegt,
> ein Selbstzweck.
> (H. Arendt)

Macht ist Ausdruck menschlichen Handelns. Machtvolles Handeln macht Mögliches wirklich und ermöglicht, was wirklich werden soll; es gestaltet soziale Verhältnisse und realisiert subjektive Praktiken. Entsprechend weit ist die alltagssprachliche Bedeutungsspanne des Wortes, die von überlegener Kraft, Gewalt und Zwang bis zu Einfluss, Wirkung und Potenz reicht und die eine definitorische Bestimmung des Begriffs erschwert. Was Macht bedeutet, so lässt sich analog zu Augustinus' berühmtem Diktum über die Zeit sagen, ist allgemein bekannt, aber nur solange niemand danach fragt, was sie sei. Die Unschärfe des Machtbegriffs ist gerade in philosophischen Darstellungen des Themas mittlerweile ein Gemeinplatz geworden. Doch ist sie auch ein Problem? Soll Macht überhaupt philosophisch bestimmt werden?

Die Klärung des Machtbegriffs, um die es im Folgenden gehen wird, ist darum wichtig, weil der Machtbegriff seit der Neuzeit zu einem zentralen Bezugspunkt gesellschaftlicher und politischer Selbstverständigung geworden ist. Es ist die These dieses Buches, dass es möglich ist, anhand des Machtbegriffs geschichtliche Verhältnisse von naturhaften Ereignissen abzugrenzen und dem Verantwortungsbereich des Menschen zu unterstellen. Mit ihm lässt sich unterscheiden, welche sozialen Phänomene ethisch und politisch rechtfertigungsbedürftig sind und welche nicht. Zugleich regelt er, wann das Nachdenken über Widerstand gegen bestehende Verhältnisse überhaupt sinnvoll ist und wann individuelle und kollektive Handlungsmacht an ihre Grenzen stößt. Der Machtbegriff ist, mit anderen Worten, eine sozialphilosophische und politische Grundkategorie, weil er den Rahmen absteckt und die Bedingungen formuliert, unter denen gesellschaftliche Praktiken und politische Verhältnisse denkbar sind. Unter der Perspektive des Begriffs können, wie unter einem Brennglas, die unterschiedlichsten Möglichkeiten gebündelt werden, wie sich Menschen als aktiv handelnde, politisch wirkende und sozial eingebundene Wesen verstehen. In Anlehnung an Martin Heideggers Frage nach dem Sinn von Sein, die das Verstehen des eigenen Daseins strukturiert, eröffnet die Frage nach dem Sinn von Macht eine Perspektive auf das Politische als eine Praxis kollektiver und sinnhafter Selbstverständigung.[1]

Ein kurzer Blick auf die neuere Geschichte des Machtbegriffs und seiner Verwendung in politischen Theorien und Sozialphilosophien zeigt, dass sich der Sinn von Macht grundlegend unterscheidet, je nachdem ob Macht im Hinblick auf die eigene Handlungs- und Gestaltungsmacht thematisiert wird – mithin als Bedingung und Effekt von Autonomie, Freiheit, Emanzipation und Kreativität – oder aber als Begriff für gesellschaftliche Strukturen, die solche Handlungsformen für die meisten Menschen gerade verunmöglichen, weil Macht mit Unterdrückung, Ungleichheit, Herrschaft, Gewalt und Entmündigung gleichgesetzt wird.

Diese gegensätzliche Bestimmung des Machtbegriffs wird in wenigen Debatten so deutlich wie in jenen des Feminismus. Vor allem von den radikalen Feministinnen der 1970er Jahre wird Macht mit einer durchwegs negativen, weil unterdrückenden und gewaltförmigen Herrschaftsstruktur gleichgesetzt. Das Patriarchat gilt als Name für eine gesellschaftliche Macht, die Frauen ökonomisch und sexuell ausbeutet, die in Familie, Politik, Wissenschaft und Kultur Normen etabliert, die Männlichkeit aufwerten und Weiblichkeit abwerten, und die es Frauen verunmöglicht, eigene Begehrens- und Handlungsformen zu entwickeln. Macht ist in diesem Kontext immer männlich konnotiert. «It's hierarchical, it's dominant, it's authoritative», wie es Catharine MacKinnon in ihrem Text *Desire and Power* formuliert.[2] Entsprechend ist die Vorstellung weiblicher Macht für MacKinnon ein Widerspruch in sich selbst.[3]

1 Vgl. zur konstitutiven Geschichtsverwiesenheit solcher Selbstverständigung Angehrn, Emil: Wozu Philosophiegeschichte? in: ders.: Wege des Verstehens. Hermeneutik und Geschichtsdenken, Würzburg 2008, S. 111–133.

2 MacKinnon, Catharine: Desire and Power, in: Theorizing Feminisms, hg. von Elizabeth Hackett und Sally Haslanger, New York/Oxford 2006, S. 256–265, hier S. 260.

3 Ebd.

Als Gegenentwurf zu dieser Analyse einer patriarchalen Entmündigung der Frauen etablieren Feministinnen ebenfalls in den 1970er und 1980er Jahren Ansätze zu einem weiblichen Verständnis von Macht, das Beziehungen der Solidarität und Wertschätzung unter Frauen Ausdruck geben soll. Die weibliche Macht, die sich in anerkennenden Interaktionen zwischen Frauen herausbildet, ist demgemäß eine der «liebevollen Autorität», wie es die italienische Philosophin Giannina Longobardi formuliert, «die diejenige umhüllt/umgibt, die ihr unterstellt ist», und die sie ermächtigt, «ihren Wunsch zu verwirklichen.»[4] Macht kehrt sich so unter der Hand in eine Kraft, die Freiheit, Selbstbestimmung und die Verwirklichung von Wünschen und Zielen ermöglicht.

Diese beiden Beispiele aus der jüngeren Theoriebildung des Feminismus sind exemplarisch dafür, wie sich das Verständnis von Macht in der Geschichte des Machtbegriffs nicht nur mehrdeutig, sondern sogar gegensätzlich entfaltet hat. In der anglophonen Theoriesprache wird diese Doppeldeutigkeit der Macht meist als *power to* und als *power over* unterschieden.[5] *Power to* bedeutet die Macht, etwas zu bewirken. Sie beschreibt die Fähigkeit eines Akteurs oder einer Akteurin, etwas zu tun oder zu vollenden. *Power over* wiederum steht für asymmetrische Beherrschungs- und Dominanzverhältnisse, das heißt für Macht *über* Menschen. Diese Unterscheidung kann mit einer älteren philosophischen Tradition in Verbindung gebracht werden, auch wenn sie mit dieser nicht identisch ist, die Macht als ontologisches Vermögen (*potentia*) und als politische Herrschaft (*potestas*) reflektiert.[6]

4 Longobardi, Giannina: Frauen und Macht, in: Diotima. Philosophinnengruppe aus Verona: Der Mensch ist zwei. Das Denken der Geschlechterdifferenz, Wien 1989, S. 127–132, hier S. 131.

5 Vgl. Allen, Amy: Rethinking Power, in: Hypatia 13/1 (1998), S. 21–40, hier S. 22; Morriss, Peter: Power. A Philosophical Analysis, Manchester 1987, S. 32–35; Lukes, Steven: Power. A Radical View, 2. erw. Ausg., New York 2005, S. 34; Pitkin, Hanna F.: Wittgenstein and Justice, Berkeley 1972, S. 276f., Wartenberg, Thomas E.: The Forms of Power. From Domination to Transformation, Philadelphia 1990, S. 19.

6 Vgl. zu dieser doppelten Tradition der Macht als *potestas* und *potentia* Röttgers, Kurt: Spuren der Macht. Begriffsgeschichte und Systematik, Freiburg i. Br./München 1990.

Macht im Sinne von Herrschaft und Übermacht wird in der Antike durch die Begriffe *arché* und *potestas* wiedergegeben. Sie bezeichnen Formen politischer Herrschaftsausübung, militärischer Führungsgewalt und gesetzgeberischer Autorität, die in der neuzeitlichen politischen Philosophie mit souveräner und legitimer Staatsmacht gleichgesetzt werden. Die Begriffe teilen mit dem Terminus der *power over* die Elemente der Übermacht und Herrschaft, der Über- und Unterordnung, der Hierarchie- und Dominanzverhältnisse.

Macht als ontologisches Vermögen wiederum folgt der antiken Begrifflichkeit von *dynamis* und *potentia*. Aristoteles führt den Begriff der *dynamis* in der *Metaphysik* als «Prinzip der Bewegung oder Veränderung» ein.[7] In der neuzeitlichen Philosophie, bei Thomas Hobbes und Baruch de Spinoza, bezeichnet *potentia* das Vermögen, Sein zu realisieren, Bewegung auszulösen und Ziele zu verwirklichen – kurz, sie steht für eine allgemeine Wirkfähigkeit, die Macht als dynamisches Verhältnis qualifiziert, wobei sich diese ontologische Wirkkraft in der Folge eher handlungstheoretisch wie bei Hobbes oder eher seinsbezogen wie bei Spinoza entfalten lässt.[8]

Allerdings ist es trügerisch zu meinen, die unterschiedliche Begrifflichkeit von *potestas* und *potentia* werde im deutschen Wort *Macht* nur zufälligerweise zusammen geführt und es sei möglich, Vorherrschaft und ontologische Wirkmacht als getrennte Phänomene zu verstehen. Das Problem ist vielmehr ein umgekehrtes: Ontologische Wirkmacht und politisch-soziale Übermacht sind systematisch ineinander verstrickt. Macht als ontologische Wirkmacht lässt sich in *jeder* menschlichen Praxis rekonstruieren, in der Sein entfaltet, realisiert, verändert oder intensiviert wird, das heißt

7 Aristoteles: Metaphysik, übers. und hg. von F. Schwarz, Stuttgart, erg. Ausg. 1984, S. 133 und S. 135. Der Begriff der *dynamis* ist bereits vor Aristoteles im Griechischen gebräuchlich und dient als Bezeichnung für physische Kraft, politisch-militärische Macht, Vermögen, Stärke und Fähigkeit; vgl. Wolf, Ursula: Möglichkeit und Notwendigkeit bei Aristoteles und heute, München 1979.

8 Zu Hobbes s. unten Kapitel III.1. Zum ontologischen Machtverständnis von Spinoza vgl. die grundlegende Studie von Saar, Martin: Die Immanenz der Macht. Politische Theorie nach Spinoza, Berlin 2013.

auch in jenen Interaktionsformen, die politische Herrschaft und soziale Hierarchien etablieren. Die ontologisch weite Dimension der Macht formuliert darum nicht so sehr den Gegensatz als vielmehr die Bedingung sozialer und politischer Übermacht, insofern diese immer auch als eine Wirkmacht zu verstehen ist. Damit aber wird eine normative Unterstellung fragwürdig, die in den obigen Beispielen der feministischen Machttheorien anklingt und die in vielen emanzipatorischen Befreiungstheorien impliziert wird: die Unterstellung nämlich, es lasse sich aus den Begriffen von *potentia* und *potestas* resp. von *power to* und *power over* eine normative Unterscheidung zwischen einer guten und einer schlechten Macht ableiten und beide Machtformen gegeneinander ausspielen. Die *power to* im Sinne der *potentia* wird als eine gute Macht definiert, weil sie Sein erschafft und Handlungsfähigkeit fördert, Vitalität, Lust und Fülle aktualisiert und zur Steigerung des (sozialen) Lebens beiträgt. Die Macht *über jemanden oder über etwas* gilt dagegen als eine schlechte Macht, weil sie Handlungsfähigkeit und Seinsmöglichkeiten zerstört. Sie steht für Unterdrückung und Repression.[9] Übermächtig sein heißt, dass sich strukturell eine Partei auf Kosten einer anderen ermächtigt, dass sie ihre Interessen einseitig zum Schaden von anderen durchsetzt und deren Ziele missachtet.[10] Die in der Moderne weit verbreitete These, Macht sei an sich böse, wie

9 Besonders prominent ist dieser normative Gegensatz im Werk von Gilles Deleuze, der ihn in der lateinischen Terminologie von *potentia* und *potestas* fasst; vgl. auch Deleuze, Gilles; Guattari, Félix: Tausend Plateaus. Kapitalismus und Schizophrenie, hg. von Günther Rösch, Berlin 1997, S. 90, 199; ähnlich auch Agamben, Giorgio: Lebens-Form, in: ders.: Mittel ohne Zweck. Noten zur Politik, Berlin 2001, S. 13–22.

10 Vgl. Lukes, Power, S. 30: «A exercises power over B when A affects B in a manner contrary to B's interests.» Vgl. auch Habermas' negativen Machtbegriff in den frühen Texten; er definiert Macht «als die Fähigkeit, andere Individuen oder Gruppen daran zu hindern, ihre Interessen wahrzunehmen». (Habermas, Jürgen: Theorie der Gesellschaft oder Sozialtechnologie? Eine Auseinandersetzung mit Niklas Luhmann, in: ders.; Luhmann, Niklas: Theorie der Gesellschaft oder Sozialtechnologie – Was leistet die Systemforschung?, Frankfurt a.M. 1971, S. 254.)

es etwa Jacob Burckhardt formuliert, lässt sich aus dieser Perspektive dem Machtbegriff *power over* zuordnen.[11]

Eine solche normative Unterscheidung von *power to* und *power over* verkennt aber, dass die ontologische Wirkmacht soziale Herrschafts- und Übermachtsverhältnisse nicht notwendig ausschließt. Dem eigenen Handeln Wirkmacht zu geben und die gesellschaftlichen Verhältnisse zu prägen, ist im Gegenteil eine besonders starke Intention jener, die ihre eigenen Ziele verwirklichen wollen, und dies gelingt nicht selten dann am besten, wenn die eigene Handlungs- und Gestaltungsmacht jene von anderen Akteurinnen und Akteuren übersteigt. Die ontologische Macht ist mit anderen Worten in Bezug auf das, *was* sie ins Sein bringt, unterbestimmt: ihr Effekt kann ein Liebesverhältnis sein oder ein Akt der Gesetzgebung, die Schönheit eines Kunstwerks oder eine Befehlsgewalt. Es ist darum unmöglich, gesellschaftliche (Ungleichheits-) Phänomene als verwirklichte zu denken, ohne eine ontologische Wirkmacht vorauszusetzen. Aber impliziert dies auch umgekehrt, dass ontologische Wirkmacht immer Machtungleichheit beinhaltet? Oder wäre eine menschliche Potenz denkbar, durch die sich eine absolute ontologische Fülle realisiert und in der keine Spuren der Negation, Unterdrückung oder des Mangels enthalten sind? Ist es mit anderen Worten möglich, Handlungs- und Wirkungsmacht auszuüben, ohne anderes Handeln einzuschränken?

Diese Fragen nach der wechselseitigen Konstitution von ontologischer Wirkmacht und sozial-politischer Übermacht bleiben in vielen politischen Theorien ungeklärt und münden in ein Problem, das Wendy Brown und Joan Scott als machttheoretisches Paradox bezeichnen – ein Paradox, das nicht nur, aber auch in feministischen Theorien virulent ist.[12] Das Paradox liegt darin, dass viele Utopien, die das Ziel einer herrschaftsfreien Gesellschaft verfolgen, für ihre Visionen Wirkmacht beanspruchen, die sich notfalls gegen oder über andere Positionen hinwegsetzen können soll,

11 Burckhardt, Jacob: Über das Studium der Geschichte, hg. von Peter Ganz, München 1982, S. 260, 302.

12 Brown, Wendy; Scott, Joan W.: Power, in: Critical Terms for the Study of Gender, hg. von Catharine R. Stimpson und Gilbert Herdt, Chicago 2014, S. 335–357, hier S. 335.

auch wenn die politische Bewegung beansprucht, gesellschaftliche Machtverhältnisse im Sinne von Über- und Unterordnung zu eliminieren.[13] Dieses widersprüchliche Verhältnis zu Machtpraktiken erinnert an jene Konstellation, die Immanuel Kant als 'ungesellige Geselligkeit des Menschen' bezeichnet und von der er behauptet, dass sie der Mensch «nicht wohl *leiden*, von denen er aber auch nicht *lassen* kann»[14].

Um solche normativen Paradoxien aufzulösen, genügt es nicht, auf der begrifflichen Unterscheidung von *potestas* und *potentia* zu beharren, so als könnte in dieser Unterscheidung schon eine Antwort auf das Problem widersprüchlicher Macht liegen. Wichtig ist vielmehr, das Verhältnis beider Machtkonzeptionen ins Zentrum zu rücken und zur *Ausgangsfrage* zu machen, um dem Sinn der Macht und damit auch dem Sinn des Politischen auf die Spur zu kommen. Gerade wenn die Idee herrschaftsfreier Sozialverhältnisse eine politische Vision ist, muss der Status der ontologischen Wirkmacht in ihrer fundierenden und normativen Dimension genauer analysiert und in ihren potentiellen Widersprüchlichkeiten als politischer Leitbegriff reflektiert werden. Soll im Verständnis der Macht als *potentia* ein Versprechen enthalten sein, Herrschaftsverhältnisse zu transzendieren, so ist der Sinn dieser ontologischen Macht nicht schon vorauszusetzen, sondern erst freizulegen.

Eine Philosophin, die zu dieser Aufgabe Maßgebliches beigetragen hat, ist Hannah Arendt. Ihr Denken kann im weitesten Sinn als Philosophie der Macht bezeichnet werden, denn es umkreist die Frage, was Menschen gemeinsam verwirklichen können. In dieses politische Interesse eingeflochten ist auch bei Arendt die utopische Hoffnung, dass sich politische und soziale Verhältnisse jenseits von Hierarchien und Gewalt denken lassen. Ihre Philosophie der Macht ist von den großen politischen Katastrophen des

13 Ebd.: «Feminist visions of emancipation and equality, then, simultaneously required power, reviled power, and projected a world in which power was radically reduced if not eliminated.»

14 Kant, Immanuel: Ideen zu einer allgemeinen Geschichte in weltbürgerlicher Absicht (1784), in: ders.: Ausgewählte kleine Schriften, Hamburg 1963, S. 27–44, hier 32.

20. Jahrhunderts geprägt, die auch ihr eigenes Leben gezeichnet haben.[15] Die beiden Weltkriege, die totale Herrschaft Hitlers und Stalins, die Shoa, Nationalismus, Imperialismus und Kolonialismus, globale Flüchtlingsbewegungen und die Entwicklung der Atombombe bilden die historischen Bedingungen, die ihr politisches Denken grundieren. Viele dieser Ausgangsbedingungen wirken im 21. Jahrhundert weiter fort und sind von gleichbleibender Aktualität. Entsprechend bietet Arendts Denken – trotz seiner Grenzen und Lücken, über die im weiteren Verlauf dieses Buches immer wieder ausführlich zu sprechen sein wird – einen produktiven Zugang, um den Sinn des Politischen und einer Politik gemeinsamer Macht für unsere Gegenwart zu erkunden.

Arendts Machtverständnis lässt sich als Beitrag zu einem politischen Selbstverständnis lesen, in dem sich Menschen als Subjekte begreifen, die in der gemeinsamen Handlungsmacht eine spezifisch sinnhafte Erfahrung machen.[16] Ihr Konzept einer gemeinsamen Macht wendet sich in diesem Sinn, in einer Formulierung von Étienne Balibar gefasst, gegen die Entfremdung des Menschen von sich selbst und seiner Welt.[17] Diese Entfremdung als überwindbar überhaupt denken zu können, ist in Arendts Neubestimmung einer gemeinsamen Handlungsmacht als Versprechen angelegt. Es verweist auf eine im politischen Sinn emanzipatorische und freiheitliche Praxis, aber auch auf existenziell sinnhafte Erfahrungen und sozial sinnstiftende Formen der Interaktion und Kommunika-

15 Arendt wurde 1906 in Königsberg als deutsche Jüdin geboren. 1933 flüchtete sie aus Deutschland und lebte nach mehrjährigem Exil in Frankreich von 1944 bis zu ihrem Tod 1975 in den USA. Vgl. zu Arendts Biographie Young-Bruehl, Elisabeth: Hannah Arendt. Leben, Werk und Zeit, Frankfurt a.M. 1991.

16 Paul Ricœur nennt Arendts Verständnis von Macht entsprechend das 'Vergessene' (l'oubli) der politischen Theorie, und in dieser Formulierung sind die Anklänge an Heideggers existenzialhermeneutisches Motiv der Seinsvergessenheit nicht zufällig; vgl. Ricœur, Paul: Pouvoir et violence, in: Colloque Hannah Arendt: Politique et pensée, Paris 2004, S. 205–232, hier S. 216ff.

17 Balibar, Étienne: (De)Constructing the Human as Human Institution, in: Hannah Arendt: Verborgene Tradition – Unzeitgemäße Aktualität?, hg. von der Heinrich-Böll-Stiftung, DZPhil Sonderband 16, Berlin 2007, S. 261–268, hier S. 262.

tion. In dieser Perspektivierung ist Arendts Vision einer gemeinsamen Macht in mehrfacher Hinsicht normativ aufgeladen, denn sie eröffnet politische, sozialphilosophische *und* existenzielle Handlungsmöglichkeiten. Arendts Aktualität schlägt sich entsprechend in Rezeptionslinien nieder, die ihr Denken für Theorien der radikalen Demokratie, des Neorepublikanismus und der feministischen Philosophie produktiv machen.[18] Diese Perspektiven bilden auch den Hintergrund der hier vorgeschlagenen Arendt-Interpretation.

Bezogen auf die Terminologie von *potentia* und *potestas* lässt sich Arendts Machtverständnis einem ontologisch weiten Verständnis von Macht zuordnen, in dem das oben erwähnte normative Paradox emanzipatorischer Machttheorien im Umgang mit (eigenen) politischen Herrschaftsansprüchen thematisiert und reflektiert wird. So entfaltet Arendt ein positives Verständnis politischer Handlungs- und Wirkungsmacht, in dem Dimensionen von Ungleichheit und Übermacht eliminiert sind. Dieses politische Ideal der Macht übersetzt Arendt in den begrifflichen Gegensatz von *Macht* und *Gewalt*. An ihm expliziert sie, wie Macht jenseits von Gewalt als eine schöpferische Kraft wirken kann, die kollektive Freiheit nicht negiert, sondern vermehrt. Für manche ist es kein Zufall, dass gerade Arendt, als eine der wenigen politischen Philosophinnen, ein solches Machtverständnis entwickelt. Sie sehen darin den Versuch, dem traditionell männlich konnotierten Modell der Macht als gewaltförmige Herrschaft ein alternatives Verständnis von Macht entgegenzusetzen, das auf positive Erfahrungen der Fürsorge und des Empowerment zurückgreift.[19] Auch wenn Arendt

18 Vgl. dazu u.a. Agamben, Giorgio: Homo sacer. Die souveräne Macht und das nackte Leben, Frankfurt a.M. 2002; Butler, Judith: Am Scheideweg. Judentum und die Kritik am Zionismus, Frankfurt/New York 2013; Zerilli, Linda M.G.: Feminismus und der Abgrund der Freiheit, Wien 2010. Zur kritischen Abgrenzung von Arendt vgl. u.a. Rancière, Jacques: Zehn Thesen zur Politik, Zürich/Berlin 2008; Mouffe, Chantal: Das demokratische Paradox, Wien 2008.

19 Vgl. dazu Hartsock, Nancy C.M.: Community/Sexuality/Gender. Rethinking Power, in: Hirschmann, Nancy H.; Di Stefano, Christine (Hg.): Revisioning the Political. Feminist Reconstructions of Traditional Concepts in Western Political Theory, Boulder 1996, 27–49, besonders S. 32–34.

selber solche Genealogien wohl eher befremdet hätten, lässt sich ihr Machtverständnis tatsächlich mit feministischen, emanzipatorisch-egalitären Gesellschaftsentwürfen in Verbindung bringen und in dieser Perspektive weiter entwickeln. Dabei verliert Arendt das normative Paradox emanzipatorischer Machttheorien, wie es oben skizziert wurde, nie aus dem Blick. Immer wieder thematisiert sie, wie Macht und Gewalt gesellschaftlich zusammenwirken, wie sich politische Herrschaftsinstitutionen auf Macht *und* Gewalt stützen, wie Revolutionen und emanzipatorische Bewegungen ihr Freiheitspotential verlieren und wie sich Macht in Gewalt kehrt. Ihr Werk erforscht die verschlungenen Pfade, in denen sich Macht und Gewalt in konkreten politischen Kontexten sowohl ausschließen als auch bestärken. Diese Wege durchkreuzen das Feld der Politik und Geschichte und geben ihnen ihre je unterschiedliche Gestalt. Für Arendt liegt der Sinn des Politischen darin, die prinzipielle Unverfügbarkeit solcher historischen Prozesse zu erkennen und unter deren Bedingungen politische Verantwortung für eine möglichst gewaltfreie Machtausübung zu entwickeln.

Weil sich Arendts Machtbegriff an der Schnittstelle von Existenzphilosophie, politischer Theorie und Sozialphilosophie situieren lässt, ermöglicht er ein Verständnis sozialer Interaktionen, das die aktuellen Formen und Praktiken, in denen sich das Politische im 21. Jahrhundert manifestiert, in ihrer Breite erfassen kann. Ausgehend von Arendts Machttheorie lässt sich das Politische vom klassischen Verständnis staatlicher Herrschaft ablösen. Das Politische ist nicht mit der Herrschaft von Staaten identisch, sondern realisiert sich in alltäglichen Machtpraktiken, mit denen Menschen ihrem gemeinsamen Handeln Raum und Strukturen geben.

Arendts Machtdenken kann somit auch den Ausgangspunkt bilden, um ein normatives Machtdenken zu entwickeln, dem es um die *Sinnhaftigkeit* gemeinsamer politischer Praxis geht. Machthandeln muss in einem ersten Schritt überhaupt als eine Praxis erkannt werden, in der Individuen auf persönlicher und politischer Ebene Sinnerfahrungen machen können. In Arendts Machtverständnis sind aber auch politisch-ethische Gerechtigkeitspostulate integriert, die die existenzialhermeneutische Sinnperspektive nicht begrenzen, sondern erweitern. Das bedeutet konkret, dass unter modernen, demokratischen Verhältnissen der individuelle Anspruch auf eine sinnhafte politische Praxis *jedem* Menschen idealiter zusteht und dass *jeder* Mensch das Recht haben sollte, sich als politisch gestaltend und kreativ zu erfahren. Arendts qualifiziertes Verständnis von Macht können wir demnach als normative Vision einer politischen Praxis lesen, die sinnhaft *und* gerecht sein soll.

Die Leitfrage, die in diesem Buch behandelt wird, lautet, wie weit Arendts Konzept einer gemeinsamen Macht als Grundlage für ein Verständnis einer nicht gewaltsamen, nicht herrschaftlichen Praxis tragfähig ist. Es ist die Absicht dieses Buches zu zeigen, dass Arendts Machttheorie diesen Anspruch in vielen Hinsichten einlöst. Viele Aspekte, die sie an der Praxis gemeinsamer Macht betont, haben die Kraft, bestehende Ungleichheits- und Gewaltverhältnisse auf der Ebene der Gesellschaft, des Staates und der sozialen Interaktion im Alltag fragwürdig zu machen und ihrer Notwendigkeit zu entkleiden. Dabei verschließt sich Arendt nicht dem Problem der potentiellen Herrschafts- und Gewaltförmigkeit von Macht. Die Tragfähigkeit ihrer Machttheorie verdankt sich auch ihrer Einsicht, dass das gewaltförmige Potential der Macht politisch ernst genommen werden muss. Arendts emanzipatorisches Verständnis der Macht kann darum als Beitrag für ein kritisches politisches Denken gewürdigt werden, das Zwangs- und Gewaltverhältnisse zwischen Menschen als grundsätzlich unproduktiv überwinden will, ohne davon auszugehen, dass dieser Prozess *realiter* je gelingen und zu einem Abschluss kommen kann. Dieser Zusammenhang, der für aktuelle Demokratietheorien wie auch für Sozialphilosophien im weiteren Sinn zentral ist, wird in den folgenden Kapiteln dieses Buches ausführlich dargestellt. Dabei ist eine Lesart leitend, die systematisch ausgerichtet ist und Arendts philosophische Konzeptionalisierungen von Macht ins Zentrum rückt. Nachgeordnet sind dabei Überlegungen zum historischen Kontext, in denen Arendt ihre Schriften verfasst hat. Ihre wichtigsten politisch-philosophischen Werke – *Elemente und Ursprünge totaler Herrschaft* (1951), *Vita activa* (1958), *Über die Revolution* (1963), *Eichmann in Jerusalem* (1964), *Macht und Gewalt* (1970) – setzen sich jeweils mit aktuellen politischen Phänomenen auseinander und reagieren auf spezifische politische Konflikte und Probleme. Zugleich entwickeln sie eine philosophische Theorie der Macht, die sich in allen Texten durchhält und lediglich modifiziert und verfeinert, aber nicht revidiert wird. Es ist die These dieses Buches, dass sich das normative Spannungsfeld von Macht und Gewalt durch Arendts gesamtes politisch-philosophisches Werk zieht.[20]

Im ersten Teil wird Arendts normatives Verständnis der gewaltfreien Macht rekonstruiert. Dabei geht es darum, ihre Vision der gemeinsamen Macht in einer systematischen Lektüre idealtypisch freizulegen und dabei vorerst alle Aspekte auszuklammern, die dieses Ideal in seinem Vollzug in Frage stellen. Entscheidend ist dabei, dass sich diese gemeinsame Macht durch einen Konsens bildet, der Handelnde mit gemeinsamen Intentionen zusammenbringt, dass sie aber in dieser Bestimmung nicht aufgeht. Damit eine gemeinsame Macht ihr normatives Potential voll ausschöpfen kann, muss sich die Gemeinsamkeit auch auf die Möglichkeit beziehen, gemeinsam *Neues* zu erschaffen und anfänglich-initiativ zu wirken. Dieses Verständnis gemeinsamer Macht, die als *Ermöglichungsmacht* qualifiziert wird, führt zur Erweiterung der normativen Kriterien sinnhafter Macht. Wichtiger als das Faktum, unter sich einig zu sein, wird die Art und Weise, wie eine Gemeinschaft mit Dissens und Differenz umgeht. Nur wenn garantiert ist, dass alle Menschen ebenbürtig und gleich behandelt und in ihrer jeweiligen Einzigartigkeit und Besonderheit anerkannt werden, sind die Bedingungen gegeben, dass Menschen tatsächlich miteinander einen gemeinsamen Anfang schaffen können. Die Offenheit für Dissens ist darum für sinnhafte Machtpraktiken zentral und nur unter diesen Bedingungen kann ein konsensuelles Machthandeln normativ wünschbar sein. Entsprechend ist das Recht auf die Teilhabe an einer solchen gemeinsamen Macht auch gerechtigkeitstheoretisch relevant, weil es die Bedingung dafür bildet, dass Menschen überhaupt als einer Gemeinschaft zugehörig anerkannt und in ihrer existenziellen Einzigartigkeit respektiert werden. Im

20 Eine Lektüre, die stärker die werkbiographischen Brüche und Veränderungen in Arendts Denken ins Zentrum rückt, leistet Margaret Canovan; vgl. Canovan, Margaret: The Contradictions of Hannah Arendt's Political Thought, in: Political Theory 6 (1978) S. 5–26; Canovan, Margaret: Hannah Arendt: A Reinterpretation of Her Political Thought, London 1992; Brunkhorst, Hauke: Die Produktivität der Macht. Hannah Arendts Revolutionierung des klassischen Begriffs der Politik, in: Hannah Arendt weitergedacht, hg. von Lothar Fritze, Göttingen 2008, S. 57–70.

(Menschen-)Recht auf Machtteilhabe aktualisieren sich die Prinzipien der Gleichheit und Freiheit als Grundprinzipien politischer Gerechtigkeit.

Im zweiten Teil des Buches wird Arendts idealtypisches Verständnis des gemeinsamen und anfänglichen Handelns in seinen Grenzen untersucht. Dabei wird deutlich, dass sich im Vollzug der gemeinsamen Macht gewaltförmige Elemente identifizieren lassen, die das Ideal der Ermöglichungsmacht durchziehen und mit Formen der *Durchsetzungsmacht* verschränken. Das gemeinsame Handeln folgt damit der Logik des Streits und erhält eine normative Ambivalenz. Mit dieser Perspektive wird der von Arendt entwickelte, normative Gegensatz von Macht und Gewalt nicht überflüssig, aber er wird funktional brüchig und unscharf. Arendt reagiert auf dieses normative Dilemma mit dem Konzept der Machtteilung und dem Vorschlag, den Streit um Macht noch einmal nach seiner Macht- und Gewaltförmigkeit zu unterscheiden. Der normative Gegensatz von Macht und Gewalt wird also nicht aufgehoben, sondern lässt sich auf unterschiedlichen Analyseebenen jeweils als Differenzierungskriterium einsetzen, auch wenn es nicht möglich ist, die beiden Phänomene der Macht und Gewalt in ihrem konkreten Vollzug begrifflich vollständig voneinander zu trennen.

Ausgehend von diesem Spannungsverhältnis zwischen normativ-analytischem Gegensatz und historisch-phänomenaler Verwobenheit von Macht und Gewalt, wird im letzten Teil des Buches das Verhältnis von Macht und Gewalt über Arendt hinaus als ein Grundproblem des politischen Denkens der Gegenwart ausgewiesen. In Abgrenzung zu jenen Ansätzen, die Macht im Sinne der *power to* als wertneutrales Phänomen behaupten, wird auf der politischen und sozialen Relevanz jeder Machtpraxis beharrt. Dieser Zusammenhang zeigt sich insbesondere dann, wenn nach dem Zirkel von Macht und Gewalt gefragt wird, der sich historisch darin zeigt, dass gemeinsames Handeln zu Gewaltakten ermächtigen oder aber Gewalt eine historische Wirkmacht entfalten kann. Zum Abschluss soll gezeigt werden, wie Arendts Konzept der Macht für aktuelle feministische Theorien anschlussfähig ist. Die Ermächtigung von Frauen als politische Subjekte wird im Sinne Arendts als Akt der Politisierung lesbar und sie führt zu einer Vision intersektionaler Machtteilung, mit der sich die Fallstricke feministischer Identitätspolitik vermeiden lassen.

Im Zentrum dieses Buches steht die Frage, ob und wie es überhaupt möglich ist, Macht von ihrer Gewaltförmigkeit abgelöst zu denken. Die normative Präzisierung eines ontologisch weiten Machtbegriffs führt dabei nicht aus der Machttheorie hinaus, sondern tiefer in sie hinein. Die These dieses Buches lautet, dass die normative Differenzierung eines ontologisch weiten Machtbegriffs möglich ist, wenn sie sich an der qualitativen Unterscheidung von Macht und Gewalt orientiert. Das Ziel dieser Überlegungen ist es, Kriterien zu gewinnen, um Machtverhältnisse zu definieren, die weder Gewalt produktiv machen noch zur Gewalt ermächtigen. Diese Kriterien können ein politisches Denken inspirieren, das sich im Anschluss an Arendt als radikaldemokratischer Republikanismus bezeichnen lässt und das die Demokratisierung der Macht in allen Bereichen der Gesellschaft, zu der auch die Ökonomie und die Familie gehören, einfordert.

Wir können diese demokratische Vision einer gemeinsamen Macht jenseits von Gewalt nur dann ansatzweise konzipieren, wenn wir diese Vision als einen kontinuierlichen und unabschließbaren Prozess der Selbstkritik und Reflexion verstehen. Die Unterscheidung von Macht und Gewalt ist in jeder historisch konkreten Machtkonstellation aktuell, weil die Verbindung von Macht und Gewalt jedem Machthandeln latent eingeschrieben ist. Ein Ergebnis der vorliegenden Analyse liegt in der These, dass sich dieses Jenseits der Gewalt nur dann am Horizont abzeichnet, wenn der Bezug zwischen Macht und Gewalt nie aus dem Blick gerät.

I. Macht ohne Gewalt: Arendts Vision sinnhafter Praxis

In der Geschichte der Machttheorien lässt sich Arendts Machtverständnis dem Strang eines 'konsensuellen' Machtbegriffs zuordnen.[1] Macht entsteht nach Arendt nicht durch die Unterdrückung von Gegnerinnen und Gegnern, sondern durch die Erlangung von Zustimmung. Das bedeutet, dass Macht als Effekt eines *gemeinsamen* Handelns verstanden werden kann und dass sie umso grösser ist, je grösser der Kreis derjenigen ist, die einvernehmlich zusammen agieren. Dieses Verständnis von Macht entwickelt Arendt erstmals systematisch im 28. Kapitel von *Vita activa* (VA) unter dem Titel «Der Erscheinungsraum und das Phänomen der Macht».[2] Dort definiert sie Macht als dasjenige, das entsteht, wenn Menschen zusammen handeln. Macht, so schreibt sie, beruht auf der «zeitweiligen Übereinstimmung vieler Willensimpulse und Intentionen» (VA 254). Diese Macht wird nicht kleiner, wenn sie geteilt wird, sondern wächst im Gegenteil an, je mehr Individuen sich einer Gruppe anschließen.

Dieses konsensuelle Verständnis von Macht hat auf die Entwicklung zeitgenössischer Politiktheorien und Sozialphilosophien höchst produktiv gewirkt. Aus der Einsicht, dass Macht auf Zustimmung und Anerkennung beruht, lassen sich Kriterien für eine konsensorientierte Politik und eine dialogisch ausgerichtete Zivilgesellschaft ableiten. Nicht nur Jürgen Habermas' Theorie des kommunikativen Handelns, sondern auch feministische Theoretikerinnen wie Seyla Benhabib oder Amy Allen haben sich von diesem Machtbegriff inspirieren lassen und ihn als historische Bedingung der Möglichkeit von Egalität, Solidarität und Demokratie gedeutet.[3] Macht auf die Herausbildung einer zustimmungsfähigen

1 Vgl. Haugaard, Mark (Hg.): Power: A Reader, Manchester/New York 2002, S. vii; Lukes, Power 34ff.

2 Vgl. Arendt, Hannah: The Human Condition, Chicago 1958, zitiert nach der dt. Ausgabe: Vita activa oder Vom tätigen Leben [1958/1967], München 2002; im Folgenden abgekürzt als VA.

3 Vgl. Habermas' Bemerkung, dass er u.a. von Arendt «im Bereich der Gesellschaftstheorie am meisten» profitiert habe; vgl. Habermas, Jürgen: Alfred

Politik zu gründen, scheint in vielerlei Hinsicht ein vielversprechendes Prinzip für die Organisation zeitgenössischer Gesellschaften. Allerdings ist diese emphatische Rezeption von Arendts Machtbegriff in der Forschung umstritten. So wird in Frage gestellt, ob Arendt selbst die konsensuelle Dimension der Macht normativ oder deskriptiv versteht. Anders gefragt: Bezeichnet der Konsens ein Element, das in jeder Form von Macht immer schon und notwendig aktualisiert wird? Oder verweist das konsensuelle Element der Macht auf qualitativ ausgezeichnete Interaktionsformen, die nicht in jedem Machthandeln im Spiel sind und die sich darum zur normativen Differenzierung von verschiedenen Machttypen eignen? Und falls letzteres der Fall ist, wie lässt sich dieser normativ enge Begriff des konsensuellen Machthandelns in seiner ausgezeichneten Qualität erfassen?

Einer der stärksten Einwände gegen die Normativität von Arendts Machtverständnis stammt von George Kateb. Sein Einwand gegen die Idealisierung konsensuellen Handelns lautet: «there is honor among thieves».[4] Auch Diebe können sich untereinander wertschätzen und solidarisieren, sich gegenseitig vertrauen und danach streben, Einigkeit herzustellen. Was also unterscheidet das konsensuelle Handeln einer Verbrecherbande von jenem einer demokratischen Gemeinschaft? Diese Frage ist zent-

Schütz (1980), in: ders.: Philosophisch-politische Profile, Frankfurt a.M. 1987, S. 402–410, hier S. 404f.; vgl. in diesem Sinn die immer noch wegweisende Analyse in Habermas, Jürgen: Hannah Arendts Begriff der Macht (1976), in: ders.: Philosophisch-politische Profile, Frankfurt a.M. 1981, S. 228–248; vgl. auch Habermas, Jürgen: Faktizität und Geltung. Beiträge zur Diskurstheorie des Rechts und des demokratischen Rechtsstaats, vierte erw. Aufl. Frankfurt a.M. 1994, S. 182–187. – Zur emphatischen Rezeption Arendts aus feministischer Sicht vgl. u.a. Allen, Amy: The Power of Feminist Theory. Domination, Resistance, Solidarity, Boulder 1999, S. 87–117; Benhabib, Seyla: Modelle des öffentlichen Raums, in: dies.: Selbst im Kontext. Kommunikative Ethik im Spannungsfeld von Feminismus, Kommunitarismus und Postmoderne, Frankfurt a.M. 1992, S. 96–130; Benhabib, Seyla: Hannah Arendt: Die melancholische Denkerin der Moderne, erw. Ausgabe, Frankfurt a.M. 2006; Zerilli, Linda: Feminismus und der Abgrund der Freiheit; s. dazu auch die Literaturhinweise in Kap. III.3.

4 Vgl. Kateb, George: Freedom and Worldliness in the Thought of Hannah Arendt, in: Political Theory 5 (1977), S. 141–182, hier S. S. 169.

ral, wenn es darum gehen soll, aus der funktionalen Bestimmung konsensueller Macht die politische Vision einer egalitären und freiheitlichen Gesellschaft abzuleiten.

Im Folgenden wird diese Herausforderung in vier Argumentationsschritten eingelöst. In einem ersten Schritt wird Arendts Gegensatz von Macht und Gewalt eingeführt (I.1). Danach wird untersucht, wie Arendt die Handlungsstruktur von Macht definiert. Dabei erweist sich als zentral, dass Macht nicht linear und kausal funktioniert, sondern auf einer Dialektik wechselseitiger Ermächtigung beruht, aus der sich die konsensuelle Dimension der Macht ableitet (I.2). Auf dieser Basis lässt sich dann in einem dritten Schritt zeigen, inwiefern in der Definition konsensueller Macht Offenheit, Egalität und Pluralität impliziert sind. Durch diese Erweiterung der konsensuellen Logik der Macht verliert der Konsens in Arendts Machtverständnis seine zentrale normative Bedeutung und an dessen Stelle treten Kriterien, die sich auf den qualifizierten Umgang mit *Differenz* konzentrieren (I.3). Arendts differenztheoretisch begründetes Konzept einer konsensuellen Macht bietet schließlich die Voraussetzungen dafür, egalitäre Machtteilhabe als politischen Rechtsanspruch zu konzipieren und daraus konkrete politische Forderungen auf ein 'Recht auf Macht' abzuleiten (1.4).

1. Macht und Gewalt als Gegensatz

Hannah Arendts Definition von Macht lautet auf ihren kürzesten Nenner gebracht, dass Macht das Gegenteil von Gewalt ist. Gewalt, so Arendt, «kann Macht nur zerstören, sie kann sich nicht an ihre Stelle setzen» (VA 255). Diese prinzipielle Unterscheidung zwischen Macht und Gewalt wird zu einem Leitmotiv in Arendts Denken, das sie vor allem in Macht und Gewalt (MG) ausführlich behandelt.[5]

5 Vgl. Arendt, Hannah: On Violence, New York/London 1970, zitiert nach der dt. Ausgabe: Macht und Gewalt [1970], München 1987[6]; im Folgenden abgekürzt als MG.

> Zu den entscheidenden Unterschieden zwischen Macht und Gewalt gehört, daß Macht immer von Zahlen abhängt, während die Gewalt bis zu einem gewissen Grade von Zahlen unabhängig ist, weil sie sich auf Werkzeuge verläßt. (MG 43)

Dass Macht von 'Zahlen' abhängt, heißt also, dass ein einzelner Mensch nur scheinbar als einzelnes Individuum Macht hat. In Wahrheit ist, so Arendt, jede individuelle Handlungsmacht Ausdruck einer Unterstützung durch andere, so dass gilt: «Über Macht verfügt niemals ein Einzelner; sie ist im Besitz einer Gruppe und bleibt nur solange existent, als die Gruppe zusammenhält.» (MG 45)[6]

Die Tatsache, dass Macht nur existiert, wenn eine Gruppe 'zusammenhält', bedeutet nach Arendt zugleich, dass die Gruppe nur existiert, weil sie Macht hat. Macht beschreibt somit die Ermöglichungsbedingung, damit Menschen zusammen kommen und zusammen handeln können. In Arendts Worten gefasst:

«Macht ist, was den öffentlichen Bereich, den potentiellen Erscheinungsraum zwischen Handelnden und Sprechenden, überhaupt ins Dasein ruft und am Dasein erhält.» (VA 252)

Dieser doppelte Blick auf Macht als Grund *und* Effekt einer gemeinsamen Praxis impliziert, dass Macht nicht nur aus der Perspektive individueller Akteurinnen und Akteure interpretiert werden kann, das heißt nicht nur als intersubjektive Interaktion, sondern als ein die Interaktion Umfassendes und Begründendes. Macht als Bedingung und Effekt gemeinsamen Handelns erscheint unter dieser Optik als eine Potenz und Potentialität (VA 254), die sich nicht auf die Handlungsmacht einzelner Individuen bezieht, sondern auf das gemeinsam Geteilte, für das Arendt entsprechend auch ganzheitliche Metaphern verwendet. Die Erzeugung der Öffentlichkeit als Bedingung und Vollzug gemeinsamer Praxis ist für Arendt, wie sie in *Macht und Gewalt* schreibt, etwas Absolutes, sie ist – vergleichbar dem Frieden – ein politischer Selbstzweck (MG 52).

6 Vgl. auch VA 252: «Macht aber besitzt eigentlich niemand, sie entsteht zwischen Menschen, wenn sie zusammen handeln, und sie verschwindet, sobald sie sich wieder zerstreuen.»

Das Potential der Macht, Öffentlichkeit zu stiften und gemeinsames Handeln zu ermöglichen, geht nach Arendt verloren, sobald eine Interaktion durch Gewalt vermittelt wird. An die Stelle der wechselseitigen Unterstützung in einer Gruppe tritt das 'Werkzeug', das heißt die Waffe, mit der denjenigen, die sich der Unterstützung verweigern, eine bestimmte Handlung aufgezwungen wird. Gewalt hat für Arendt entsprechend immer einen «instrumentalen Charakter» (MG 47), und sie ist in dieser Struktur mit der Gewaltförmigkeit, die das Herstellen von Gegenständen begleitet, vergleichbar.[7] Die Gewaltförmigkeit der Herstellungslogik bedeutet, wenn sie auf soziale Verhältnisse übertragen wird, dass die Gewaltbetroffenen wie ein Objekt verdinglicht und einem Zwang ausgesetzt sind, der über sie verfügt und ihr Handeln formt. Gewalt ist demnach Ausdruck einer *zwingenden, instrumentellen Verfügung über Menschen*. Die Tatsache, dass Menschen mit Waffengewalt zu Praktiken gezwungen werden, zeigt nach Arendt an, dass sie diesen Praktiken nicht freiwillig zustimmen. Gewalt kompensiert diese fehlende freiwillige Unterstützung durch Zwang, und sie ist darum immer der Indikator für fehlende Macht, oder wie es Arendt formuliert: «Nackte Gewalt tritt auf, wo Macht verloren ist.» (MG 55) Mit dieser These setzt sich Arendt nach ihrem eigenen Verständnis von einer dominanten philosophischen Tradition ab, die Macht und Gewalt strukturell analog denkt und Gewalt letztlich als Steigerung von Macht begreift (MG 36ff.).

Macht wird durch diese Gegenstellung zur Gewalt bei Arendt zu einem potentiell emphatischen Begriff. Er steht für eine Form von Praxis, die für die Entwicklung einer egalitären und freiheitlichen Politik leitend sein kann, in der kein Zwang herrscht und in der über andere Menschen nicht instrumentell verfügt wird, sondern in der sich Menschen, durch eigene Überzeugungen geleitet und in Anerkennung ihrer eigenen Handlungsfähigkeit, mit anderen in ein Verhältnis setzen und zusammen handeln. Bevor diese Dimensionen von Arendts Machtverständnis in den nächsten Kapiteln genauer analysiert werden, wird eingangs die Negativfolie der Gewalt, von der sie ihren Machtbegriff absetzt, genauer vorge-

7 Vgl. VA 165: «Alles Herstellen ist gewalttätig»; vgl. auch MG 8.

stellt. Dabei ist es sinnvoll, einen engen und einen weiten Gewaltbegriff Arendts zu unterscheiden.

Gewalt im engen Sinn: Sprachlose Technik

Um den Zwangs- und Verfügungscharakter der Gewalt zu bestimmen, stützt sich Arendt auf die Zweck-Mittel-Struktur und auf die Sprachlosigkeit, die ihrer Meinung nach gewaltförmige Aktionen definieren und qualitativ vom Machthandeln unterscheiden. Die Zweck-Mittel-Struktur der Gewalt verweist auf die Analogie zwischen Gewalt und dinglicher Herstellung, denn es liegt, so schreibt Arendt in *Macht und Gewalt*, «im Wesen der Gewalthandlung, daß sie wie alle Herstellungsprozesse im Sinne der Zweck-Mittel-Kategorie verläuft» (MG 8). Um einen bestimmten Zweck zu erreichen, ist demnach der Rückgriff auf Werkzeuge – das heißt Waffen – besonders effektiv. Allerdings sollte Arendts These von der Instrumentalität der Gewalt nicht so verstanden werden, als liesse sie sich mit einem *physischen* Gewaltmittel gleichsetzen. Weil Gewalt in Sozialverhältnissen eingesetzt werden kann, ist Gewalt nicht bloß ein Mittel, sondern eine Tätigkeit und kein Ding. Sie ist entsprechend die Tätigkeit, die zwischen Menschen ein Zweck-Mittel-Verhältnis etabliert. Gewalt ist eine *Sozialtechnik*.

Mit der Herstellungslogik der Gewalt hängt für Arendt auch die Sprachlosigkeit zusammen. So definiert Arendt Gewalt als eine schweigsame Tätigkeit. Gewalt ist stumm und agiert mit Waffen (VA 252, MG 47). In *Über die Revolution* (ÜR) nennt sie Gewalt darum ein politisches «Grenzphänomen», denn «der Mensch, sofern er ein politisches Wesen ist, existiert in dem Miteinandersprechen» (ÜR 19).[8] Die Gewalt dagegen ist «ihrem Wesen nach stumm» (ÜR 20).[9]

8 Arendt, Hannah: On Revolution, New York 1963, zitiert nach der dt. Ausgabe: Über die Revolution [1963/1965], München/Zürich 1974, im Folgenden abgekürzt als ÜR.

9 In dieser Bestimmung zeigt sich Arendts emphatisches Verständnis von Sprache; vgl. dazu unten Kap. I.3. *Sprechen und Handeln als Konstitutionsbedingungen gemeinsamer Macht.*

Es ist vor allem diese These von der Sprachlosigkeit der Gewalt, die in der Arendtrezeption stark kritisiert und mehrheitlich abgelehnt wird. Die Schwäche dieser Bestimmung liegt offensichtlich darin, dass sie die Gewaltförmigkeit von Sprache als einer eigenständigen Form der Gewalt ausklammert und Waffe und Sprache als Gegensätze definiert.[10] Dass aber auch die Sprache eine Waffe sein kann, und dass umgekehrt die Waffe ein Argument ist, ist seit der antiken Rhetorik geläufig. So lässt sich die Analogie von Sprache und Gewalt auch daran ermessen, dass Worte und Waffen in ihrem perlokutionären, das heißt über den Sprechakt hinausweisenden Effekt austauschbar sind, worauf John Austin aufmerksam gemacht hat. Wer jemandem ein Verhalten aufzwingen will, kann verbal androhen, die andere Person zu erschießen, falls sie nicht gehorcht. Der perlokutionäre Effekt dieser Rede kann aber auch durch ein stummes Herumhantieren mit dem Gewehr erreicht werden, das je nach Kontext für sich selber spricht.[11] Im Weiteren blendet Arendt auch die Möglichkeit aus, dass es eine genuin sprachliche Gewalt gibt, die durch die verletzende und entwürdigende Adressierung von Menschen zustande kommt.[12] Mit der These, Gewalt sei an den Einsatz von Werkzeugen gebunden, verschließt sich Arendt somit ganz grundsätzlich dem weiten Feld symbolischer Gewalt.

Eine weitere Kritik schließlich bezweifelt, ob es Gewalt als politisches Phänomen überhaupt *ohne* Sprache geben kann. So entwickelt Alfred Hirsch die überzeugende These, dass eine verbrecherische Tat ohne verbale Rechtfertigung durch den Täter gar nicht als kriminelle Tat einzustufen wäre, da es den Täter oder die Täterin auf den Stand eines Nicht-Subjekts zurückstufen würde. Dies darum, so Hirsch, weil das Sich-Rechtfertigen-Können in der Neu-

10 Vgl. dazu kritisch Winter, Yves: Beyond Blood and Coercion: A Study of Violence in Machiavelli and Marx, Berkeley 2009, Kap. 1.

11 Vgl. Austin, John R.: Zur Theorie der Sprechakte (How to do Things with Words), Stuttgart 19792, Kap. 9, S. 135.

12 Vgl. dazu auch die Überlegungen im Anschluss an Austins Sprechakttheorie von Kuch, Hannes: Austin – Performative Kraft und sprachliche Gewalt, in: Philosophien sprachlicher Gewalt. 21 Grundpositionen von Platon bis Butler, hg. von Hannes Kuch und Steffen K. Herrmann, Weilerswist 2010, S. 219–240.

zeit für das Konzept von Subjektivität tragend ist. [13] Eine konsequent stumme Gewalt würde demnach zu einem fast naturhaften Ereignis herabsinken. Da Hirsch davon ausgeht, dass durch die Rechtfertigung von Gewalt Gewalt vermehrt wird, könnte man also auch behaupten, dass es gerade die Sprachfähigkeit der Menschen ist, die das Phänomen der Gewalt begründet.

Um diesen kritischen Einwänden gegen Arendts engen Gewaltbegriff Rechnung zu tragen, schlage ich im Folgenden vor, sich auf Arendts weites Verständnis von Gewalt zu konzentrieren, das für diese Untersuchung leitend sein wird. Entscheidend für diese Definition der Gewalt im weiten Sinne ist, dass sie als *Machtzerstörung* wirkt.

Gewalt im weiten Sinn: Die Erzeugung kollektiver Ohnmacht

Wie eingangs zitiert, definiert Arendt Gewalt durch ihren Effekt der Machtzerstörung (VA 255). Die machtdestruktive Wirkung der Gewalt lässt sich auf zwei Ebenen lokalisieren. Gewalt ist nach Arendt erstens dasjenige, was *individuelle* Handlungsmöglichkeit zerstört. Dies wird bei der physischen Gewalt eklatant, die sich bis zur Tötung eines Menschen steigern kann. An der Tötung eines Menschen wird manifest, inwiefern Gewalt im umfassenden Sinn auf die Zerstörung eines Individuums überhaupt abzielt. In ihrem ersten Hauptwerk *Elemente und Ursprünge totaler Herrschaft* (EU) beschreibt Arendt diese Effekte u.a. am Beispiel der Gewalt in den nationalsozialistischen Konzentrationslagern.[14] Auch wenn nicht jede Gewalt dieses Ziel radikal umsetzt, ist dennoch in jeder Interaktion, die auf die Schwächung individueller Handlungsfähigkeit abzielt, eine gewaltförmige Struktur vorhanden. Von diesem An-

13 Vgl. dazu Hirsch, Alfred: Recht auf Gewalt? Spuren philosophischer Gewaltrechtfertigung nach Hobbes, München 2004, S. 357; zu Arendts Gewaltbegriff vgl. ebd. S. 220.

14 Vgl. Arendt, Hannah: The Origins of Totalitarianism, New York 1951, zitiert nach der dt. Ausgabe: Elemente und Ursprünge totaler Herrschaft [1951/1955], München 1986[4]; im Folgenden abgekürzt als EU; hier bes. S. 676–702.

satz her lässt sich Gewalt mit Arendt auch in Akten der Missachtung, des sozialen Ausschlusses und der Willkür rekonstruieren. Darauf werde ich unten näher eingehen.

Die zweite Wirkung der Gewalt manifestiert sich auf der Ebene der kollektiven Handlungsmöglichkeiten. Gewalt erzeugt *kollektive Ohnmacht*. So schreibt Arendt in *Macht und Gewalt*:

> Auch die größte Macht kann durch Gewalt vernichtet werden; aus den Gewehrläufen kommt immer der wirksamste Befehl, der auf unverzüglichen, fraglosen Gehorsam rechnen kann. Was niemals aus den Gewehrläufen kommt, ist Macht. (MG 54)

Entscheidend ist, dass die Ohnmacht nicht nur auf Seiten des Gewaltopfers, sondern auch auf Seiten des Täters oder der Täterin erfolgt. Wer Gewalt anwendet, erweist sich selber als ohnmächtig (VA 255, MG 55). Weil gemeinsame Macht auf Handlungsfähigkeit angewiesen ist, wird mit der Zerstörung der Handlungsfähigkeit der anderen auch die eigene zerstört, so dass «Gewalt, eben weil sie in der Tat Macht vernichten kann, stets die eigene Macht mitbedroht» (MG 56).

> Nirgends tritt das selbstzerstörerische Element, das dem Sieg der Gewalt über die Macht innewohnt, schärfer zutage als in der Terrorherrschaft [...]. Die Tyrannis erzeugt die Ohnmacht, welche dann totale Herrschaft ermöglicht. (MG 56)

Arendts Definition der Gewalt als Erzeugung kollektiver Ohnmacht weist damit Parallelen auf zu Simone Weils Bestimmung der Gewalt. Auch Weil geht davon aus, dass diejenigen, die Gewalt ausüben, von der Gewalthandlung, die sie an anderen verüben, affiziert werden. So wie sie ihre Mitmenschen verdinglichen, werden sie selber verdinglicht.[15] Während bei Weil diese Selbstverdinglichung allerdings moralische Aspekte hat und sie der Gewalt letztlich eine selbständige, beinahe ontologische Kraft zugesteht, argumentiert Arendt rein handlungstheoretisch. Weil Gewalt die

15 Vgl. Weil, Simone: L'Iliade ou le poème de la force, in: Simone Weil's The Illiad or the Poem of Force. A Critical Edition, hg. von James P. Holoka, New York/Washington/Bern/Berlin 2003, S. 19, S. 31.

individuelle Handlungsfähigkeit zerstört, zerstört sie die Bedingungen der Möglichkeit gemeinsamen Handelns, und das heißt die Möglichkeit politischer Macht.

Das historische Paradigma dieser Gewalt ist und bleibt für Arendt die totalitäre Herrschaft, die im Nationalsozialismus und im Stalinismus jede Form gemeinsamer Praxis verunmöglicht hat (EU III).[16] In der totalitären Herrschaft kommt der politisch destruktive Aspekt der Gewalt zu seinem radikalen Ausdruck. Sie transformiert politische Praxis in kollektive Ohnmacht.

Im Folgenden wird nun die Handlungsstruktur der Macht, die sich im Sinne Arendts von Gewalt absetzt, genauer untersucht.

2. Macht als gemeinsame Praxis und die Dialektik der Ermächtigung

Arendts Begriff der Macht ist strikt handlungstheoretisch und klammert strukturelle und systematische Machtverhältnisse und Machtlogiken aus. Arendt definiert Macht aus der Perspektive von handelnden Individuen. Macht ist ein Verhältnis zwischen handlungsfähigen Menschen. Sie beschreibt aber kein individuelles Handlungsvermögen, sondern eine gemeinsame Praxis. Dieser Begriff der gemeinsamen, geteilten, konsensuellen oder kollektiven Praxis ist nun näher zu klären. Die Termini 'gemeinsam', 'geteilt', 'konsensuell' und 'kollektiv' werden dabei vorläufig noch nicht voneinander abgehoben, sondern dienen als Oberbegriffe, um Arendts Abwendung von einem solipsistischen, individualistischen Machtkonzept deutlich zu machen.[17]

16 In *Macht und Gewalt* verteidigt Arendt die Grenzen der Manipulierbarkeit der Menschen in «freien Ländern» (MG 33). Trotz Reklame, Fernsehen und psychologischer Mittel könnten sich Menschen ihre Widerständigkeit im Denken bewahren, wie gerade die Studentenunruhen zeigten. «'Manipuliert' werden können Menschen nur durch physischen Zwang, durch Furcht, Folter oder Hunger, und die Meinungsbildung kann zuverlässig nur durch organisierte, gezielte Falschinformation gelenkt werden.» (MG 33)

17 Arendt selber verwendet den Begriff des Kollektiven nicht systematisch, deutet ihn aber primär negativ als eine Form der Vergemeinschaftung mit hoher «Gruppenkohärenz» (MG 67), in der individuelle Werte wenig zählen. In *Vita*

Worauf also basiert die Gemeinsamkeit einer geteilten Macht? Diese erklärt sich nach Arendt durch die «dem Handeln eigentümliche Doppelseitigkeit des Vollzugs, daß es angefangen und vollendet werden muß» (VA 235). Handeln folgt demnach immer einer Struktur, die durch tätiges Anfangen und die Realisierung des Anfänglichen bestimmt ist, wobei dieser Vollzug nach Arendt nur als Interaktion zwischen Menschen und nicht zwischen Dingen denkbar ist. Handeln unterscheidet sich dadurch von den Tätigkeiten des Herstellens und des Arbeitens, wie Arendt im ersten Kapitel von *Vita activa* programmatisch festhält. Handeln setzt sich von Herstellen und Arbeiten ab, weil diese instrumentelle und zielorientierte Tätigkeiten sind, die mit Dingen hantieren oder sich an sozialen und biologischen Zwängen des Überlebens orientieren und darin unfrei sind (VA 16ff.). Handeln dagegen ist eine frei gestaltbare Interaktion zwischen Menschen ohne dingliche Vermittlung. In dieser Bezogenheit der Handelnden aufeinander liegt das, was Arendt die gemeinschaftsbildende Kraft der Macht nennt.

Macht als gemeinschaftsbildende Kraft

Macht basiert nach Arendt auf dem Faktum, dass sich Handelnde aufeinander beziehen können und Initiativen gemeinsam vollziehen. Dieses Prinzip der gemeinsamen Praxis ist bei Arendt in einem ersten Schritt nicht normativ, sondern deskriptiv gefasst und beschreibt die Funktionslogik politischer Machtverhältnisse. So betont Arendt in *Elemente und Ursprünge totaler Herrschaft:*

> «[Jede Macht ist] gemeinschaftsbildend, auch wenn sie verderblich ist. Noch in der Unterdrückung empfinden die Beherrschten, daß Macht eine Funktion in der Gemeinschaft hat.» (EU 27)

Dieser Effekt der Macht, Ordnung und gesellschaftlichen Zusammenhang stiften zu können, motiviere die Beherrschten, so Arendt, dazu, Befehlen zu gehorchen und das Machtverhältnis anzuerkennen (EU 28). Konsequenterweise formuliert Arendt schon

activa setzt sie das «Kollektiv» als «Aufhebung der Pluralität» in Gegensatz zur «Gemeinschaft», die auf Pluralität beruht (VA 272). Auch hier wird der Begriff von ihr also eindeutig negativ konnotiert.

in *Elemente und Ursprünge* die später in *Vita activa* weiter entwickelte These, dass sich Macht «nie im Besitz einer Person befindet, sondern so, wie es [sic!] sich auf andere Menschen bezieht, auch nur zwischen Menschen existiert» (EU 27). Gerade weil Arendt in *Elemente und Ursprünge* die terminologische Unterscheidung von Macht und Gewalt noch nicht vollzogen hat und Macht fallweise mit Herrschaft, Unterdrückung oder Gewalt gleichsetzt, wird deutlich, dass das kollektivbildende Element des Zusammenhandelns an dieser Stelle sehr breit und rein funktional verstanden werden kann. Was Arendt in *Elemente und Ursprünge* an der Macht als gemeinschaftsbildend beschreibt, ist letztlich das Faktum der Interaktion als solches. Es verweist auf die Tatsache, dass auch Verhältnisse von Über- und Unterordnung politische *Verhältnisse* sind, in die alle Beteiligten aktiv involviert sind und die darum ein 'gemeinsames' Handeln darstellen. Arendts oben zitierte These, Macht beruhe auf der «zeitweiligen Übereinstimmung vieler Willensimpulse und Intentionen» (VA 254), schließt im Kontext von *Elemente und Ursprünge totaler Herrschaft* also nicht aus, dass damit Verhältnisse der Unterwerfung und des Gehorsams gemeint sind.

Dass die Gleichsetzung von Übereinstimmung und Unterwerfung denkmöglich ist, ist seit Thomas Hobbes' vertragstheoretischer Rechtfertigung von Eroberung und Sklaverei in der politischen Philosophie einschlägig. Auch Georg Simmel betont, dass in Herrschaftsverhältnissen die Freiheit zum Dissens und damit indirekt Elemente der (freiwilligen) Kooperation enthalten sind, wenn er schreibt, dass selbst «in den drückendsten und grausamsten Unterworfenheitsverhältnissen [...] noch immer ein erhebliches Maß an persönlicher Freiheit [besteht]. Wir werden uns ihrer nur nicht bewußt, weil ihre Bewährung in solchen Fällen Opfer kostet, die auf uns zu nehmen ganz außer Frage zu stehen pflegt.»[18] Arendts provokative These, selbst Unterdrückung sei «gemeinschaftsbildend», ist demnach mit Simmels These strukturell vergleichbar, es sei auch in einem scheinbar radikalen Zwangs-

18 Simmel, Georg: Soziologie. Untersuchungen über die Formen der Vergesellschaftung [1908], hg. von O. Rammstedt, Gesamtausgabe Bd. 11, Frankfurt a.M. 1992, S. 161.

verhältnis eine «soziologisch entscheidende *Wechselwirksamkeit* sichtbar zu machen», die das Verhältnis als gesellschaftliches konstituiert.[19]

Arendt unterscheidet dabei zwei Formen, wie dieses Verhältnis konzeptualisiert werden kann: als lineares Modell eines Befehl- und Gehorsams-Verhältnisses und als dialektisches Modell der Ermächtigung.

Befehl und Gehorsam

Handeln untersteht nach Arendt, wie im obigen Zitat (VA 235) deutlich wurde, der «Doppelseitigkeit» von Anfangen und Vollenden. Diese doppelseitige Struktur des Handlungsvollzugs wird philosophiegeschichtlich meist in das lineare Verhältnis einer Interaktion übersetzt, in der eine Person eine Handlung durch einen Befehl initiiert und dieser Befehl anschließend durch eine oder mehrere andere Personen vollzogen wird. In diesem Sinn wird die Doppelseitigkeit von Anfangen und Vollenden als Ausdruck einer *Befehls- oder Verfügungsmacht* definiert, in der sich der Vollzug einer Handlung wirkmächtig manifestiert. Arendt diskutiert dieses Verständnis von Macht im 31. Kapitel von *Vita activa* am Beispiel von Platons Ausführungen zur Herrschaft im *Politikos* und zeigt, dass diese dem Paradigma eines Verhältnisses zwischen Befehl und Gehorsam nachgebildet wird.

Wie Arendt vermerkt, definiert Platon im *Politikos* die Macht des Herrschers als *archein*, das heißt als Fähigkeit eines Anführers, etwas anfangen oder beginnen zu können. Dieser Anfang ereignet sich nach Platon dann, wenn ein Einzelner die Vielen unter seine politische Befehlsgewalt versammeln kann und damit *arché*, also Herrschaft, herausbildet. Die Macht des platonischen *archein* bewährt sich gemäß Arendt daran, dass ein Herrscher «über andere so verfügen kann, dass sie nur die Vollstrecker der eigenen anfänglichen Ziele sind» (VA 282). Handlungslogisch basiert dieses Modell der Macht als *arché* darauf, dass es das Verhältnis zwischen Herrscher und Beherrschten in zwei Typen von Tätig-

19 Ebd. S. 168.

keiten aufteilt. Es impliziert, wie Arendt schreibt, dass «*beginnen*» (*archein*) und «*tun*» (*prattein*) «zu zwei voneinander ganz und gar verschiedenen Tätigkeiten werden» (VA 282). Der Befehl werde zu einer Form des Wissens, der Gehorsam zu einem Tun (VA 282). Arendt kritisiert diese Aufteilung von Anfang und Vollzug in zwei voneinander getrennte Tätigkeitsformen als machttheoretisch widersprüchlich. Auf diese Weise könne nicht verstanden werden, was dem Anfangen eigentlich seine Wirkung gebe. Der Befehl werde nicht als Handlung denkbar, weil er eben vom Tun (der Vielen) und damit vom eigenen Vollzug getrennt sei.

Dagegen hält Arendt, dass ein Anfangen oder Anführen nur dann als Macht verstanden werden kann, wenn der Bezug zum Weiterführen oder Vollenden darin logisch enthalten ist. Unter dieser Perspektive wird *archein* mit *prattein* dialektisch verflochten. Übertragen auf die Interaktion von Befehl und Gehorsam impliziert dies, dass die Befehlenden in eine Abhängigkeit von den Gehorchenden geraten, insofern es jene sind, die erst durch ihren Gehorsam den Befehl zu einer anfänglichen Macht und damit zu einer Handlung werden lassen. Diese Abhängigkeit von den Gehorchenden durchkreuzt die Möglichkeit, dass ein einzelner Befehlsgeber als Handelnder souverän sein kann. Jede Handlung, die sich in einem sozialen Feld situiert und praktische Wirkung entfalten will, ist von der Mitwirkung der anderen Handelnden abhängig.

Arendt kritisiert an Platons Herrschaftsmodell, dass diese dialektische Abhängigkeit der Macht durch das Phantasma der Souveränität verdeckt werde. Nach Platon, so Arendt, geht es bei der Macht darum, «eine Möglichkeit zu gewinnen, den Führer und Anfänger auch Herr seiner Aktion bleiben zu lassen in souveräner Unabhängigkeit von denen, ohne die er ja eigentlich seine Tat nicht vollenden kann» (VA 281f.). Platon folgt damit dem Missverständnis einer Machttheorie, die unterstellt, ein einzelner Herrscher könne von anderen unabhängig sein in dem Sinn, dass «man sich nicht mehr darauf zu verlassen braucht, daß andere freiwillig zu Hilfe kommen oder einem Unternehmen sich anschließen werden» (VA 282). Eine solche Fehleinschätzung aber verkennt nach Arendt die handlungslogische Unhintergehbarkeit des *archein* als Interaktion, die jeden Befehlenden seiner Souveränität und Unabhängigkeit beraubt.

In ihrer Darstellung des platonischen Herrschaftsmodells blendet Arendt den Geschlechteraspekt aus, wonach das Ideal der Souveränität und der Kontrolle seit der Antike mit (freier) Männlichkeit konnotiert wird. Sie spielt zwar in *Macht und Gewalt* kurz auf die These von Bertrand de Jouvenel an, «‘andere zu Instrumenten des eigenen Willens zu machen’ gehöre zur Männlichkeit des Mannes» (MG 37), verfolgt diesen Gedanken aber nicht weiter. Dennoch lässt sich philosophiegeschichtlich zeigen, dass die definitorischen Elemente der souveränen Herrschaft, die auf der hierarchischen Trennung zwischen aktivem Befehl und passivem Gehorsam, Wissen und (blindem) Tun, Individualität und Masse, souveräner Unabhängigkeit und bedürftiger Abhängigkeit beruhen, dieselben Elemente sind, die auch die Geschlechterdifferenz in der Philosophie definieren.[20] In diesem Sinn ist die Position des souveränen Herrschers idealtypisch mit freier Männlichkeit und die Position der Befehlsunterworfenen und Gehorchenden mit Weiblichkeit resp. mit verweiblichter und versklavter Männlichkeit identisch. Auch wenn Arendt selber der geschlechterlogischen Verbindung von souveräner Herrschaft mit freier Männlichkeit nicht weiter nachgeht, kann ihr Insistieren darauf, dass dieses Machtmodell letztlich widersprüchlich sei, auch als Infragestellung einer wirkmächtigen Phantasie potenter, souveräner Männlichkeit gelesen werden.[21]

Arendts Kritik am souveränen Herrschaftsmodell Platons mündet in die bereits eingangs zitierte, bekannte These, dass es letztlich unmöglich sei, alleine Macht zu haben.[22] Macht ist inso-

20 Vgl. dazu Maihofer, Andrea: Dialektik der Aufklärung – die Entstehung der modernen Gleichheitsidee, des Diskurses der qualitativen Geschlechterdifferenz und der Rassentheorie im 18. Jahrhundert, in: Steffi Hobuß et al. (Hg.): Die andere Hälfte der Globalisierung. Menschenrechte, Ökonomie und Medialität aus feministischer Perspektive, Frankfurt a.M. 2001, S. 113–132.

21 Vgl. dazu unten Kap. III.3. *Ermächtigung statt Viktimisierung: der Akt der Politisierung.*

22 Zur Bedeutung von Arendts Souveränitätskritik generell vgl. auch Meyer, Katrin: Hannah Arendt. Auf der Suche nach der Freiheit jenseits von Souve-

fern nicht mit souveräner Herrschaft identisch, als die Realisierung einer Tat darauf angewiesen ist, dass sie von anderen Handelnden unterstützt und vollendet wird. Statt im linearen Schema von Befehl und Gehorsam ist Macht nach Arendt dialektisch als Verhältnis der Ermächtigung und wechselseitigen Abhängigkeit zu konzipieren.

Ermächtigung

Wenn sich der Vollzug einer Handlung daran bewährt, dass sie als Anfang vollendet wird, dann ist eine Praxis umso wirkmächtiger, je stärker ihr Vollzug gesichert ist. Weil es aber nicht die Befehlenden, sondern die Gehorchenden sind, die über diesen Vollzug entscheiden, bemisst sich die Macht einer Handlung an der Qualität der Mitwirkung aller von der Handlung Betroffenen. Macht kommt nach Arendt also nur zustande, wenn sie auf die «aktive Unterstützung» der Beteiligten zählen kann und sich idealiter als Fortsetzung eines «ursprünglichen Konsenses» herausstellt (MG 42). Diese aktive Unterstützung einer Initiative bedeutet die Umkehrung des Souveränitätsschemas. Jede scheinbar souveräne Handlungsmacht von Einzelnen beruht letztlich auf der Ermächtigung durch die Vielen. Individuelle Handlungsmacht ist nach Arendt darum immer interaktive *Ermächtigung*.

Diese Ermächtigungsfigur wird darum nach Arendt theoretisch oft übersehen, weil sie nicht immer manifest erfolgt. Manifest zeigt sich die aktive Unterstützung für eine Initiative dann, wenn sich etwa ein Volk durch die Reden einer Politikerin oder eines Politikers begeistern lässt und sich für die Umsetzung der Vorschläge engagiert. Dann wird die politische Führungsinstanz durch die Bevölkerung ermächtigt. Die Ermächtigung wirkt aber auch dann, wenn sich Teile der Bevölkerung gerade nicht aktiv verhalten. In diesem Fall nimmt die Ermächtigung die Form einer stummen oder impliziten Unterstützung an. Das Nichtstun der Vielen bedeutet, dass sie einzelnen Personen die Möglichkeit zuge-

ränität, in: Munz, Regine (Hg.): Philosophinnen des 20. Jahrhunderts, Darmstadt 2004, S. 159–180.

stehen, ihre Initiative ungestört zu vollenden. Arendt illustriert diese implizite Ermächtigungsstruktur am Beispiel des Stillhaltens weiter Bevölkerungskreise im Nationalsozialismus.[23] Wenn etwa antisemitische Studierende im Hörsaal ihre jüdischen Mitstudierenden drangsalieren und verhöhnen, dann wird diese Aktion nur dadurch möglich, weil sie durch das Stillhalten aller Anwesenden im Hörsaal ermächtigt wird. Dies bedeutet nicht, dass die Aktion durch die schweigende Menge im strengen Sinn initiiert wird. Die Tatsache, dass niemand wagt, aktiv gegen die Hetzaktion einzuschreiten, bedeutet nicht, dass sie diese Handlung selber auslösen, es bedeutet aber, dass sie die Initianten ermächtigen, ihre Tat zu vollenden. Konsequenterweise negiert Arendt, dass es in der Politik überhaupt eine Befehls-Gehorsams-Struktur geben könne:

«Nur ein Kind gehorcht; wenn ein Erwachsener ‘gehorcht’, dann unterstützt er in Wirklichkeit die Organisation oder die Autorität oder das Gesetz, die ‘Gehorsam’ verlangen.»[24]

Diese Ermächtigungsstruktur, die Arendt auf handlungslogischer Ebene rekonstruiert, entspricht übertragen auf politische Verhältnisse dem Modell des (impliziten) Gesellschaftsvertrags. Es bedeutet, wie schon bei John Locke formuliert, dass jede politische Institution auf einem stummen Konsens beruht, der ihr die Macht gibt. Weil Macht immer Ermächtigung ist, wird das Volk zur Quelle jeder politischen Macht. Oder in den Worten von Arendt:

> Was den Institutionen und Gesetzen eines Landes Macht verleiht, ist die Unterstützung des Volkes, die wiederum nur die Fortsetzung jenes ursprünglichen Konsenses ist, welcher Institutionen und Gesetze ins Leben gerufen hat. (MG 42)

Institutionen und Verfassungen sind also nur solange mächtig, als sie von diesem «ursprünglichen Konsens» getragen werden.

Über Arendt hinaus lässt sich argumentieren, dass diese dialektische Ermächtigungsstruktur nicht nur für politische Praktiken und Institutionen im engeren Sinn gilt, sondern dass sie auch viele

23 Vgl. dazu Arendt, Hannah: Was heißt persönliche Verantwortung unter einer Diktatur? [1964], in: dies.: Nach Auschwitz. Essays & Kommentare 1, hg. von Eike Geisel und Klaus Bittermann, Berlin 1989, S. 81–97.

24 Ebd. S. 95.

soziale und künstlerische Tätigkeiten erfasst, die Arendt als Arbeiten oder Herstellen bezeichnet und denen sie zu Unrecht die konstitutiv gemeinschaftsbezogenen Dimensionen abspricht. Gilt nicht auch für scheinbar einsame Tätigkeiten wie Bücher schreiben oder Sport treiben, dass sie von einem sozialen Umfeld getragen und damit ermächtigt werden müssen, damit sie stattfinden können? Obwohl Arendt selber diesen Schluss nicht zieht und besonders der künstlerischen Produktion eine souveräne Unabhängigkeit zugesteht, ließe sich nachweisen, dass diese nicht im luftleeren Raum ausgeübt werden kann, sondern immer auf Ermöglichungsbedingungen beruht, die sozial zugestanden werden. Dieser Zusammenhang, den Arendt durch ihre Unterscheidung des Politischen vom Sozialen und Privaten ausblendet, und auf die unten noch ausführlich eingegangen wird, ist vor allem für feministische Analysen von Machtverhältnissen relevant, insofern nicht nur einzelne Praktiken, sondern auch die Strukturen der (ungleichen) Ermächtigung von Praktiken ins Blickfeld geraten. Erst wenn erkannt wird, dass etwa Kindererziehung und Hausarbeit keine natürlichen Arbeitsvorgänge sind, sondern sozial ermächtigt werden, kommt die Frage in den Blick, warum diese Tätigkeiten bis heute als weibliche Aufgaben definiert werden und wie die Ermächtigung zu diesen Aufgaben mit Zwang und Abwertung verbunden sind. Arendts Konzept der Macht als Ermächtigungsverhältnis kann also dazu dienen, alle Interaktionen kritisch danach zu befragen, was und wen sie unterstützen und welche Ungleichheitsverhältnisse sie damit realisieren.

Der Konsens als pragmatisches Funktionsprinzip der Macht

Im Licht der These, dass jede Macht Ermächtigung ist, erweist sich jede Machttheorie als falsch, die Macht mit souveräner Befehlsherrschaft gleichsetzt, so als ob es möglich wäre, über Interaktionen solipsistisch zu verfügen. Damit wird auch die Funktion des Konsenses in Arendts Machttheorie neu fassbar. Entwickelt vor dem Hintergrund der historischen Erfahrung, dass sich der totalitäre Nationalsozialismus in Deutschland auf eine breite Basis in der Bevölkerung abstützen konnte, bedeutet der Konsens für Arendt in einem ersten Schritt nichts anderes als die oben skizzierte Logik der Ermächtigung. Konsens heißt also in seiner Minimalvariante einfach: mittun, sich unterwerfen, gehorchen, stillhalten und mitlaufen. Ein Konsens ist demnach nicht notwendig Ausdruck einer emphatisch verstandenen Zustimmung, wie es die spätere Lesart von Habermas nahelegt. Er ist nicht gleichbedeutend mit einem frei gewählten, vernünftigen Bewusstseinsakt, mit dem Handelnde zeigen, dass sie mit Ideen und Prinzipien einverstanden sind, sondern er ist primär eine Praxis der Unterstützung und Ermächtigung, die im Hinblick auf die Frage, ob diese Zustimmung gewählt oder erzwungen wurde, indifferent bleibt. Das Prinzip der konsensuellen Ermächtigung ist nach Arendt einfach ein pragmatisches Prinzip der Macht.

Weil Konsens für Arendt eine Handlungsermächtigung, das heißt ein pragmatisches Funktionsprinzip gemeinsamer Macht ist, ist es zwar unumgänglich, Macht als konsensuelle Ermächtigung zu qualifizieren, es ist aber nicht konsistent, diese Ermächtigung als Grund für die normative Auszeichnung der Macht zu bemühen. Diese kategoriale Vermischung wird in der Forschung oft übersehen. So ist das Argument verführerisch, konsensuelle oder kollektive Ermächtigung sei 'gut', wenn diese kollektive Macht – wie Arendt selber es in *Eichmann in Jerusalem* (EJ) unternimmt – am Beispiel des Widerstandes der dänischen Bevölkerung im Zweiten Weltkrieg illustriert wird, die sich gegen die Verschleppung und Ermordung der Jüdinnen und Juden in Dänemark gewaltlos und solidarisch gewehrt hat.[25] In der Forschung wird dieses Beispiel ergänzt durch Gandhis Marsch durch Indien, die polnische Widerstandsbewegung Solidarność und feministische Netzwerke der Solidarität, die alle treffend illustrieren, inwiefern kollektive Macht unter anderem darum positiv ist, weil sie konsensuell funktioniert.[26]

25 Vgl. Arendt, Hannah: Eichmann in Jerusalem. Ein Bericht von der Banalität des Bösen [1964], München 1986, S. 211ff.; im Folgenden abgekürzt als EJ.

26 Vgl. Canovan, Hannah Arendt, S. 209; Allen, Amy: Solidarity after Identity Politics. Hannah Arendt and the Power of Feminist Theory, in: Philosophy and Social Criticism (1999), 25/1, S. 97–118, S. 112.

Wie verkürzt diese Argumentation ist, zeigt sich dann, wenn das Phänomen kollektiver Ermächtigung an historisch anderen Beispielen ausgewiesen wird. So rekonstruiert Arendt in *Elemente und Ursprünge totaler Herrschaft*, wie sich die totalitäre Herrschaft eine Machtbasis geschaffen hat, indem sie durch eine kontinuierliche Mobilisierung und Dynamisierung von politischer Unterstützung Kollektive erschaffen hat, die ihre Macht blutig und gewaltsam gegen jede Opposition und Dissidenz verteidigten (EU Kap. 11). Arendt verstärkt diese normative Indifferenz der Ermächtigung in *Macht und Gewalt* zusätzlich, indem sie behauptet, dass es nicht nur möglich, sondern sogar notwendig ist, dass jede totalitäre, tyrannische oder despotische Macht auf Elemente konsensuell-kollektiver Ermächtigung zurückgreift. So bedarf jedes Gewaltsystem, ja selbst die totale Herrschaft einer «Machtbasis», die *nicht* erzwungen werden kann (MG 51). *Keine* Macht kann sich nach Arendt ausschließlich auf Zwang abstützen. «Selbst der Tyrann [...] bedarf der Helfer» (MG 42). Und auch die Sklavenhalter, so Arendt, hatten darum Macht, weil sie «miteinander solidarisch waren» (MG 51). Damit aber wird die Bedeutung der konsensuellen Unterstützung, die ein soziales Verhältnis trägt und stärkt, normativ entleert.

Konsensuell-kollektives Handeln ist also kein Phänomen, das auf moralisch gute Menschen oder politisch edle Zwecke beschränkt ist. Es beschreibt vielmehr, wie Menschen unter Berücksichtigung ihrer Abhängigkeit von anderen ihren Initiativen größtmögliche soziale Wirkungskraft geben können. Diese Regel gilt für die Kolonisierten und Unterdrückten genauso wie für die Kolonisatoren und Unterdrücker. Die Frage stellt sich demnach, ob George Katebs eingangs formulierte Einschätzung zutrifft, dass das politische Denken Arendts und die darin eingewobene konsensuelle Machttheorie letztlich amoralisch bleibt und keinen immanenten Orientierungspunkt für die normative Qualifizierung politischer Praxis bieten kann.

Im nächsten Abschnitt wird diese Annahme entkräftet. In Arendts Machtdenken wird eine Normativität fassbar, wenn man sich auf Arendts Bestimmung der Macht als *gemeinsamen Anfang* konzentriert. Dieses Merkmal macht deutlich, inwiefern faschistische Massenbewegungen oder solidarische Sklavenhalter gerade das Gegenteil dessen praktizieren, was mit Arendt als eine emphatische Form des Zusammenhandelns gedeutet werden kann. Der Fokus auf die Macht des gemeinsamen Anfangens erlaubt es, ein spezifisch gehaltvolles Verständnis der Macht zu gewinnen, das Macht als *Ermöglichungsmacht* qualifiziert und damit von anderen Formen konsensueller Ermächtigung abhebt.

3. Ermöglichungsmacht: gemeinsam anfangen

Die These, die normative Qualität von Arendts Machtbegriff könne aus dem Prinzip des Anfangs gewonnen werden, stützt sich zentral auf eine Stelle in *Macht und Gewalt*, die der nachfolgenden Argumentation als Ausgangspunkt dient. Arendt schreibt dort:

> Macht entsteht, wann immer Menschen sich zusammentun und gemeinsam handeln, ihre Legitimität beruht nicht auf den Zielen und Zwecken, die eine Gruppe sich jeweils setzt; sie stammt aus dem Machtursprung, der mit der Gründung der Gruppe zusammenfällt. (MG 53)

Diese Stelle kann im traditionellen Sinn als Beschreibung des Gründungsaktes einer legitimen politischen Verfassung gelesen werden, die sich entweder in der Logik des Gesellschaftsvertrags oder in jener eines intersubjektiven Anerkennungsverhältnisses deuten lässt. Ich werde beide Ansätze hier unberücksichtigt lassen und schlage stattdessen vor, die Figur des «Machtursprungs» im Rahmen von Arendts eigener Terminologie auszulegen. Demnach ist das Phänomen einer gemeinsamen Gründung nicht notwendig identisch mit einer Praxis, in der eine individuelle Initiative, das heißt ein Anfang, durch Gehorsam oder stillschweigenden Konsens *nachträglich* ermächtigt wird. Wir müssen bei Arendt vielmehr zwei Formen der Macht des Anfangs unterscheiden.

Zwei Formen des Anfangs: souverän gesetzt oder gemeinsam geteilt

Arendt selber geht in ihrem *Denktagebuch* (D) auf diese Unterscheidung näher ein und charakterisiert sie als «Zweideutigkeit» der Macht. Diese Zweideutigkeit wiederum hängt mit der Doppeldeutigkeit des griechischen Wortes *arché* zusammen, das sowohl Herrschaft wie Anfang bedeuten kann. *Archein*, so schreibt Arendt im *Denktagebuch*, heißt demnach

> einen neuen Anfang stiften. Im Gegensatz zum re-agieren, handeln. Über Andere, sofern die Anderen dazu gebracht werden müssen, Anfänge zu machen [...] oder [...] *mit* den Anderen etwas anfängt. Dies [ist] die Zweideutigkeit überall (D 28).[27]

An dieser Stelle geht es also nicht um die Frage, wie die anderen dazu gebracht werden können, Initiativen zu vollenden oder mitzutragen, sondern inwiefern *mit* anderen etwas anfängt. Ausgehend von diesem Zitat lassen sich bei Arendt zwei Formen des Anfangs rekonstruieren: der souverän gesetzte Anfang und der gemeinsam geteilte Anfang.

Ein *souverän gesetzter Anfang* bedeutet, dass ein Einzelner oder eine Einzelne eine Initiative startet, die in einem zweiten Schritt von einer Gruppe von Menschen aktiv unterstützt wird. In diesem Fall fängt nicht *mit* den anderen etwas an, sondern die anderen werden dazu gebracht, den Anfang zu vollenden. Handlungstheoretisch, so wurde oben gezeigt, ist eine solche souverän gestartete Initiative umso mächtiger, je stärker sie freiwillig und aktiv von einem Kollektiv unterstützt wird. Das schließt nicht aus, dass die Initiative selber einem souveränen Willen eines Einzelnen entspringen kann. Denn souverän ist, so Arendt, wer sein Wollen alleine entwickeln kann.[28] Diese Form von Souveränität sieht Arendt in der Kunst und Technik am Werk, in denen ein einzelnes Individuum eine Intention, einen Plan, ein Projekt oder eine Vision hat und diese mit den geeigneten Mitteln umsetzt oder in die adäquate Gestalt bringt.[29] Zwar wirkt auch hier die Unterstützung im sozialen Umfeld ermächtigend mit, aber es besteht zumindest der Anspruch oder das Selbstverständnis des Individuums, dass es für seine Ideen, künst-

27 Arendt, Hannah: Denktagebuch. 1950–1973, 2 Bde., hg. von Ursula Ludz und Ingeborg Nordmann, München/Zürich 2003; im Folgenden abgekürzt als D.

28 Vgl. VA Kap. 31.

29 Vgl. zur Konzeption des technischen und künstlerischen Herstellens VA Teil 4; zur Zweck-Mittel-Relation der Technik VA 130f.; zur Kunst VA Kap. 23.

lerischen Ziele oder technischen Projekte die anderen nur subsidiär und indirekt braucht, weil es bereits *alleine* weiß, was es will. Übertragen auf soziale und politische Verhältnisse bedeutet dies, dass eine schwache Form von Souveränität mit kollektivem Handeln vermittelbar ist. Schwach ist diese Form von Souveränität darum, weil das Individuum seine Abhängigkeit von anderen anerkennt und sich bei der Vollendung seiner individuell gestarteten Initiative darum bemüht, die freiwillige Unterstützung des Kollektivs zu gewinnen. Es weiß, dass es nicht absolut souverän und unabhängig ist, aber gleichwohl die individuelle Fähigkeit hat, Projekte zu starten. Diese Verbindung von Souveränität und kollektiver Macht beschreibt zum Beispiel, wie sich eine politische Partei in einem demokratischen Rechtsstaat aus strategischen und taktischen Gründen um Mehrheiten bemühen muss.

Ganz anders dagegen präsentiert sich die Ausgangslage, wenn der Anfang so verstanden wird, dass er *mit* den anderen beginnen soll. In diesem Fall ist der Anfang nicht schon in einem Plan vorbestimmt und muss nur gemeinsam vollzogen werden, sondern zur Herausforderung wird nun, dass mit den anderen zusammen etwas anfangen kann. In dieser Situation wird die Logik der Souveränität und des strategischen Denkens von Anfang außer Kraft gesetzt. Wenn es darum gehen soll, dass mit anderen etwas beginnen kann, dann muss sich ein Individuum in die Gemeinschaft begeben, um überhaupt Ideen zu entwickeln, Ziele zu formulieren und Handlungsintentionen zu gewinnen. Dies wird nach Arendt möglich im wechselseitigen Austausch, das heißt in der ergebnisoffenen Kommunikation, in der sich die Individuen nicht nur gegenseitig, sondern auch selber in ihren Interessen überhaupt erst kennenlernen. Im *Denktagebuch* bringt Arendt diese anfängliche Macht der Gemeinschaft auf den Punkt, wenn sie schreibt: «Ein einzelner Mensch hat aber gar keine bestimmten Interessen; diese erwachsen ihm erst in dem gemeinsamen Raum, an dem er [...] mit-trägt.» (D 335)

Zwar scheint dieses Zitat den gemeinsamen Anfang bis zu einem gewissen Grad als faktisch unhintergehbar zu behaupten, wenn Arendt schreibt, kein Mensch habe außerhalb des sozialen Umfelds Interessen. Das bedeutet, dass nach Arendt niemand im strengen Sinn isoliert leben kann und darum auch niemand, wie oben gezeigt, jenseits historisch-sozialer Kontexte seine individuellen Fähigkeiten und Eigenheiten ausbildet. Dennoch bedeutet dies nicht, dass dieses soziale Umfeld, das auch als stummes und implizites Ermächtigungsverhältnis funktionieren kann, bereits dem entspricht, was Arendt im obigen Zitat als gemeinsamen Anfang bezeichnet. Zu sagen, dass *mit* anderen etwas anfangen soll, evoziert mehr, als diesen Anfang auf einen stummen Akt des Gewährenlassens zu reduzieren. Ein gemeinsamer Anfang ist auch mehr, als die Anderen zum Vollzug einer Initiative zu bringen. *Mit* anderen etwas anfangen bedeutet, dass die anderen bei der Genese der Initiative aktiv mitwirken sollen. Dies aber verlangt eine spezifische Form von Interaktion, die ergebnisoffen ist und durch diese nicht-instrumentelle Offenheit alle Beteiligten gleichberechtigt am Interaktionsprozess teilhaben lässt. Denn nicht jede geteilte Macht fängt auch gemeinsam an.[30]

Offenheit für Andere

Mit diesem Fokus auf den gemeinsamen Anfang wird es in einem ersten Schritt möglich, die von Kateb erwähnte Solidarität unter Dieben wie auch das Beispiel faschistischer Massenbewegungen oder Sklavenhaltergemeinschaften von positiven Formen der Macht systematisch zu unterscheiden. Entscheidend ist dabei das

30 Diese Lesart Arendts stützt sich zentral auf die oben zitierte Stelle über die zwei Formen des *archein* in D 28. Es wäre allerdings auch möglich, anhand von anderslautenden Passagen eine andere Lesart stark zu machen; vgl. etwa D 548: «Handeln (politisch): a) Tat: Auszeichnung des Einzelnen vor allen Andern. b) Zusammen*handeln*: *Macht* und das Beginnen von Etwas [... (archein)], das der Hilfe der Andern bedarf [... (prattein)], um zu Ende geführt zu werden.» Canovan, Hannah Arendt, S. 136 zeigt, dass Arendt in einem Vorlesungsmanuskript den Anfang noch als eine auf den König beschränkte Macht denkt. Dieser elitäre Begriff eines souverän gesetzten Anfangs begegnet auch noch in VA 236, wo Arendt Macht als fragiles Verhältnis «zwischen dem Einen, der allein anfängt, und den Vielen, die gemeinsam vollbringen» definiert. – Diese Ambivalenzen in Arendts Machtbegriff werden im Folgenden zugunsten einer Version des gemeinsam geteilten Anfangs aufgelöst, die den Elitarismus in Arendts Denken überwindet.

nicht-instrumentelle Verhältnis, das die Beteiligten zum gemeinsamen Handeln entwickeln und das einen nicht-strategischen Sinn von Macht ermöglicht.

Während die konsensuelle Ermächtigung – das heißt, das Wissen des Einzelnen, dass er oder sie nur in Gemeinschaft stark ist – noch mit strategischen und utilitaristischen Gesichtspunkten verknüpft ist und an traditionelle Nutzenerwägungen anschließt, lässt sich das Interesse an einem gemeinsam geteilten Anfang in dieser Logik nicht erschöpfend erfassen. Denn im gemeinsamen Handeln geht es darum, das Gemeinschaftliche von Anfang an wirkmächtig werden zu lassen und damit zugleich das einzelne Individuum im Sinne eines «hybriden Singular» (D 159), das sich selbst genügt, in Frage zu stellen. Damit ein gemeinsamer Anfang überhaupt möglich ist, müssen die Individuen für die anderen offen sein und ihre eigenen Präferenzen und Normen, die sie leiten, relativieren. Die Offenheit für eine gemeinsame Praxis, die sich nur gemeinsam entwickeln lässt und die mehr ist als das, was ein einzelnes Individuum selber schon will und tut, setzt voraus, dass souveränitätstheoretische und strategische Handlungsinteressen an Gewicht verlieren. Eine solche Praxis der Anerkennung der eigenen Abhängigkeit, der Offenheit für andere und der Preisgabe strategischer Interessen ist aber weder mit faschistischen Bewegungen noch mit einer Sklavenhalter-Mentalität kompatibel, da sie aufs Engste mit der Anerkennung von Gleichheit verbunden ist.

Offen zu sein für das Handeln von anderen, um gemeinsam etwas beginnen zu können, setzt demnach egalitäre Verhältnisse voraus. Dies bedeutet, dass in einer Gemeinschaft keiner und keine einem anderen gehorchen oder nachfolgen muss, sondern dass die Interessen und Ziele gemeinsam gebildet werden. Kein Mensch soll seine Interessen durchsetzen können, indem andere Menschen durch Gewalt, Erpressung oder Manipulation dazu gebracht werden, Ziele zu verfolgen, die von ihnen nicht gewünscht sind. Gemeinsam etwas beginnen zu wollen setzt also voraus, allen Beteiligten egalitäre Handlungschancen zuzugestehen. Unter diesen Voraussetzungen ist es prinzipiell möglich, dass sich Neuanfänge ereignen.

Für Arendt ist ein Paradigma für solche gemeinsam geteilte Anfänge die politische Revolution. Revolutionen, so schreibt sie in

Über die Revolution, bringen etwas Neues in die Welt, in ihnen wirkt das «Pathos des Neubeginns» (ÜR 41). Sie repräsentieren demnach in der politischen Geschichte, was Arendt, wie oben zitiert, als legitimen «Machtursprung» bezeichnet, der «mit der Gründung der Gruppe zusammenfällt» (MG 42). Die Revolution erschafft ein politisches Gebilde *ab ovo* neu, indem sich dieses Gebilde performativ durch die gemeinsame Praxis herausbildet.

Allerdings ist der Anspruch eines revolutionären und von Anfang an geteilten Neubeginns nicht einfach einzulösen. Nicht alles, was sich in der Geschichte als revolutionäre Zäsur und Neuanfang darstellt, ist gemeinsam entstanden. Bei näherer Betrachtung zeigt sich oft, dass kollektive Aktionen eher dem oben beschriebenen Verhältnis von individuellem Anfangen und nachträglicher Ermächtigung folgen und sich demnach nicht-egalitären Kooperationen verdanken. Solche nicht-egalitären Kooperationen wiederum sind besonders anfällig dafür, persönliche Abhängigkeiten und traditionelle, strukturelle Zwänge und Ungleichheiten weiterzuführen. Das Neue kann das Alte sein, wie es etwa die Kontinuität rassistischer und sexistischer Ausgrenzungen in den Revolutionen in den USA und Frankreich eindrücklich belegt. Arendt selber ist sich in ihrer Begeisterung für die amerikanische Revolution dieser verdeckten Kontinuität von Herrschaftsverhältnissen nicht bewusst, so dass ihr Revolutionsbegriff zwar als Hinweis auf ein normatives Ideal gelesen werden kann, der Rekurs auf die historische Revolution der USA aber blendet entscheidende Aspekte aus.[31] Vor diesem Hintergrund stellt sich die Frage, ob die Begriffe der Revolution und des Neuanfangs – auch in Arendts eigenem Werk – nicht idealisierte Konstruktionen sind, die vom Gewicht tradierter Herrschaftsverhältnisse und Exklusionen ablenken und Individuen und Kollektiven vorgaukeln, sie könnten sich neu und selbst bestimmen, während sie bloß den ausgetretenen Pfaden eines (schlechten) Vorgegebenen folgen. Umso wichtiger ist es darum zu klären,

31 Vgl. zur Kritik an Arendts Revolutionsbegriff aus postkolonialer und feministischer Perspektive Norton, Anne: Heart of Darkness: Africa and African Americans in the Writings of Hannah Arendt, in: Honig, Bonnie (Hg.): Feminist Interpretations of Hannah Arendt, Pennsylvania 1995, S. 247–261.

wie gemeinsames Handeln als Neuanfang in seinem Vollzug zu verstehen ist.

Gemeinsame Anfänge zwischen Prozess und Ereignis

Auf die Frage, wie ein gemeinsam geschaffener Anfang denkbar ist, der tatsächlich mit tradierten Herrschaftsverhältnissen bricht, lässt sich mit Arendt und über sie hinaus zweifach antworten: So kann man erstens versuchen, den Prozess der anfänglichen, gemeinsamen Willensbildung so zu definieren, dass er strengen Kriterien folgen muss, die auf den Bruch mit Hierarchien, Manipulationen und strukturellen Zwängen abzielen. Dies ist der Weg, den Jürgen Habermas im Anschluss an Arendt einschlägt. Der Willensbildungsprozess, durch den sich eine Gemeinschaft etabliert, ist demnach zugleich der Prozess, in dem strukturelle Machtverhältnisse, die einem egalitären Konsens entgegenstehen, kritisiert und überwunden werden können. Der gemeinsame Anfang, so Habermas, verdankt sich der Macht diskursiver Kritik.[32]

Der zweite Weg, einen gemeinsamen Anfang zu denken und ihn der Gefahr asymmetrischer Beeinflussung und Manipulation zu entziehen, besteht darin, dass er als etwas definiert wird, das schlagartig einbrechen kann und gerade nicht sukzessiv in der Zeit erschlossen wird. Neuanfänge ereignen sich demnach, wie Oliver Marchart schreibt, «außerhalb der Zeit» und «außerhalb jedes historischen Kausalzusammenhangs».[33] Mit Arendt, so Marchart, lässt sich die anfängliche Macht einer gemeinsamen Praxis daran bemessen, dass sie der Anfang eines Anfangs ist, ein Ereignis, das zwischen der Verbindung von Alt und Neu einbricht.[34]

32 Vgl. Habermas, Hannah Arendts Begriff der Macht, S. 247f.

33 Marchart, Oliver: Neu beginnen. Hannah Arendt, die Revolution und die Globalisierung, Wien 2005, S. 65.

34 Vgl. Marchart, Neu beginnen, S. 64. Marchart sieht diesen revolutionären Neubeginn bereits im *Denken* des Neuen angelegt. Wie er in einer Rekon struktion von Arendts Beschreibung des «Augenblicks» zeigt, ist dessen Struktur mit dem «Zeitgefühl des Denkenden» bei Arendt analog, der sich zwischen Vergangenheit und Zukunft positioniert und im Denken eine Lücke schlägt (ebd. 46f.). Marchart optiert darum dafür, mit Benjamin und über

Handlungstheoretisch geht es bei diesen beiden Positionen um zwei gegenläufige Modelle anfänglicher Macht. Im ersten Fall ist unterstellt, dass Anfänge *werden*, d.h. sie müssen prozedural-historisch erschlossen werden. Ein Anfang – also das, was Neues beginnen lässt, – ist das Ergebnis einer *diskursiven* Bewegung, die aus dem Bestehenden das Neue entwickelt. Das zweite Modell denkt den Anfang als etwas, das nicht als Ergebnis eines wie immer gestalteten Handlungsverlaufs zu denken ist, sondern als deren Ermöglichung oder Stiftung. Der Begriff des Anfangs verliert in dieser Perspektive seinen Sinn, wenn er als werdend gedacht wird. Anfänge können nur als irreduzibles Ereignis konzeptualisiert werden, das sich im Bruch mit dem Bestehenden und/oder in der spontanen Neuschaffung *ex nihilo* manifestiert.

In Arendts emphatischem Verständnis anfänglicher Macht sind beide Logiken im Spiel. So denkt sie das gemeinsame Anfangen sowohl als Bedingung wie auch als Vollzug egalitär geteilten Handelns. Demnach ist es weder möglich, das Ereignis des Anfangens von diskursiven Kommunikationsstrukturen abzulösen noch es auf diese zu reduzieren. Das bedeutet, dass es im Sinne Arendts kein Rezept und kein Gesetz geben kann, wie ein Anfang möglich wird, weil er immer ein intrinsisch partikulares Ereignis darstellt. Aber dieses Ereignis, so ist zu zeigen, realisiert sich in den Strukturen der Kommunikation, die so verfasst sind, dass sie Reflexion und Kritik ermöglichen, die ihrerseits eine anfängliche Kraft entwickeln können.

Dieser Doppelsinn der anfänglichen Macht lässt sich mit dem Begriff der *Ermöglichungsmacht* bezeichnen. Ihre Machtwirkung bezieht sich darauf, dass sie gemeinsam geteiltes Handeln ermöglicht, *indem* sie es vollzieht. Diese ermöglichende Wirkung verdankt sich einerseits dem anfänglichen Potential eines egalitär geführten Gesprächs, andererseits dem Ereignis des konkreten Beisammenseins, durch das Handlungsmöglichkeiten überhaupt erst aktualisiert werden. Diese beiden Bestimmungen sind näher zu erläutern, indem zuerst Arendts Definition der Macht als «Sprechen und Handeln» rekonstruiert und danach aufgezeigt wird, wie der Bezug zu Ver-

Arendt hinaus das Denken des Bruchs bereits als eigentlich politisches Handeln zu verstehen (ebd. 52). Allerdings bleibt dabei das *kollektive* Element des revolutionären Anfangs unterbelichtet.

ständigung und Pluralität als Verbindung von Gleichheit und Differenz dieses Sprechhandeln als anfängliches Handeln normativ qualifiziert.

Sprechen und Handeln als Konstitutionsbedingungen gemeinsamer Macht

Dass es im politischen und sozialen Handeln überhaupt Anfänge geben kann, hängt im Denken Arendts damit zusammen, dass es Sprache gibt. Es ist die Sprache, so Seyla Benhabib, die «Handeln von bloßem Verhalten» unterscheidet.[35] Diese innovative Kraft der Sprache zeigt sich für Arendt daran, dass sie Besonderheit gestaltbar und erfahrbar macht. Im Sprechen kann ein Mensch seine Individualität realisieren und sich als eine einzigartige Person enthüllen (VA 226). Zu einer individuellen Person *wird* man im Laufe seines Lebens und zwar dadurch, dass man spricht. Die Sprache hat für Arendt also eine sowohl narrative wie performative Kraft.[36] Sie konstituiert und gestaltet Individualität. Wer einer ist, zeigt sich im Zusammenhang dessen, was er oder sie sagt. Sprechen formt und erzählt die «Lebens*geschichten*» (VA 226) von Menschen.

Diese performative Kraft der Sprache ist systematisch von Kommunikation abhängig. Es braucht also eine andere Person, ein Du oder Ihr, *mit* denen ein Individuum spricht, damit Sprechen zu einer Form des Anfangens werden kann, durch das sich ein Individuum herausbildet. Arendt beschreibt diesen Effekt als Prozess des Sich-Einschaltens in soziale Zusammenhänge, wenn sie schreibt:

35 Benhabib, Seyla: Über das Urteilen und die moralischen Grundlagen der Politik im Denken Hannah Arendts, in: dies.: Selbst im Kontext. Kommunikative Ethik im Spannungsfeld von Feminismus, Kommunitarismus und Postmoderne, Frankfurt a.M. 1992, S. 131–158, hier S. 138.

36 Benhabib weist darauf hin, dass Arendt zur Beschreibung der Leistung von Sprache zwei verschiedene Metaphern verwendt, die einerseits auf «Enthüllung» und andererseits auf «Erfindung» abzielen, und unterscheidet entsprechend zwischen einem essentialistischen und einem narrativ-konstruktivistischen Verständnis sprachlichen Handelns bei Arendt; vgl. Benhabib, Hannah Arendt, S. 202f.

> Sprechend und handelnd schalten wir uns in die Welt der Menschen ein, die existierte, bevor wir in sie geboren wurden, und diese Einschaltung ist wie eine zweite Geburt, in der wir die nackte Tatsache des Geborenseins bestätigen, gleichsam die Verantwortung dafür auf uns nehmen. (VA 215)

Sprechen ist eine Form der Interaktion oder Bezüglichkeit zu anderen Menschen, durch die sich ein Mensch als für sich selbst, das heißt für seine Handlungsfähigkeit und Freiheit, verantwortlich zeigt. In der von Arendt so genannten «zweiten Geburt» wird die in der physischen oder «ersten» Geburt angelegte Möglichkeit, als Mensch initiativ zu wirken, das heißt die menschliche «Natalität» (VA 18) realisiert.[37] Menschen müssen für ihre Natalität Verantwortung übernehmen, damit sich deren Möglichkeiten aktualisieren.

Allerdings wird diese kommunikative Bezüglichkeit, wie das obige Zitat deutlich macht, nicht nur durch Sprache, sondern auch durch *Handeln* konstituiert. Die Verbindung beider ist unverzichtbar, wie Arendt mit der an Kant angelehnten Formulierung deutlich macht, wonach Worte ohne Taten «leer» und Taten ohne Worte «gewalttätig stumm» sind (VA 252). Die anfängliche Macht von Sprechen und Handeln zeigt sich nur, wenn beide gemeinsam auftreten und zusammen wirken.

> Mit realisierter Macht haben wir es immer dann zu tun, wenn Worte und Taten untrennbar miteinander verflochten erscheinen, wo also Worte nicht leer und Taten nicht gewalttätig stumm sind. (VA 252)

37 Vgl. auch: «Weil er ein Neuer ist, kann er etwas Neues anfangen.» (ÜR 272) Marchart vergleicht Arendts Figur der «ersten Geburt» mit Heideggers Begriff der «Geworfenheit»; vgl. Marchart, Neu beginnen, S. 32. Die Bezeichnung der Natalität als Metapher für den Anfang ist aber auch zentral durch Augustinus geprägt; vgl. VA 215 zu Augustinus: «damit ein Anfang sei, wurde der Mensch geschaffen»; vgl. auch EU 730; ÜR 271f. Dieses Motiv ist bereits in Arendts Dissertation präsent; vgl. Arendt, Hannah: Der Liebesbegriff bei Augustin. Versuch einer philosophischen Interpretation [1928], Wien 2005[2]. Zu Arendts Deutung von Augustinus und der Spätantike vgl. auch Schlapbach, Karin: 'Under the full impact of a catastrophic end' – Augustine and the fall of Rome in Hannah Arendt's reading, in: *Décadence. 'Decline and Fall' or 'Other Antiquity'?*, hg. von Marco Formisano und Therese Fuhrer, Heidelberg 2014, S. 97–112.

Dieses Zusammenwirken von Sprechen und Handeln wird in der Forschung kontrovers konzeptualisiert. Margaret Canovan schlägt vor, beide als getrennte Tätigkeiten mit unterschiedlichen Wirkungen zu konzipieren.[38] Demnach habe Sprechen eine individualisierend-enthüllende Kraft, während Handeln eine Beschreibung sei für das Anfangen. Sie beruft sich dabei vor allem auf die Stelle in *Vita activa*, wo Arendt schreibt, dass «sowohl die Enthüllung des Neuankömmlings durch das Sprechen wie der Neuanfang, den das Handeln setzt, wie Fäden sind, die in ein bereits vorgewebtes Muster geschlagen werden» (VA 226). Gegen diese Zuordnung spricht aber, dass Arendt an vielen Stellen die Macht der Enthüllung an Sprechen *und* Handeln bindet. So schreibt sie, dass Handeln und Sprechen ohne die Wirkung der «Enthüllung der Person» ihre «spezifische Relevanz» verlieren würden (VA 224). Zudem scheint es schwierig, Handeln jenseits vom Sprechen als anfängliche Macht zu denken, da ein Handeln ohne Sprache doch, wie Arendts obiges Zitat nahelegt, gewalttätig und damit das Gegenteil der Macht des Anfangs wäre.

George Kateb behauptet darum, dass Handeln für Arendt immer sprachlich verfasst sei und es ein Handeln ohne Sprechen gar nicht geben könne.[39] Diese These leuchtet insofern ein, als nur der Bezug auf die Sprache plausibilisieren kann, wie sich Handeln als eine nicht-dinghafte und unvermittelte Interaktion denken lässt, die gemäß Arendt von den Tätigkeitsformen des Herstellens und Arbeitens zu unterscheiden ist. Die Möglichkeit, Reden und Tun zu trennen, lässt sich darum sinnvollerweise nur für jene Tätigkeiten behaupten, die nicht mit Arendts engem Handlungsbegriff identisch sind. Wir müssen weder mit dem Tisch, den wir produzieren, noch mit dem Brot, das wir backen, kommunizieren, um unsere Tätigkeiten erfolgreich zu verrichten. Gerade weil wir dem zu verarbeitenden Material in der Herstellung und Verarbeitung Gewalt antun (können), ist Sprache unnötig. Ebenfalls trennen lassen sich nach Arendt Sprache und Handlung in den künstlerischen Tätig-

38 Canovan, Hannah Arendt, S. 131.

39 Kateb, George: Political Action: its Nature and Advantages, in: Villa, Dana (Hg.): The Cambridge Companion to Hannah Arendt, Cambridge 2000, S. 130–148, hier S. 133.

keiten, die zwar mit Sprache arbeiten und auf diese verwiesen sind, dabei aber in keine direkte Interaktion mit Menschen eintreten, so dass Arendt sie ebenfalls aus dem Handlungsbegriff ausgrenzt.[40]

Wenn also Handeln, mit Kateb gesprochen, immer sprachliches Handeln ist, dann stellt sich die Frage, was sprachliches Handeln von 'leeren Worten' unterscheidet. Deren Verbindung kann nicht in der bloß äußeren Addition von Worten und physischen Bewegungen bestehen, sondern sie muss eine ganz bestimmte Art und Weise bezeichnen, *mit* Worten zu handeln, die diese Praxis vom leeren Gerede (Worte ohne Taten) und vom wortlosen Hantieren (Taten ohne Worte) unterscheidet. Diese besondere Qualität hängt mit der Struktur sprachlicher Kommunikation zusammen.

In *Vita activa* beschreibt Arendt, wie beim Sprechen nicht nur etwas gesagt, sondern auch etwas getan wird: Menschen sprechen miteinander *über* Dinge und sie sprechen einander *an*. In diesem Ansprechen etabliert sich nach Arendt ein «Bezugssystem» (VA 225),

> das aus den Taten und Worten selbst, aus dem lebendigen Handeln und Sprechen entsteht, in dem Menschen sich direkt, über die Sachen, welche den jeweiligen Gegenstand bilden, hinweg aneinander richten und sich gegenseitig ansprechen. Dieses [...] Zwischen, das sich im Zwischenraum der Welt bildet, ist ungreifbar, da es nicht aus Dinghaftem besteht und sich in keiner Weise verdinglichen oder objektivieren läßt.

Arendts Unterscheidung von *an*sprechen und *über* etwas sprechen entspricht der doppelten Struktur des Sprechakts im Sinne von John Austin, der nach einer lokutionären und illokutionären Dimension unterscheidbar ist, oder in Habermas' Terminologie, der das kommunikative Handeln in propositionale und performative

40 Vgl. dazu VA Kap. 23; Arendts Perspektive auf die künstlerische Tätigkeit als Prozess des Herstellens und auf die Ausrichtung der «Vortrefflichkeit» des Kunstgegenstandes am vorgestellten «Bild, das dem inneren Auge des Herstellers vorschwebte, als er den Gegenstand fabrizierte» (VA 210f.), folgt in vielen Aspekten der platonischen Tradition und reproduziert damit die problematische Abwertung der Kunst. Auf die Verkürzungen von Arendts Kunstverständnis wird an dieser Stelle nicht näher eingegangen.

Sprachelemente aufteilt.[41] In der Kombination beider realisiert sich das Verhältnis zwischen Sprechenden. Demgemäß lassen sich leere Worte durch ihre fehlende Bezüglichkeit zu anderen Menschen oder zu einer Kommunikationsgemeinschaft definieren. Paradigmatisch dafür ist das leere Versprechen, das unverbindlich bleibt und das keine Beziehung zwischen den Sprechenden stiften kann. Das Gegenbeispiel zu leeren Worten sind Äußerungen wie 'Ich verurteile dich im Namen des Gesetzes', die, von einem Richter oder einer Richterin ausgesprochen, in einem Kommunikations- und Interaktionssystem höchste Verbindlichkeit haben und das Leben der Verurteilten nachhaltig verändern. Die Verbindung von Worten und Taten hängt also damit zusammen, dass die Worte Gewicht haben, weil sie Kommunikationsverhältnisse stiften oder verändern können und so wirkmächtig werden.

Damit ein kommunikativer Akt, bestehend aus der Doppelstruktur des Sich-Ansprechens und Über-etwas-Sprechens, im emphatischen Sinn einen Anfang stiften kann, muss er bestimmten Kriterien genügen. Diese erkennen wir, eingedenk Arendts Bestimmung des gemeinsamen Anfangs, darin, dass in der Kommunikation Reziprozität und Egalität gewahrt bleiben, so dass sich, wie Arendt schreibt, eine «Gemeinschaft von Ebenbürtigen» (VA 312) realisieren kann. Dies bedeutet, «miteinander, und weder für- noch gegeneinander» (VA 220) zu sprechen und zu handeln, wobei die Qualität dieses Miteinander sich auf die Qualität der wechselseitigen Adressierung bezieht und auf das, was mit Worten miteinander getan wird.

41 Habermas führt die Terminologie von Austin und Arendt zusammen, indem er behauptet, dass jeder Sprechakt in einen «performativen» und einen «propositionalen» Teil unterscheidbar sei, die er auf die «Doppelstruktur umgangssprachlicher Kommunikation» zurückführt. Das heißt: «Eine Verständigung kommt nicht zustande, wenn nicht mindestens zwei Subjekte gleichzeitig beide Ebenen betreten: a) die Ebene der Intersubjektivität, auf der die Sprecher/Hörer *miteinander* sprechen, und b) die Ebene der Gegenstände, *über* die sie sich verständigen.» Vgl. Habermas, Jürgen: Vorbereitende Bemerkungen zu einer Theorie der kommunikativen Kompetenz, in: ders.;Luhmann, Niklas: Theorie der Gesellschaft oder Sozialtechnologie – Was leistet die Systemforschung?, Frankfurt a.M. 1971, S. 105.

> Diese Aufschluß-gebende Qualität des Sprechens und Handelns, durch die, über das Besprochene und Gehandelte hinaus, ein Sprecher und Täter mit in die Erscheinung tritt, kommt aber eigentlich nur da ins Spiel, wo Menschen miteinander, und weder für- noch gegeneinander, sprechen und agieren. [...] Dies Risiko, als ein Jemand im Miteinander in Erscheinung zu treten, kann nur auf sich nehmen, wer bereit ist, im Miteinander unter seinesgleichen sich zu bewegen, Aufschluß zu geben darüber, wer er ist, und auf die ursprüngliche Freiheit dessen, der durch Geburt als Neuankömmling in die Welt gekommen ist, zu verzichten. (VA 220)

Im Miteinander-Sprechen sollen die Angesprochenen also nicht instrumentell zu etwas gebracht werden, über sie soll nicht verfügt werden, sondern entscheidend ist, dass im wechselseitigen Ansprechen die ursprüngliche Fremdheit und Freiheit einzelner Individuen transformiert wird. Es beginnt gemeinsam etwas Neues, wenn Menschen sich aufeinander beziehen: wenn sie sich austauschen und sich gemeinsam entwickeln. Mit Hans-Georg Gadamer gesprochen, ist jede Verständigung im Gespräch eine «Verwandlung ins Gemeinsame hin, in der man nicht bleibt, was man war».[42] Diese Verwandlung ist aber nur möglich, wenn die Beteiligten das Gespräch ergebnisoffen halten und die gemeinsame Verständigung als höher bewerten als die Durchsetzung individueller Interessen. Dabei bleibt aber die oben gestellte Frage, wie weit dieses Handeln nicht nur gemeinsam, sondern auch anfänglich sein kann, so dass es keine tradierten Zwänge wiederholt, nach wie vor offen. Um sie zu beantworten, muss nun näher auf die Funktionen des kommunikativen Konsenses und der Pluralität eingegangen werden.

Vorlaufen zur Möglichkeit der Verständigung

Gemeinsame Anfänge ereignen sich nach Arendt, wenn sich Menschen in die Welt einschalten und Verantwortung übernehmen, indem sie *mit* anderen, nicht *gegen* oder *für* sie, sprechen und handeln.

42 Gadamer, Hans-Georg: Wahrheit und Methode. Grundzüge einer philosophischen Hermeneutik, fünfte durchges. u. erw. Aufl., Tübingen 1986, S. 369.

Im egalitären Gespräch wird das Gegenüber also nicht für eigene Zwecke instrumentalisiert und manipuliert, sondern die Kommunikation selber ist das primäre Ziel der Interaktion. Jürgen Habermas liest Arendts Machtbegriff in diesem Sinn als Ausdruck einer kommunikativen Vernunft. Macht werde nicht, wie bei Max Weber, strategisch und zweckrational definiert als Chance, den eigenen Willen gegen Widerstand durchzusetzen, sondern Macht sei die Möglichkeit, sich im Gespräch gemeinsam auf Werte, Ziele und Zwecke zu einigen.[43]

Allerdings ist eine solche verständigungsorientierte Kommunikation nicht per se anfänglich, im Gegenteil. Auch Habermas geht davon aus, dass kommunikatives Handeln konstitutiv durch Traditionen und vorgegebene Werte geleitet ist, die in der Kommunikation meist nicht in Frage gestellt, sondern im Gegenteil bekräftigt werden. Paradigmatisch dafür ist das Gespräch über den Gartenzaun, in dem sich alle Beteiligten darin übertreffen, Belanglosigkeiten und eventuell sogar Stereotypen zu wiederholen, weil der Inhalt des Gesagten nicht wichtig ist, sondern nur das sich Ansprechen und wechselseitige Adressieren als kommunikativer Akt. Zu einer *anfänglichen* Macht wird das Gespräch also erst dann, wenn es beginnt, Tradiertes in Frage zu stellen und allenfalls zu überwinden. Diese Macht aber ist gemäß Habermas ausschließlich an den vernünftigen Diskurs gebunden.[44] «Die Verständigung derer, die sich beraten, um gemeinschaftlich zu handeln», so Habermas' Fazit im Anschluss an Arendt, «bedeutet Macht, soweit sie auf Überzeugung und damit auf jenem eigentümlich zwanglosen Zwang beruht, mit dem sich Einsichten durchsetzen.»[45] Das, was Arendt die Macht nennt, gemeinsam etwas anzufangen, verdankt sich nach Habermas der Macht des Arguments und das bedeutet, der Macht der Vernunft. Das Neue, das dadurch entsteht, ist die vernünftige Diskursgemeinschaft.

Habermas' Lesart von Arendt scheint insofern mit Arendts Machtdenken kompatibel, als das «Telos der Verständigung»

43 Habermas, Hannah Arendts Begriff der Macht, S. 229.

44 Zu den Stadien vernünftiger Deliberation vgl. Habermas, Faktizität und Geltung, S. 187–208.

45 Habermas, Hannah Arendts Begriff der Macht, S. 231.

(Habermas) erklären kann, was eine Gruppe in eine gemeinsame Praxis verstrickt und zusammenhält. Es macht deutlich, dass nicht erst die explizite Verständigung über Inhalte eine Gemeinsamkeit stiftet, sondern schon das Interesse, sich überhaupt gewaltlos miteinander auseinanderzusetzen. Andererseits ist Habermas' Verständigungsbegriff zu eng auf eine prozedurale Vernunft und auf einen vernünftigen Konsens fokussiert, um der Komplexität von Arendts Verständigungsbegriff gerecht zu werden. Arendts Bestimmung des vernünftigen Meinungsaustauschs ist, wie zu zeigen ist, mehrdeutiger, aber dennoch entspricht ihr Modell anfänglicher Praxis in zwei Hinsichten einem gehaltvollen Verständnis einer 'vernünftigen' Verständigung.

Für die Gleichsetzung gemeinsamer Anfänge mit der Praxis eines vernünftigen Diskurses spricht einerseits, dass sich dadurch das egalitäre Element des miteinander Sprechens und Handelns, das für Arendt wichtig ist, konkretisieren lässt. Vernünftige Argumente entsprechen nach Habermas den Strukturen einer herrschaftsfreien und egalitären Interaktion, weil Argumente ihre Macht nur unter Bedingungen der Gleichheit und Herrschaftsfreiheit der Kommunizierenden entfalten können. Der 'Zwang des besseren Arguments' entwickelt nur darum seine genuine Kraft, weil und wenn er idealiter *für alle* gilt. Die Gleichheit ist in der Vernunft, definiert als Bedingung der Möglichkeit für universal kommunizierbare und einlösbare Geltungsansprüche, konstitutiv unterstellt. Aufgrund dieses intrinsischen Bezugs von Vernunft und Egalität kann, so Habermas, die 'kontrafaktische Unterstellung', dass ein vernünftiger Konsens überhaupt möglich sei, bereits zur Virtualisierung von Herrschaftsverhältnissen führen.[46] In einer Übertragung der Habermas'schen in die Heideggersche Theoriesprache könnte man die kontrafaktische Idee des vernünftigen

46 Vgl. Habermas, Vorbereitende Bemerkungen, S. 117. Helge Hoibraaten bezeichnet Diskurse bei Habermas darum als «Ausnahmezustände», weil sie die Alltagspraxis unterbrechen können; vgl. Hoibraaten, Helge: Kommunikative und sanktionsgestützte Macht bei Jürgen Habermas, mit einem Seitenblick auf Hannah Arendt, in: 'The Angel of History is Looking Back'. Hannah Arendts Werk unter politischem, ästhetischem und historischem Aspekt, Würzburg 2001, S. 153–193, hier S. 163.

Konsenses als ein 'Vorlaufen' bezeichnen, durch das sich eine faktische Kommunikationsgemeinschaft auf ihre Möglichkeiten hin transzendiert. Das Vorlaufen zur Möglichkeit der Verständigung ermöglicht einer Gemeinschaft, ihr vernünftiges Potential zu erschließen und eine egalitäre und vernünftige Kommunikationsgemeinschaft zu *werden*. Diese Möglichkeit verdankt sich nach Habermas den reflexiven Strukturen der Vernunft, die der Sprache immanent sind. Indem sich Menschen der Sprache zu bedienen lernen, nehmen sie Teil an der Fähigkeit, diese kritisch zu wenden und zu einem Instrument der Reflexion zu machen.[47]

Dass Arendt, wie eingangs erwähnt, die Macht des gemeinsamen Handelns an das Vorliegen eines «ursprünglichen Konsenses» (MG 42) bindet, bestätigt die durch Habermas inspirierte Lesart, anfängliches Handeln beruhe auf den verständigungsorientierten Strukturen der Sprache. Dennoch, so werde ich nun zeigen, ist es nicht adäquat, diesen ursprünglichen Konsens im normativen Sinn mit einem vernünftigen Konsens gleichzusetzen. Der Grundkonsens im Sinne Arendts besteht in seiner Minimalvariante einzig darin, dass eine Gruppe von Menschen miteinander und nicht gegen- oder füreinander agieren will. Normativ wichtiger als die Unterstellung, es könnten am Ende des Gesprächs alle qua Vernunft dasselbe denken und wollen, ist für Arendt die Unterstellung, es könnten alle Menschen die geteilte Praxis um ihrer selbst willen wollen. Diese Ausrichtung gibt dem Vorlaufen zum Konsens eine andere normative Fundierung, die nicht mit dem Begriff der Vernunft zu fassen ist, sondern auf den genuin handlungs- und machttheoretischen Sinngehalt des miteinander Handelns abzielt. Die anfängliche Macht realisiert sich als Vorlaufen zur Möglichkeit der Verständigung, in der sich eine sinnhafte Praxis manifestiert. Die-

47 Habermas kritisiert, dass Arendt diese Implikationen verkannt habe, insofern sie die kommunikative Praxis durch vertragstheoretische Figuren unterfüttert habe. Sie habe damit das bindende Potential, das in den vernünftigen Strukturen der Kommunikation selber liege, übersehen; vgl. dazu Habermas' Hannah Arendts Begriff der Macht, S. 248. Diese Kritik verkennt, dass Arendt die gemeinsame Macht nicht vertragstheoretisch konzipiert; s. dazu unten Kap. II.1. *Die Gewalt des Allgemeinwillens und die Unterscheidung von Konsens und Konsent.*

ser Sinngehalt lässt sich genauer unter dem Begriff der Pluralität fassen und in seinen Elementen freilegen.

Fragile Pluralität

Eine kommunikative Praxis entsteht nach Arendt dann, wenn zwei oder mehr Menschen sich voneinander unterscheiden und doch in ein Verhältnis treten können. In *Vita activa* bezeichnet sie diese beiden Voraussetzungen, unter denen gemeinsames Handeln möglich ist, als «Gleichartigkeit» und «Verschiedenheit» (VA 213).

> Ohne Gleichartigkeit gäbe es keine Verständigung unter Lebenden, kein Verstehen der Toten und kein Planen für eine Welt, die nicht mehr von uns, aber doch immer noch von unseresgleichen bevölkert sein wird. Ohne Verschiedenheit, das absolute Unterschiedensein jeder Person von jeder anderen, die ist, war oder sein wird, bedürfte es weder der Sprache noch des Handelns; eine Zeichen- und Lautsprache wäre hinreichend, um einander im Notfall die allen gleichen, immer identisch bleibenden Bedürfnisse und Notdürfte anzuzeigen.

Unter «Gleichartigkeit» versteht Arendt an dieser Stelle also nicht Egalität, sondern eine Form von gattungsmäßiger Gleichheit, die es erlaubt, von sich auf andere zu schließen und einander in Vergangenheit, Gegenwart und Zukunft zu verstehen. Verschiedenheit wiederum ist nicht bezogen auf verschiedene Meinungen, sondern auf personale Einzigartigkeit, auf das «absolute Unterschiedensein jeder Person». Gleichheit und Verschiedenheit sind zuerst einmal identitätstheoretische, keine politischen Kategorien. Mit dieser Begrifflichkeit umschreibt Arendt, dass Menschen Erfahrungen teilen und dennoch partikular und einzigartig sind, und dass aus diesem Verhältnis Interaktion entsteht. Wären alle Menschen absolut identisch, wäre Verständigung unnötig, wären alle absolut different, wäre sie unmöglich.

Der Name für dieses Verhältnis von Identität und Differenz ist nach Arendt «Pluralität» (VA 17). Pluralität ist dasjenige, was gemeinsames Handeln konstituiert (VA 214), so wie Natalität die individuelle Handlungsfähigkeit ermöglicht. Normativ entscheidend ist nun, dass sich Pluralität, obwohl sie anthropologisch angelegt ist, nicht quasi naturhaft realisiert. In totalitären Systemen etwa werden Menschen ihrer absoluten Einzigartigkeit beraubt und als Gattungswesen gleichgeschaltet. Dadurch verlieren sie die Bezüglichkeit zu anderen, die sich aus dem Spannungsfeld von Differenz und Identität ergibt.

Das Faktum der Pluralität ist demnach keine Gegebenheit, sondern das, was zwischen Menschen entsteht, die sich wechselseitig als Differente aufeinander beziehen und als Gleiche anerkennen. Diese Praxis ist fragil und vergänglich, wie Arendt betont. Sehr leicht kann die Spannung zwischen Differenz und Identität, die ein von Anfang an gemeinsames Handeln konstituiert, in eine Richtung aufgelöst und vereindeutigt werden. So können die gemeinsam Handelnden im Prozess der Verständigung «über- und ineinanderfallen» (VA 66) und eins werden, wodurch die Praxis der Pluralität, kaum hat sie angefangen, schon wieder aufhört und sich in einer «Meinungsuniformität» (MG 43) auflöst. Oder die Differenz, die sich zwischen Individuen und Gruppen auftut, ist so groß, dass sie das miteinander Sprechen und Handeln aufsprengt und das Miteinandersein in ein Gegeneinandersein transformiert. Pluralität verschwindet, wenn Konformitätsdruck herrscht oder Krieg.

Es genügt demnach nicht, anfängliches, gemeinsames Handeln diskursiv auf vernünftige Verständigung auszurichten, weil Verständigung nicht nur propositionale, sondern auch performative Aspekte beinhaltet. Diese zielen handlungstheoretisch darauf, dass und wie sich Menschen adressieren, in welcher Haltung sie sich begegnen und welche Form von Bezüglichkeit sie stiften. Für Arendt entscheidend ist dabei, den Anderen nicht nur als gleichartig und vernünftig, sondern auch als partikular und different anzuerkennen. Diese Anerkennung lässt sich nicht prozedural herstellen, sondern hat auch einen spontanen, ereignishaften Aspekt, insofern die differenten Anderen nicht ontisch vorhanden sind, sondern sich das Partikulare und Besondere jedes Menschen und jedes gemeinsamen Handelns immer nur im konkreten Vollzug zur Erscheinung bringen kann. Dies verweist auf den bereits oben erwähnten Ereignischarakter des Anfangs, der für die Bestimmung von Arendts emphatischem Verständnis gemeinsamer Anfänge unverzichtbar ist und der den Schlussstein zur Qualifizierung der

Ermöglichungsmacht bildet. Ihm werden wir uns nun näher zuwenden.

Das Ereignis des Beisammenseins: mit und über Heidegger hinaus

Jede Kommunikation ist durch Normen und Regeln bestimmt, über die Sprechende nicht frei verfügen können und auf die sie zurückgreifen müssen, um sprachfähig zu sein. Diese Bezüglichkeit beschreibt Arendt in *Vita activa* metaphorisch als «Bezugsgewebe», in die jedes neue Leben hineingeboren und hineingewoben wird (VA 226). Dennoch behauptet sie, wie bereits erläutert, dass diese Bezüglichkeit nicht verhindert, dass durch gemeinsames Handeln ein «Neuanfang» (ebd.) entstehen kann. Anhand der nachgelassenen Notate aus dem *Denktagebuch* lässt sich nun zeigen, dass Arendt diesem 'Anfangen mit anderen' vornehmlich auch mit Hilfe des späten Heidegger nachgeht. [48] Arendt greift in loser Form Heideggersche Motive auf, die sich letztlich direkt und indirekt mit der Frage beschäftigen, wie der «Ereignis-Charakter des menschlichen Lebens wie der menschlichen Geschichte» (D 68) fassbar werden kann. Ein Beispiel dafür könnte die Praxis des 'sprechenden Versammelns' sein: *Legein*, so denkt Arendt im Anschluss an einen Aufsatz Heideggers über Heraklit[49] weiter, «macht das 'Geworfensein' zu einem 'Beisammensein'.» (D 118) Wiewohl Arendt diese Überlegungen im *Denktagebuch* nur kurz und assoziativ entwickelt, lässt sich darin doch eine Lesart Heideggers erkennen, die dessen Abkehr von *Sein und Zeit* aufgreift und heterodox weiterführt. Dieser Spur, die uns Arendts Verständnis der anfänglichen und geteilten Macht auf verschlungenem Wege näher bringt, werde ich im Folgenden genauer nachgehen.

Tatsächlich setzt sich Arendt in der Zeit zwischen 1951 und 1955, in der sie an *Vita activa* arbeitet, im *Denktagebuch* immer wie-

48 Vgl. zum Folgenden auch Meyer, Katrin: Ambivalence of Power: Heidegger's 'Man' and Arendt's 'Acting in Concert', in: Conventionalism. Heidegger's 'Anyone' and Contemporary Social Theory, hg. von Gerhard Thonhauser und Hans Bernhard Schmid (im Erscheinen)

49 Vgl. Heidegger, Martin: Logos (Heraklit, Fragment 50), in: ders.: Vorträge und Aufsätze, Pfullingen 1990, S. 199–221.

der mit einzelnen Texten Heideggers nach der Kehre auseinander und lässt sich auf dessen Versuche ein, Sein nicht vom je einzelnen Dasein, sondern vom Sein her zu denken.[50] Allerdings changiert ihre Rezeption des späten Heidegger zwischen einem Mitgehen mit Heidegger und einem Insistieren darauf, dass er das Ereignis der Pluralität letztlich doch verfehlt habe.[51]

So (an)erkennt Arendt in Heideggers Denken nach der Kehre das starke Motiv, sich vom Subjektivismus und von der «Anmaßung alles Unbedingten» (D 195), das heißt, vom Maßstab der Souveränität im Denken und Sein zu lösen. Sie reflektiert Heideggers nicht-subjektivistischen Zugang zum Sein, wie er ihn in seiner Heraklit-Interpretation im Aufsatz «Logos (Heraklit, Fragment 50)» entfaltet, und reflektiert dabei die Implikationen, die das Versammeln des Anwesenden im Logos, das Heidegger als einen «Aufblitz des Seins» charakterisiert, für das Verständnis des gemeinsamen Anfangens haben könnte.[52] Verdankt sich das Beisammensein nicht einem handelnden Miteinander, einem zusammen *bringen* von Menschen und Dingen, einem «Vorliegenlassen» (D 117), das zwischen Aktivismus und Rezeptivität in der Schwebe ist? Diese Schwebe lässt sich gemäß Arendt verdeutlichen, wenn man «'lassen' in dem vollen Doppelsinn versteht von zulassen und veranlassen» (ebd.). Der Gegensatz dieses Versammelns, so Arendt weiter, wäre die Herstellung von Identität.

Identität erscheint als Gegenmodell zu einem Beisammensein, in dem sich Pluralität ereignet. Auch dazu finden sich im *Denktage-*

50 Vgl. zu Arendts erfolglosem Versuch, mit Heidegger dazu in einen Austausch zu treten, die Anmerkung in D 947 (dort allerdings mit falscher bibliographischer Angabe). Arendts Heidegger-Rezeption ist vor allem im *Denktagebuch* dokumentiert; in ihren publizierten Schriften fehlt mit wenigen Ausnahmen die *explizite* Auseinandersetzung mit Heidegger. Zu den biographischen Hintergründen dazu vgl. Young-Bruehl, Hannah Arendt. Zu den vielfältigen Übernahmen von Heideggers Denken bei Arendt vgl. Villa, Dana R.: Arendt and Heidegger: The Fate of the Political, Princeton 1996; Marchart, Neu beginnen, S. 31–44.

51 So konstatiert Arendt im Mai 1951, Pluralität sei «seit Plato (und bis Heidegger) dem Menschen im Wege – in dem Sinne, dass sie ihm nicht seine Souveränität lassen will.» (D 80)

52 Heidegger, Logos, S. 219.

buch Bezüge zu Heidegger. In einer Notiz vom April 1951 referiert Arendt auf ein (bis heute noch unveröffentlichtes) Manuskript Heideggers mit dem Titel «Der Weg: Der Gang durch Sein und Zeit» von 1946/47 und zitiert daraus wörtlich eine kurze Passage: «Das Selbe ist nicht das Einerlei des Gleichen, sondern das Einzige im Verschiedenen und das verborgene Nahe im Fremden.» (D 65) Daraus folgert sie:

> Von hier aus wäre ein neuer Gleichheitsbegriff zu entwickeln, der den Schrecken, die ursprüngliche Angst vor der Menschheit sowohl wie die Notwendigkeit ihrer bewahren könnte. Wir können uns mit der Nähe (dem Gemeinsamen) nur abfinden, weil sie im Fremden verborgen ist und als Fremdes sich präsentiert. Wir können uns mit dem Fremden nur abfinden, weil es Nahes verbirgt, Gemeinsames ankündigt. (D 65)

Die Gleichheit unter Menschen ereignet sich demnach in einem Spannungsverhältnis von Entzug und Ankündigung, von Bezüglichkeit und Gegensatz, das die Identitätslogik unterläuft. Damit entfaltet Arendt das Bild einer Gemeinschaft, in der sich Nähe und Fremdheit durchkreuzen. Diese Gegenläufigkeit macht denkbar, warum sich im Beisammensein nicht nur konventionelles Gerede reproduziert, sondern warum sich zwischen Menschen immer wieder neu eine singuläre Form eines pluralen Beisammenseins realisieren kann und damit Neues entsteht. Zugleich wird auch nachvollziehbar, warum diese anfängliche Macht des Beisammenseins von keinem einzelnen Menschen kontrolliert und beherrscht werden kann. Das Spiel von Nähe und Distanz setzt voraus, dass sich Menschen begegnen und zeigen oder entziehen können.

Das bedeutet, dass sich die Normierungen, die sich in einzelnes Handeln und Sprechen einschreiben, im sprechenden und handelnden *Beisammensein* relativieren. Unter der Voraussetzung, dass Offenheit und Weltbezug, Gleichheit und Differenz, Nähe und Ferne zugelassen werden, kann jedes Beisammensein, jedes gemeinsame Sprechen ein Ereignis eines neuen Anfangs werden.

Die Praxis des «Versammelns» entspricht demnach jener oben beschriebenen anfänglichen Macht, in der sich Menschen als Differente aufeinander beziehen und Pluralität stiften. Im *Denktagebuch* betont Arendt an dieser Bewegung in Auseinandersetzung mit Heidegger das unbedingte und spontane Moment. Demnach lässt sich der gemeinsame Anfang als «der eröffnende Einbruch in das Seiende» (D 94) denken, wobei das Sein sich im Sinne Arendts – entgegen Heideggers Solipsismus – gerade als Beisammensein darstellt.[53] Nur im Beisammensein erschließt sich die menschliche Spontaneität und Freiheit, die nicht ontisch vorgegeben ist, sondern sich *in actu* als Möglichkeit realisiert.[54] Das Beisammensein kann also nicht technisch oder prozedural hergestellt werden, sondern verdankt sich einer Öffnung und Offenheit für das, was möglich ist, ohne schon da zu sein. So wie sich dem späten Heidegger zufolge das Sein nur ereignet, wenn man es sein lässt, so ereignet sich nach Arendt auch das Beisammensein nur dann, wenn man es sich ereignen lässt. Beisammensein ist keine Sozialtechnologie, sondern in den Worten von Günter Figal, «zugelassene Offenheit».[55] Es wäre demnach, mit Heidegger gesprochen, Ausdruck einer Verfallenheit an verdinglichende Strukturen, gemeinsame Anfänge auf die Etablierung von sozialen und politischen Institutionen zu verpflichten. Revolutionäre Anfänge im Sinne des Einbruchs neuer Möglichkeiten können sich *in nuce* in jeder kommunikativen Situation ereignen. Die einzige Voraussetzung dafür ist, dass die Beteiligten für das Neue offen sind oder umgekehrt, Offenheit zulassen.

53 Beim frühen Heidegger ist der Verlust von Freiheit und Spontaneität noch primär als Verfallensein an das gesellschaftliche «Man» konzipiert; vgl. Heidegger, Martin: Sein und Zeit, 15. durchges. Aufl. Tübingen 1984, S. 175: «Die Verfallenheit an die 'Welt' meint das Aufgehen im Miteinandersein, sofern diese durch Gerede, Neugier und Zweideutigkeit geführt wird.»

54 Im *Denktagebuch* versucht Arendt in diesem Sinn, Spontaneität in Heideggers späten Ereignis-Begriff zu integrieren: «Reine Spontaneität im Kantschen Sinne von 'eine Reihe von sich aus anfangen' wäre dann bereits Revolte, deren Möglichkeit darin bestände, dass das Sein, indem es sich in dem Menschen 'ereignete', dem Menschen gewissermassen sich auslieferte.» (D 68) – In *Macht und Gewalt* definiert Arendt das Ereignis schlichter: «Ereignisse sind dadurch gekennzeichnet, daß sie automatische Prozesse oder zur Gewohnheit gewordene Verfahrensweisen unterbrechen» (MG 11).

55 Figal, Günter: Öffentliche Freiheit. Der Streit von Macht und Gewalt. Zum Begriff des Politischen bei Hannah Arendt, in: Politisches Denken, Stuttgart 1994, S. 123–136, hier S. 124f.

Das Ereignis gemeinsamer Anfänge sollte im Sinne Arendts aber nicht als spontaneistisch mystifiziert werden, als ob der Einbruch des Beisammenseins dem dunklen Geschick der Geschichte überantwortet bliebe. Vielmehr argumentiere ich dafür, anfängliches Handeln mit Arendt diskursiv *und* spontan zu deuten.

Das Beisammensein ist *diskursiv* im weitesten Sinn, insofern es kommunikativ erfolgt und, wie oben gezeigt, sachhaltig ist. Dieser Sachbezug macht erst das Unterschiedliche der miteinander Kommunizierenden wahrnehmbar und artikulierbar.

> In der Welt zusammenleben heißt wesentlich, daß eine Welt von Dingen zwischen denen liegt, deren gemeinsamer Wohnort sie ist, und zwar in dem gleichen Sinne, in dem etwa ein Tisch zwischen denen steht, die um ihn herum sitzen; wie jedes Zwischen verbindet und trennt die Welt diejenigen, denen sie jeweils gemeinsam ist. (VA 66)

Das «Zwischen», das in der Interaktion etabliert wird, ist also immer auf eine Welt bezogen, die gemeinsam geteilt wird. Was Arendt hier am statischen Tisch illustriert, lässt sich in die Dynamik der Deliberation übersetzen. Das anfängliche Beisammensein ist auf Themen angewiesen, die propositional besprochen, bedacht und beurteilt werden können und über die Konsens *und* Dissens möglich ist. Darin unterscheidet sich politisches und soziales Handeln von Formen des Beisammenseins wie etwa der Liebe, die nach Arendt keinen Sachbezug braucht (VA 64).

Der gemeinsame Anfang ereignet sich aber auch *spontan*, weil er auf der Offenheit für die Partikularität der anderen beruht. Diese Offenheit ist eine Haltung, für die sich jede und jeder einzelne entscheiden muss, ohne auf prozedurale Rezepte zurückgreifen zu können. So mag das Vorlaufen zum vernünftigen Konsens diese Offenheit eher stören, insofern es die Anderen nur im Horizont der Vernunftstruktur (oder in Abweichung von ihr) sich zeigen lässt. Offenheit bedeutet also nicht zu unterstellen, der oder die andere werde etwas Vernünftiges sagen können, sondern es bedeutet, zu hören, ob das Gegenüber überhaupt spricht und was es sagt.

Es ist also nicht plausibel, das diskursive und das spontane Element in Arendts normativem Machtbegriff voneinander zu trennen und einander gegenüber zu stellen, wie dies Seyla Benhabib vorschlägt.[56] Benhabibs Vorwurf an Dana R. Villa, seine Interpretation habe Arendt Aristoteles und Kant entfremdet und zu nahe an Heidegger herangeführt, übersieht, dass dieser Gegensatz durch Arendts soziale Transformation von Heideggers Seinsdenken an Schärfe verliert. Weil Arendt das Ereignis des Seins als Beisammensein denkt, ist Kommunikation und Diskursivität nicht das Gegenteil des Seins, sondern Teil desselben. Damit verbindet Arendts Verständnis kommunikativer Macht nicht nur Kant und Heidegger, sondern steht auch quer zum Gegensatz von Deliberation und Dezision, den vor allem hegemonietheoretische Positionen als radikale Dichotomie von Vernunft und Macht konstruieren.[57]

Das Versammeln der Verschiedenen muss also zwei Kriterien erfüllen, um Macht normativ als sinnhaft und gerecht qualifizieren zu können. Es muss *erstens* eine egalisierende Praxis sein, das heißt, alle Beteiligten durch das miteinander Handeln zur gleichen Handlungsfähigkeit ermächtigen. Arendts in Anlehnung an die antike Polis geprägte Formel, wonach Freiheit nur unter Gleichen möglich sei (VA 42), bezeichnet nach ihrer Terminologie aus *Über die Revolution* das Ideal der Isonomie als eines Zusammenlebens, in dem «kein Element des Herrschens» (ÜR 35) enthalten sei, sondern «Gleichheit der Ebenbürtigen» (ÜR 36) herrsche. Diese Gleichheit vor dem Gesetz lässt sich machttheoretisch umformen in eine Gleichheit im Hinblick auf das gemeinsame Handeln. So versammeln sich Herrschende und Versklavte nicht schon zu einem anfänglichen Beisammensein, bloß weil sie miteinander sprechen. Das Beisammensein kann nur ein gemeinsamer Anfang sein, wenn die Beteiligten zusammen *egalitär* handeln können.

Zweitens muss das anfängliche Versammeln sicherstellen, dass sich die miteinander Handelnden in ihrer differenten Position artikulieren können, wobei diese Differenzierung genauso wie die Egalität einer der Effekte der politischen Praxis selber ist. Wenn diese Egalität der Versammelten nicht unterstellt ist, dann kehrt sich die Forderung, Individuen als unterschiedene und partikulare wahrzunehmen, in ihr Gegenteil. Sie wird dann zu einem Mecha-

56 Vgl. Benhabib, Hannah Arendt, Vorwort, VII-XIV.

57 Vgl. dazu kritisch auch Saar, Immanenz der Macht, S. 408.

nismus von Ausschluss und Unterdrückung, sie wird zum *Othering*, das dazu dient, andere als Differente abzuwerten, um die eigene Identität zu stärken.

Unter der Voraussetzung der fehlenden handlungstheoretischen Gleichheit wird somit jedes Gesprächsangebot suspekt, das Ungleichheit nicht in Frage stellt und überwinden will. Es besteht dann die Gefahr, dass das Machtgefälle, wie es etwa zwischen staatlichen Behörden und der Zivilgesellschaft gegeben ist, durch sogenannte Bürgergespräche verdeckt wird. Diese erzeugen einen Schein von Gleichheit, mit dem die Ungleichheit letztlich annehmbar gemacht wird.

Das 'Beisammensein' und 'anfängliche Versammeln' ist – trotz der existenziellen und sozialphilosophischen Terminologie im Anschluss an Heidegger – für Arendt die Beschreibung einer genuin politischen Praxis, in der sich überhaupt erst das Politische und politische Gemeinschaften konstituieren und entwickeln können. Dies wird im nächsten Abschnitt noch näher ausgeführt.

4. Politik und das Recht auf Teilhabe an Macht

Bis jetzt wurde rekonstruiert, wie sich in Arendts Funktionsbeschreibung der Macht eine spezifische Form sinnhaften Handelns herausarbeiten lässt, die sich als gemeinsamer Anfang qualifiziert und von Gewalt unterscheidet. Die *politische* Dimension dieser kommunikativen Praxis zeigt sich nach Arendt dann, wenn Menschen nicht nur sachhaltig miteinander kommunizieren und sich dabei als je einzelne Individuen zu Erscheinung und Gehör bringen, sondern wenn die Ermöglichung der pluralistischen und freiheitlichen Interaktion der eigentliche Gegenstand politischer Praxis wird. Politik im emphatischen Sinn heißt für Arendt, Freiheit zu begründen (ÜR 183). Dieses politische Ziel ist dabei nicht instrumentell zu verstehen, da sich die Sicherstellung (kommunikativ-interaktiver) Freiheit nach Arendt nur durch den Vollzug derselben garantieren lässt. Eine plurale Gesellschaft lässt sich, mit anderen Worten, nicht diktatorisch erzwingen, sondern sie realisiert sich *in actu*, in der Art und Weise, wie Menschen miteinander sprechen und handeln.

Abschließend stellt sich nun die Frage, wie die normative Qualität dieser egalitären und pluralen Praxis zu konkretisieren ist. Arendt selber will mit ihrer Machttheorie zur Klärung der Organisationsform des Politischen beitragen. Aus ihrem Konzept sinnhafter Praxis lässt sich ein Verständnis der Politik ableiten, das revolutionäre, republikanische und direktdemokratische Elemente verbindet. Arendt gibt dem gemeinsamen Handeln zudem den Status eines Grundrechts. Damit wird Macht nicht nur in ihrem Sinnpotential reflektiert, sondern wird auch zu einem zentralen Gegenstand politischer Gerechtigkeit.

Der Sinn des Politischen: Demokratische Teilhabe und Vermehrung von Macht

Die emphatische Definition der Macht als performative Erzeugung eines öffentlichen Raumes, in dem sich Menschen als Ebenbürtige versammeln und gemeinsam neue Initiativen starten können, verweist nach Arendt auf ein genuin *politisches* Phänomen. In *Vita activa* bezeichnet sie die Öffentlichkeit als die «gemeinsame Welt», die «der Inbegriff aller nur zwischen Menschen spielenden Angelegenheiten» (VA 66) ist. Diese Welt ist das, was die Römer die *res publica*, «die öffentlichen Angelegenheiten» (ÜR 94) nannten, wie sie in *Über die Revolution* vermerkt. Politisches Handeln entwickelt seine sinnhafte Macht also, wenn es dieses Gemeinsame der öffentlichen Angelegenheiten stiften und eine republikanische Öffentlichkeit begründen kann, indem sich dieses *in actu* durch die gemeinsame Macht jener Menschen, die am Gemeinsamen interessiert sind, herausbildet.[58]

Obwohl diese Definition der Politik als Handeln im Hinblick auf etwas Öffentliches und Gemeinsames sehr dünn ist, ist sie auch gehaltvoll. Für Jacques Rancière ist sie *zu* gehaltvoll, da sie auf normativen (und exklusiven) Vorstellungen über Freiheit und Öffent-

58 Passerin d'Entrèves, Maurizio: The Political Philosophy of Hannah Arendt, London/New York 1994, S. 77: «This capacity to act in concert for a public-political purpose is what Arendt calls *power*.»

lichkeit beruhe.[59] Was aus Katebs Perspektive in Arendts Machtbegriff gerade fehlt – der Bezug zur Moral –, ist nach Rancière im Gegenteil also allgegenwärtig. Beide Zugänge treffen aber nach meiner Lesart nicht den machttheoretischen Sinn dessen, was Arendt unter dem republikanisch Gemeinsamen versteht.

Der Bezug auf das Gemeinsame lässt sich konsequent und immanent in der Logik des gemeinsamen Handelns beschreiben. Es sind demnach nach Arendt nicht spezifische Ideen, Interessen oder Programme, die das Öffentliche konstituieren, sondern es sind umgekehrt die Praktiken, mit denen Ideen, Interessen oder Programme zu öffentlichen gemacht werden, die Macht im Sinne einer gemeinsam geteilten Praxis konstituieren.

Arendts Misstrauen gegenüber einer politischen Philosophie, die das Gemeinsame auf eine politische Idee bezieht, ist besonders in ihren frühen Schriften virulent. So ist *Elemente und Ursprünge* noch verfasst unter dem lebendigen Eindruck der Schrecken einer totalitären Herrschaft, die «im Namen des Volkes» Pluralität in Form eines Mehrparteiensystems diskreditiert und politische Freiheit zerstört (EU 403). Die Einsicht, wie leicht Demokratie in Diktatur umschlagen kann, macht Arendts politisches Denken misstrauisch gegenüber den großen Werten und Idealen, auf die ein Kollektiv verpflichtet werden soll und die letztlich nur dazu dienen, Partikularinteressen als «Allgemeinwohl» zu verbrämen (EU 409). Wie im nächsten Teil erläutert wird, erfasst diese Skepsis auch und gerade solche Ideen wie den Allgemeinwillen, die Vernunft oder den absoluten Konsens.

Wenn wir diese Kritik an der ideologischen Kraft politischer Ideen und Programme ernst nehmen, dann eröffnet sich eine Lesart des politisch Gemeinsamen, die dieses strikt performativ und machttheoretisch reflexiv ausrichtet. Das bedeutet mit anderen Worten, dass die Teilhabe an der Politik nach Arendt nicht darin besteht, Ideen zu teilen, sondern Machtverhältnisse mitzugestalten. Ich habe diese Voraussetzung oben als 'Vorlaufen zur Möglichkeit der Verständigung' bezeichnet, die als Minimalbedingung gefasst werden

59 Vgl. Rancière, Zehn Thesen zur Politik, S. 37; vgl. auch Rancière, Jacques: Who is the Subject of the Rights of Man?, in: The South Atlantic Quarterly 103: 2/3 (2004), S. 297–310.

kann, die solche Öffentlichkeit konstituiert. Das Öffentliche ereignet sich demnach unter der Voraussetzung, *dass* sich Menschen mit anderen Menschen auseinandersetzen wollen. Das Gemeinsame, das sich unter diesen Bedingungen aktualisiert, ist kein epistemologischer, sondern ein pragmatischer Begriff.[60] Dies kann auch als Beschreibung eines 'Willens zur Demokratie' bezeichnet werden.

Damit wird die demokratische Teilhabe an der Macht als ein dynamischer Prozess erkennbar, der nicht ausschließt, dass die Akteurinnen und die Akteure den Sinn dessen, was als öffentlich und allgemein zu gelten habe, mitverändern und neu gestalten können. Die Möglichkeit, die Definition dessen zu verändern, was überhaupt als öffentlich relevant gilt, ist insbesondere für emanzipatorische Bewegungen wie etwa den Feminismus eine wichtige Errungenschaft. Denn die feministische Kritik an der patriarchalen Politik entzündet sich in den Anfängen der zweiten Frauenbewegung gerade daran, dass das, was als privat gilt, selber ein Effekt politischer Aushandlungen ist, die als solche unsichtbar gemacht und naturalisiert werden.[61] Zugleich zeigt sich der performative Charakter dieser Öffentlichkeit daran, dass er neue Formen der Öffentlichkeit realisiert. So sind die Schaffung neuer Öffentlichkeiten und der Wandel dessen, was als öffentliches Thema gilt, miteinander verwoben.[62] Wenn im Feminismus der 1970er Jahre «Straßenecken, Wohnzimmer, Küchen und Cafés», wie Linda

60 An dieser Stelle lassen sich Bezüge herstellen zu Judith Butlers Vorschlag, das Gemeinsame im Sinne der «Universalität» als eine «Etablierung von Übersetzungspraktiken zwischen konkurrierenden Universalitätsbegriffen» zu definieren; vgl. Butler, Judith: Konkurrierende Universalitäten, in: Butler, Judith; Laclau, Ernesto, Žižek, Slavoy: Kontingenz, Hegemonie, Universalität. Aktuelle Dialoge zur Linken, Wien/Berlin 2013, S. 171–226; vgl. dazu auch Saar, Immanenz der Macht, S. 405

61 Vgl. dazu Okin, Susan Moller: Justice, Gender, and the Family, New York 1989.

62 Vgl. zum Wandel und zur Pluralisierung der Öffentlichkeit in der Frauenbewegung und in der Schwarzen Bürgerrechtsbewegung Fraser, Nancy: Neue Überlegungen zur Öffentlichkeit. Ein Beitrag zur Kritik der real existierenden Demokratie, in: dies.: Die halbierte Gerechtigkeit. Schlüsselbegriffe des postindustriellen Sozialstaates, Frankfurt a.M. 1997, S. 107–150; mit Bezug auf Arendt ebd. S. 136.

Zerilli schreibt, «als Treffpunkte dienten»,[63] dann wurde an diesen neuen Orten auch über neue Themen debattiert: über Küche, Kinder und Kirche, die nicht mehr als privat, sondern als politisch relevant definiert wurden. Obwohl Arendt selber die traditionelle Festschreibung privater, nicht-öffentlicher Themen in ihren Schriften mitträgt, wie im nächsten Abschnitt erläutert wird, kann mit ihrem performativen Öffentlichkeitsverständnis ihre starre Unterscheidung von politisch öffentlichen und privaten Sphären unterlaufen werden. Einer der Effekte einer lebendigen republikanischen Öffentlichkeit ist demnach, die Grenzen und Bedingungen des politisch Gemeinsamen selber zum Thema politischer Auseinandersetzungen zu erheben.

Damit ein solcher Raum öffentlicher Macht möglich ist, sind nach Arendt jedoch nicht nur eine Praxis *in actu*, sondern auch Institutionen und Strukturen nötig, in denen sich das Allgemeine oder Universale der gemeinsamen Praxis sedimentiert und zu (vorübergehender) Geltung fixiert.[64] Es geht für Arendt also darum, der gemeinsamen Praxis eine republikanische Verfassung zu geben und sie damit sowohl zu begründen wie auch nachhaltig zu stabilisieren.

Dabei nimmt das Gesetz für Arendt eine besonders wichtige Stellung ein. Im 5. Kapitel von *Über die Revolution* unterscheidet sie ein griechisches und ein römisches Verständnis des Gesetzes. Während die griechische Antike «das Gesetzgeben für ein präpolitisches Geschäft ansah, durch das die Polis allererst entsteht» (ÜR 241), gelte das Gesetz im römischen Verständnis als eine Form, «Beziehungen herzustellen und Verträge zu knüpfen» (ÜR 243). Arendt übernimmt dieses Verständnis, indem sie sich positiv auf Montesquieus römischen Gesetzesbegriff und das daraus abgeleitete Machtverständnis stützt. Das Gesetz verbindet demnach und

63 Zerilli, Feminismus, S. 40.

64 In demokratischen Staaten sind Verfassungen der politischen Veränderung grundsätzlich nicht entzogen; dabei gibt es allerdings große Unterschiede in der Dynamik dieser Veränderung. In der Schweiz wird die Verfassung aufgrund der Möglichkeit von Verfassungsinitiativen laufend modifiziert und ergänzt, so dass sich die Unterscheidung zwischen Verfassungs- und Gesetzgebung im Hinblick auf die Orientierungs- und Stabilisierungsfunktion der Verfassung tendenziell aufweicht.

ist keine Schranke (ÜR 380). Arendts Verständnis von Recht betont an diesem also das ermächtigende, nicht das negative Element. Das Gesetz funktioniert für sie als Spielregel, nicht als Sanktion, wie sie in *Macht und Gewalt* schreibt:

> Jeder Mensch wird in eine Gemeinschaft mit bereits bestehenden Gesetzen hineingeboren, und er gehorcht ihnen vorerst deshalb, weil er, um leben zu können, mitspielen muß. Ich kann wie der Revolutionär die Spielregeln ändern wollen, oder ich kann für mich eine Ausnahme machen wie der Verbrecher; aber sie prinzipiell zu leugnen bedeutet nicht Ungehorsam, sondern die Weigerung, innerhalb der menschlichen Gemeinschaft zu existieren. (MG 96)

Das Gesetz wird dadurch zu einer transzendentalpragmatischen Bedingung kollektiven Handelns.[65] Mit Arendt lässt sich demnach kein radikaler Anti-Institutionalismus begründen, der in vielen ontologisch inspirierten Macht- und Demokratietheorien, wie etwa bei Antonio Negri und Michael Hardt, vertreten wird, obwohl auch sie die Macht des Volkes *in actu* zur Grundlage jeder Institution erhebt. In diesem Sinn müssen Gesetz und Verfassung nach Arendt nicht notwendig konservativ gedeutet werden. Sie können auch dissidente kollektive Bewegungen ermächtigen. Paradoxerweise zählt zu diesem Effekt des Gesetzes auch der zivile Ungehorsam, weil es ihm, so meint Arendt, darum gehe, durch den Widerstand gegen das Gesetz die Autorität des Gesetzes zu stärken.[66] Er ist demnach Teil der Macht des Gesetzes, wenn diese bedeutet, republikanische Bindungen zu stiften und zu vermehren.[67]

65 Mit diesem Fokus auf die Produktivität des Gesetzes verliert Arendt die Gewalt staatlicher Gesetzesherrschaft aus dem Blick. Damit ist Arendt für das große Gebiet der Rechtskritik, das sich von Benjamin bis Derrida mit der Gewalt des Rechts auseinandersetzt, nicht anschlussfähig.

66 Darin liegt das Risiko des Ungehorsams, dass er, wie Arendt schreibt, gegen das Gesetz für das Gesetz agiert und sich auf die eine oder andere Seite vereindeutigen kann; vgl. Arendt, Hannah: Ziviler Ungehorsam [1970], in: dies.: Zur Zeit. Politische Essays (1943–1975), Hamburg 1999, S. 119–159. – Vgl. zur Bedeutung des Zivilen Ungehorsams bei Arendt auch unten Kap. II.2. *Teilung von Macht und Ohnmacht.*

67 Vgl. dazu auch Arendt, Hannah: Freiheit und Politik [1958], in: dies.: Zwischen Vergangenheit und Zukunft. Übungen im politischen Denken I, München/Zürich 1994, 2. durchges. Aufl. 2000, S. 201–226.

Die politische Aufgabe jeder Republik ist es in der Folge, die Neugründung einer politischen Institution lebendig zu halten. So behauptet Arendt, dass in keiner staatlichen Verfassung «das Heil» (ÜR 189) liegen kann, wenn diese nicht durch die Aktualisierung der Handlungsfähigkeit der einzelnen Teile lebendig gehalten wird. Die politische Verfassung eines Staates ist darum auf die Handlungsfähigkeit der Akteurinnen und Akteure angewiesen, die letztlich bis in den Alltag der Zivilgesellschaft hineinreicht. Vor allem in *Über die Revolution* zeigt Arendt am Beispiel der Entwicklung der US-amerikanischen Politik, wie die republikanische Ordnung bei fehlender Partizipation erstarrt. Das Prinzip der revolutionären Anfänge muss darum ins alltägliche Handeln übersetzbar sein, es muss ständig reaktualisiert und praktiziert werden, damit das Politische seine sinnstiftende Macht behält. Wenn staatliche Institutionen dagegen bürokratisch funktionieren und/oder die Partizipation der Bevölkerung vorweg schon kanalisieren und steuern, dann wird das Politische im Sinne Arendts verunmöglicht.[68]

Arendt geht diesen Formen der partizipatorischen Macht bis in die feinsten Verästelungen der *Town Hall meetings* der US-amerikanischen Gründerzeit und der Soldaten- und Arbeiterräte im Deutschland von 1918 und 1919 nach. In diesen Räten oder «Bezirksrepubliken» (ÜR 320) zeigt sich nach Arendt der revolutionäre Geist der Freiheit, die Begeisterung für die Teilnahme am öffentlichen Leben und das Wissen darum, als Einzelner und Einzelne handelnd am Ganzen beteiligt zu sein. Die «aus dem Volk entstandenen Räte» (ÜR 339) stehen darum für die «direkte Wiederbelebung der Demokratie» (ebd.). Diesem revolutionären Geist begegnet Arendt schließlich in ihrer Gegenwart wieder in den Aktionen und Aktivitäten einer bewegten Jugend der 1960er Jahre. Für Arendt ist entsprechend die «Mitbestimmungsdemokratie (participatory democracy)» die Weiterführung «aus dem Besten der revolutionären Tradition» (MG 25).

Dieser partizipatorisch gedachte Republikanismus Arendts greift zwar qua Arbeiter- und Soldatenräte auf die Zivilgesellschaft

68 Vgl. zu diesen Formen gelenkter Partizipation die Überlegungen im Anschluss an Foucault unten in Kap. III.2. *Die Macht der Gewalt: Die Verdinglichung von (kollektiver) Praxis.*

aus, allerdings geht Arendt nicht so weit, die Forderung nach Partizipation auf alle sozialen Bereiche auszuweiten und als politische Forderung zu begreifen, wie unten näher ausgeführt wird. Dennoch liegt in ihrem Modell der 'Mitbestimmungsdemokratie' eine gesellschaftlich verändernde Kraft. Wie Carole Pateman deutlich macht, ist die Praxis der Selbstbestimmung eine Fähigkeit, die gelernt und geübt werden will. Mitbestimmung am Arbeitsplatz, in den Bildungsinstitutionen, im kulturellen Leben, aber auch im sogenannten privaten Raum der eigenen Häuslichkeit tragen demnach ihren Teil bei zu einer auf Partizipation gegründeten Politik.[69] Die Einschränkung der Partizipation auf den Bereich staatlicher Politik würde den Sinn derselben unterminieren, weil nicht nachvollziehbar wird, wie Individuen, die in hierarchisch angelegten Familien-, Ausbildungs- und Arbeitsstrukturen formiert werden, plötzlich die Fähigkeit und Neugier entwickeln sollen, sich aktiv in der Politik zu engagieren.

Arendts Verständnis republikanischer Politik eröffnet entsprechend ein Spannungsverhältnis, das die konstitutiven Strukturen der Verfassung und des Gesetzes und die konstituierenden und dynamischen Praktiken revolutionärer Neuanfänge miteinander zu versöhnen sucht und das wir mit ihr und über sie hinaus für ein gesellschaftliches Modell egalitärer Partizipation in Anspruch nehmen können. Dessen Reichweite greift über die institutionalisierte Politik hinaus und berührt die Verfasstheit der Grundrechte.

Das Recht, Rechte zu haben

Im neunten Kapitel von *Elemente und Ursprünge* beschreibt Arendt das «Recht, Rechte zu haben» als das konstitutive Prinzip, das den personalen Status eines Menschen bestimmt, und dessen Entzug mit der «Ausstoßung aus der Menschheit» gleichzusetzen sei (EU 462). Sie bezieht sich damit auf die unhaltbare Situation der Staatenlosen und Minderheiten, die als Rechtlose in einem Gastland oder in ihrem eigenen Heimatland leben. Arendt beschreibt, wie

69 Vgl. Pateman, Carole: Participation and Democratic Theory, Cambridge 1970, Kap. 3.

dieses gesellschaftliche Phänomen erstmals nach dem Ersten Weltkrieg durch den Zerfall der osteuropäischen Nationalstaaten als Massenphänomen aufgetreten sei, und es dient ihr dazu, die Bedeutung der Menschenrechte, wie sie in der Französischen Revolution proklamiert wurden, einer kritischen Revision zu unterziehen. Die Rechtlosigkeit der Flüchtlinge, so analysiert sie, besteht nicht nur darin, dass sie konkret Gewalt erleiden, getötet, gefoltert, verjagt oder gequält werden. Ihre Rechtlosigkeit bezieht sich auch darauf, dass sie kein Recht auf Rechte haben, also «unter Bedingungen absoluter Gesetzlosigkeit» leben (EU 446). Sie fallen nicht unter den Schutz des nationalen Rechtsstaates und haben darum faktisch kein Recht auf Rechte.

In der Forschung richtet sich das Interesse an Arendts Formel vor allem auf die implizite Kritik an einem abstrakt-idealistischen Modell der Menschenrechte. Indem Arendt den Grund- und Menschenrechten nochmals ein Recht voranstellt, das nationalstaatlich zugestanden oder entzogen werden kann, macht sie auf die Prekarität der Menschenrechte ohne staatliche Schutzmacht aufmerksam und kritisiert den Menschenrechtsdiskurs, der dieses vorgelagerte Recht leugnet, als politisch naiv. Damit wird die kantische und hegelsche Figur der Person als Rechtssubjekt als ideologische Figur in Frage gestellt. Eine Person erlangt gemäß Arendt ihren Rechtsstatus nicht über den abstrakten Begriff der angeborenen Würde oder Freiheit der Person, sondern faktisch über die Zugehörigkeit zu einem nationalstaatlich organisierten Kollektiv. Das heißt, dass Arendt die Proklamation der Menschenrechte solange als leer definiert, als sie die Situiertheit dieser Rechte im Kontext nationalstaatlicher Rechtsgarantien nicht miteinbezieht (EU 452ff.).

Diese Kritik, die Arendt als kritische Intervention gegen die Verleugnung der Bedeutung des Nationalstaates formuliert, ist rechtsphilosophisch dennoch nicht ungefährlich, weil sie denkbar macht, dass Menschen, denen dieser nationalstaatliche Schutz verweigert wird, auch prinzipiell ihren Rechtsanspruch verlieren.[70]

70 Stefan Gosepath formuliert das Problem als Paradox, wonach Menschenrechte gemäß Arendt entweder leer sind oder bloß lokal (national) gelten; er versucht gegen Arendt an der Idee der Menschenrechte als moralische Prinzipien festzuhalten, um diesem Paradox entgehen zu können; vgl. Gosepath,

Die Rechtlosen wären dann, wie Jacques Rancière Arendt kritisiert, in die Tautologie der Beschreibung eingeschlossen, wonach die Rechtlosen jene sind, die keine Rechte haben.[71] Um diese Tautologie aufzusprengen, muss es demnach möglich sein, Arendts kritische Intervention gegen den ideologischen Menschenrechtsdiskurs so zu lesen, dass er die Rechtlosen nicht in ihre faktische Situation einschließt, sondern umgekehrt ihren Anspruch auf das «Recht auf Rechte» vertieft. Dies gelingt, wenn die Teilhabe an einer politischen Gemeinschaft ihrerseits als ein Menschenrecht zu begreifen ist, gerade *weil* es dasjenige Recht ist, das alle anderen Rechte bedingt. Die kritische Pointe von Arendts These liegt demnach nicht nur darin, dass sie die politische Bedingtheit von Rechten, sondern auch, dass sie den Rechtsstatus des Politischen behauptet.

Tatsächlich reduziert Arendt in *Elemente und Ursprünge* das Problem der Flüchtlinge, die ohne Recht auf Rechte seien, nicht auf ihren Entzug staatlicher Nationalität. Die Kategorie der Staatenlosen ist nicht primär darum ein Unrecht, weil sie keine Nationalität besitzen, sondern weil sie aus der Öffentlichkeit ausgeschlossen werden. Mit dieser Erweiterung der Perspektive wird Arendts Analyse der Flüchtlinge für aktuelle Perspektiven anschlussfähig, die den prekären Status von marginalisierten, subalternen und nicht-intelligiblen Subjekten in aktuellen Gesellschaften analysieren. Arendt beschreibt das fehlende Recht der Staatenlosen damit, dass sie sich nicht als Individuen sicht- und hörbar machen können, dass sie in einer Gemeinschaft nicht wahrgenommen werden und ihre Individualität für die Gemeinschaft völlig irrelevant und uninteressant bleibt.

> Der Verlust der Menschenrechte findet nicht dann statt, wenn dieses oder jenes Recht, das gewöhnlich unter die Menschenrechte gezählt wird, verlorengeht, sondern nur wenn der Mensch den Standort in der Welt verliert, durch den allein er überhaupt Rechte haben kann und der die Bedingung dafür bildet, daß seine Meinungen Gewicht haben und seine Handlungen von Belang sind. (EU 461f.)

Stefan: Hannah Arendts Kritik der Menschenrechte und ihr 'Recht, Rechte zu haben', in: Hannah Arendt: Verborgene Tradition – Unzeitgemäße Aktualität?, S. 279–288.

71 Vgl. Rancière, Who is the Subject of the Rights of Man?, S. 298 und 302.

Arendts Bezugnahme auf 'Meinungen von Gewicht' und 'Handlungen von Belang' entspricht exakt dem, was oben als Bedingungen pluraler und egalitärer Kommunikation ausgewiesen wurde. Wie gezeigt, versteht Arendt geteilte Macht im normativen Sinn als Praxis, die es Menschen ermöglichen soll, in ihrer singulären Perspektive wahrnehmbar zu sein und dadurch die Interaktion zwischen Differenten mitzugestalten. Arendts Metapher der Meinungen, die «Gewicht haben», ist in diesem Sinn eine Weise, die Wirkmächtigkeit einer individuellen Position in einer Interaktion zu beschreiben, ohne diese nach einer kausalistischen Logik als eine Verfügungsmacht darzustellen. Das «Recht, Rechte zu haben» ist also «gleichbedeutend damit, in einem Beziehungssystem zu leben, in dem man auf Grund von Handlungen und Meinungen beurteilt wird» (EU 462).

Damit wird klar, dass Arendt die Beteiligung am gemeinsamen Handeln zu einem Menschenrecht erklärt, weil davon die Möglichkeit abhängt, ein Individuum zu werden.[72] Die Brisanz dieser Bestimmung zeigt sich daran, dass sie die Analyse gesellschaftlich gestifteten Unrechts vertieft. Nach Nancy Fraser decken Arendts Analysen zur Rechtlosigkeit der Staatenlosen die «tieferliegende Dynamik» des 20. Jahrhunderts auf, in dem durch Imperialismus und Totalitarismus neue Formen der Rechtlosigkeit erzeugt und eine eigene Katastrophendynamik entwickelt wurde.[73] Arendts These kann aber auch für die Analyse gegenwärtiger Rechtsstaaten produktiv gemacht werden, in denen zahlreiche Menschen im Sinne Arendts rechtlos sind, auch wenn sie *pro forma* unter Recht

72 Étienne Balibar radikalisiert die konstitutive Bedeutung des kollektiven Handelns als Recht, wenn er in Bezug auf Arendts Figur des «Rechts, Rechte zu haben» behauptet, es hänge daran die Möglichkeit des Menschseins überhaupt: «Arendt's idea is not the idea that only the institution creates rights, whereas, apart from institutions, the humans don't have specific rights, only natural qualities. Her idea is that, apart from the institution of the community (...) *there simply are no humans.*» (Balibar, (De)Constructing the Human as Human Institution, S. 265.)

73 Fraser, Nancy: Hannah Arendt im 21. Jahrhundert, in: Meints, Waltraud; Klinger, Katherine (Hg.): Politik und Verantwortung. Zur Aktualität von Hannah Arendt, Hannover 2004, S. 73–86, hier S. 75.

und Gesetz fallen. Arendts Beschreibung der Staatenlosen der Zwischenkriegszeit klingt an, wenn im heutigen Europa Asylsuchende aus rein administrativen Zwecken in Ausschaffungsgefängnissen inhaftiert werden oder in Lagern außerhalb von Städten und Dörfern leben, die sie wegen fehlender Transportmittel, Geld oder willkürlicher Verbote nicht verlassen können.[74] Sie werden dadurch an der Partizipation am öffentlichen Leben auf einer sehr elementaren Stufe gehindert. Sie sind unsichtbar und damit von der Möglichkeit ausgeschlossen, sich für Interaktionen überhaupt wahrnehmbar zu machen. Arendt weist in *Elemente und Ursprünge* warnend auf die Konsequenzen einer solchen Politik hin, wenn sie schreibt:

> Die Existenz solch einer Kategorie von Menschen birgt für die zivilisierte Welt eine zweifache Gefahr. Ihre Unbezogenheit zur Welt, ihre Weltlosigkeit ist wie eine Aufforderung zum Mord, insofern der Tod von Menschen, die außerhalb aller weltlichen Bezüge rechtlicher, sozialer und politischer Art stehen, ohne jede Konsequenzen für die Überlebenden bleibt. [...] Es ist die alte Vogelfreiheit, welche die Staatenlosigkeit heute über die Flüchtlinge in aller Welt verhängt (EU 470).

Giorgio Agamben greift auf Arendts Topos der «Vogelfreiheit» zurück, um auf die Situation der Flüchtlinge in heutigen westlichen Industriestaaten aufmerksam zu machen und sie zu den Vogelfreien einer auf dem Ausnahmezustand basierenden staatlichen Rechtsordnung zu erklären.[75] Er versteht mit Arendt das Lager als Ort, an dem «alles möglich ist» und dessen Logik sich im heutigen Europa in Form der Flüchtlingslager in das Innere des Staates einschreibt.[76] Wichtig an dieser Kritik ist, dass sie den Blick für die Gewaltverhältnisse schärft, denen Flüchtlinge und Asylsuchende ausgesetzt sind, und dass sie die Frage erzwingt, ob die Bedrohung

74 Vgl. dazu die detaillierten Berichte in: augenauf: «dem einfach etwas entgegensetzen». 20 Jahre Menschenrechtsarbeit in einem selbstgefälligen Land, Bern 2015.

75 Agamben, Homo sacer, 183f.; Agamben, Giorgio: Jenseits der Menschenrechte, in: ders.: Mittel ohne Zweck. Noten zur Politik, Berlin 2001, S. 25–32.

76 Agamben, Homo sacer, S. 179. Zu den Konzentrationslagern als Laboratorien, in denen «alles möglich ist», vgl. EU 679.

des Lebens, der Migrierende auf ihrer Flucht und im Exilland in Europa ausgesetzt sind, nicht systematische Dimensionen annimmt. Wichtig ist dabei aber auch, das fehlende Recht, Rechte zu haben, nicht nur im Hinblick auf ein traditionelles Verständnis institutionell verankerter Grund- und Menschenrechte zu diskutieren,[77] sondern auch im Hinblick auf dieses neue, von Arendt ins Spiel gebrachte Recht auf gemeinsame Macht, das mit der machttheoretisch normativen Figur des gemeinsamen Anfangens verknüpft ist. Es ist das Recht, interagieren und sich differenzieren zu können, gehört und gesehen zu werden, das eigene Schicksal mitzubestimmen und an der kollektiven Selbstgesetzgebung mitwirken zu können, das den Asylsuchenden und undokumentiert Migrierenden, aber tendenziell allen Ausländerinnen und Ausländern ohne politische Rechte in einem Nationalstaat entzogen wird. Im Extremfall ist diese, auf den Ausschluss aus der Gemeinschaft bezogene Rechtlosigkeit identisch mit dem Status, «überflüssig» zu sein (EU 921). Wer in keiner Form an einer Gesellschaft partizipieren kann und soll, wer für seine Mitmenschen bedeutungslos ist und wessen Handeln ohne öffentliches Gewicht und Belang bleibt, der oder die ist aus der Sicht eben dieses Gemeinwesens schlicht überzählig.

Das Innovative an Arendts Formulierung des Rechts, Rechte zu haben, zeigt sich also dann, wenn es machttheoretisch verstanden wird. Es bedeutet, das Handeln-Können von einem nachgeordneten zu einem primordialen Recht zu machen. Der Entzug der Grundrechte auf physische Integrität und Freiheit wird demnach gesellschaftlich umso weniger als Rechtsverletzung wahrnehmbar, je stärker Menschen vorgängig bereits aus dem Bereich der gemeinsamen öffentlichen Welt ausgeschlossen und ihrer individuellen Handlungsfähigkeit in der Gemeinschaft beraubt sind. Dieser Aus-

77 Die Gewalt, denen Asylsuchende in der Gegenwart unterworfen sind, ist keine, die jenseits des Gesetzes stattfindet, sondern sie ist im Gegenteil gesetzlich geregelt und entspricht dem Ausbau der Entscheidungsbefugnis der Verwaltung. Arendt selber hat dieses Problem einer kodifizierten Willkür in *Elemente und Ursprünge* prägnant als «Bewegungsgesetze» bezeichnet, die dem Interesse einer politischen Bewegung entsprechend ständig verändert werden: «aus jedem Gesetz ist eine Verordnung geworden» (EU 707).

schluss bereitet vor, sie als unmenschlich denken und behandeln zu können.

Exklusion durch Geschlecht, 'Rasse' und Klasse: Gerechtigkeitsansprüche über Arendt hinaus

Eine der zentralen Kategorien, die die Partizipation an der gemeinsamen Macht reguliert, ist für Arendt, wie oben gezeigt, die Nationalität im Sinne der nationalstaatlich organisierten Staatsbürgerschaft. Unter dem Eindruck der großen Flüchtlingsbewegungen und der vielen Staatenlosen, die zwischen den beiden Weltkriegen ihre politischen Rechte und ihre Zugehörigkeit verloren haben, betont sie die politische Bedeutung nationalstaatlicher Zugehörigkeit. Diese ist nach Arendt die Matrix, durch die die allgemeinen Grund- und Menschenrechte realisierbar werden, wobei wir diese These heute, unter Bedingungen transnationaler Formen von Staatlichkeit wie etwa der Europäischen Union, auf die transnationale Staatsbürgerschaft ausweiten können. Arendt macht in ihrer Kritik am liberalen und universalistischen Konzept der Menschenrechte in *Elemente und Ursprünge* auf diesen blinden Fleck in der Erklärung der Menschenrechte aufmerksam, der erst in den letzten Jahren langsam ins Bewusstsein der politischen Philosophie und Rechtsphilosophie gerückt ist. Die Nationalität ist demnach – unter der Voraussetzung demokratisch organisierter Staatlichkeit – in einem doppelten Sinn für die Gewährung oder den Entzug von Rechten konstitutiv: einerseits dadurch, dass die nationalstaatliche Zugehörigkeit *idealiter* mit dem Anspruch auf eine staatliche Schutzmacht verbunden ist, die die Menschenrechte der Bürgerinnen und Bürger gegen Dritte verteidigt, auch wenn natürlich nicht alle Nationalstaaten diesen Anspruch einlösen. Und andererseits dadurch, dass die Staatsbürgerschaft in demokratischen Staaten ein eigenes Grundrecht darstellt und gewährt: das Recht auf politische Partizipation.

Dieses enge Wechselverhältnis von nationaler Zugehörigkeit und politischer Partizipation in demokratischen Staaten kann nun über Arendt hinaus statt in der politischen Sprache des Rechts auch in der sozialen Sprache von Inklusion und Exklusion gefasst werden und erfasst damit weitere Formen von Gerechtigkeitsansprüchen. In diesem Sinn liest Waltraud Meints-Stender Arendts Analysen zum Status der Überflüssigen als frühe Theorie sozialer Exklusion.[78]

Diese Ausweitung der Perspektive auf soziale Exklusion wird durch Arendt selber nahe gelegt. In *Elemente und Ursprünge* beschreibt sie die Figur der «Überflüssigen» primär als Ergebnis einer wirtschaftlichen Dynamik. In Bezug auf die frühen Anfänge des Imperialismus im 19. Jahrhundert skizziert sie eine europäische Gesellschaft, die durch wirtschaftliche Krisen Millionen Menschen aus den Produktionsverhältnissen ausschließt. Arbeitslosigkeit, Heimatlosigkeit und Staatenlosigkeit verzahnen sich in der Folge bei Arendt zu einer mehrfach verdichteten Exklusion, die «in einer Periode untergehender politischer Formen plötzlich Hunderttausende und dann Millionen von Menschen heimatlos, staatenlos, rechtlos machten, wirtschaftlich überflüssig und sozial unerwünscht» (EU 921). Dass die Überflüssigen bei Arendt ursprünglich die im Kapitalismus strukturell Überzähligen sind, ist noch für Arnold Gehlen das eigentlich Aufwühlende, wie er in einem Gespräch mit Theodor W. Adorno aus dem Jahr 1965 bekennt.[79] Mit Arendt und gegen sie kann also gezeigt werden, dass das Recht, Rechte zu haben, die Trennung zwischen Politik und Ökonomie aufweicht.

Weitere Dimensionen struktureller Exklusionsmechanismen zeigen sich im Anschluss an Arendt auch dann, wenn man den verschiedenen Formen, *wie* Menschen aus der Öffentlichkeit ausgeschlossen werden, besondere Aufmerksamkeit schenkt. So ist die ausländerrechtliche Klandestinität, mit der «Sans-Papiers» ihre Existenz im öffentlichen Raum verbergen müssen, und die damit verbundene Kriminalisierung ihres Aufenthaltes als 'illegal', eine

78 Vgl. Meints-Stender, Waltraud: Hannah Arendt und das Problem der Exklusion – eine Aktualisierung, in: Hannah Arendt: Verborgene Tradition – Unzeitgemäße Aktualität?, S. 251–258, hier S. 252ff.

79 Vgl. Adorno, Theodor W.; Gehlen, Arnold: Ist die Soziologie eine Wissenschaft vom Menschen? Ein Streitgespräch [1965], in: Grenz, Friedemann: Adornos Philosophie in Grundbegriffen, Frankfurt a.M. 1974, S. 225–251, hier S. 249.

eigene und schwere Form der Deprivation eines Grundrechts, insofern sie nicht Teil der Bevölkerung sind, sondern für diese im Gegenteil als Bedrohung erscheinen.[80] Spezifische Exklusionsformen erfahren auch jene Menschen, die sich aufgrund ihres Geschlechts, ihrer Sexualität, ihrer körperlichen Befähigung oder ihres Alters im öffentlichen Raum nicht frei bewegen dürfen. Sie erleben ebenfalls den von Arendt beschriebenen Verlust des Grundrechts auf Partizipation an einer gemeinsamen Praxis. Unter dieser Perspektive sind etwa die traditionellen Handlungsräume von bürgerlichen Frauen in der Moderne als Verlust des Rechts auf Macht zu fassen. Dieser Ausschluss wird vor allem durch die Aufteilung der Gesellschaft in Bereiche des Privaten und des Öffentlichen gestützt, welche wiederum der sozialen Positionierung von Menschen anhand der Kategorien des Geschlechts, der Klasse oder 'Rasse' entlang laufen und diese sozial reproduzieren. Diese parallelen und sich teilweise überlappenden oder überkreuzenden Differenzierungen regeln den Zugang zur Möglichkeit, sich theoretisch und praktisch als Individuum mit einem bestimmten Geschlecht, einer bestimmten Klasse, 'Rasse' oder Sexualität in der Öffentlichkeit wahrnehmbar zu machen und als Individuum zu manifestieren.

Arendt selbst leistet für die Erkenntnis dieser Ausschlussmechanismen durch die Unterscheidung von privat und öffentlich einen wichtigen Beitrag, insofern sie rekonstruiert, wie die Grenzziehung in der Moderne in eine doppelte Gegenstellung mündet. Das Öffentliche, das heißt das Politische, wird heute nicht nur einem Raum privater, intimer Häuslichkeit entgegengesetzt, sondern zugleich dem Bereich des Ökonomischen und der Privatwirtschaft, den Arendt mit dem Sozialen identifiziert. Für Anne Phillips sind Arendts Analysen für eine (feministische) Kritik des liberalen politischen Denkens zentral. «Der Liberalismus», so Phillips im Anschluss an Arendt, «hat die Grenzen zwischen dem Öffentlichen und dem Privaten neu gezogen, dabei aber statt einer zwei Unter-

80 Vgl. dazu Meyer, Katrin; Purtschert, Patricia: Migrationsmanagement und die Sicherheit der Bevölkerung, in: Purtschert, Patricia; Meyer, Katrin; Winter, Yves (Hg.): Gouvernementalität und Sicherheit. Zeitdiagnostische Beiträge im Anschluss an Foucault, Bielefeld 2008, S. 149–172.

scheidungen getroffen.»[81] Arendts Analyse der Verschränkung von Haushalt und Wirtschaft und ihrer doppelten Gegenstellung zur Öffentlichkeit der Politik kann darum deutlich machen, wie die liberale Familien- und Wirtschaftsordnung das Leben von Frauen als denjenigen, die dem Raum des Privaten zugeordnet sind, doppelt durchkreuzt. Sie erklärt zugleich, wie sich die politische Rechtlosigkeit der Frauen mit jener der Arbeiterschaft analog gestaltet, indem Produktion und Reproduktion die zwei einander ergänzenden Seiten der Lebenserhaltung sind. Aus kritischer Sicht ist darum die Unterscheidung von privat und öffentlich, die Arendt luzide in ihrer doppelten Ausformung als Haushalt und Politik resp. Wirtschaft und Politik analysiert, politisch problematisch und folgenreich.

Für Arendt selber ist dagegen die Aufteilung der Welt in die Sphäre der Politik und Familie kein Problem, sondern gerade eine zentrale politische Errungenschaft. Mit Blick auf die griechische Polis zeigt sie in *Vita activa*, dass Frauen und Sklaven (resp. Sklavinnen) dem Raum des Privaten zugeordnet werden und dass im Privaten gemeinsames, anfängliches Handeln darum unmöglich ist, weil der Bereich durch naturhafte Zwänge der Überlebenssicherung strukturiert ist (VA 38ff.). Nur in der Öffentlichkeit kann sich nach Arendt Freiheit und Pluralität realisieren, insofern dieser Bereich frei ist von Notwendigkeiten und hier alle gleich frei zum Handeln sind.

Arendt ist für die vielfache Problematik dieser Aufteilung nicht sensibilisiert. Wie Mary Dietz kritisch feststellt, beschreiben die von Arendt unter dem Begriff der Arbeit gefassten mühseligen, repetitiven und körperlich monotonen Tätigkeiten viele der «regelmäßig wiederkehrenden, endlos zu wiederholenden Prozesse der Hausarbeit – Säubern, Waschen, Ausbessern, Kochen, Fegen, Wiegen, Pflegen» und es sei darum sehr eigenartig, dass Arendt diesen geschlechtsspezifischen Aspekt der Arbeit nicht thematisiert habe.[82] Weil Arendt die Handlungsräume des Privaten den Bereichen der Natur oder der natürlich-egoistischen Interessen

81 Phillips, Anne: Geschlecht und Demokratie, Hamburg 1995, S. 51.

82 Dietz, Mary G.: Hannah Arendt and Feminist Politics, in: Shanley, Mary Lyndon; Pateman, Carole (Hg.): Feminist Interpretations and Political Theory,

zuordnet, diskreditiert sie zudem die feministischen, sozialistischen und antirassistischen Kämpfe, die gerade die Naturalisierung dieser Ausschlüsse bekämpfen wollen, als genuin *unpolitisch*.[83] In *Macht und Gewalt* mokiert sie sich über Bewegungen zur Förderung der afro-amerikanischen kulturellen Identität an Universitäten (MG 22) und im berüchtigten Aufsatz *Little Rock* wehrt sie sich gegen die erzwungene Aufhebung der Rassentrennung an US-amerikanischen Schulen, weil diese in die freien Entscheidungsspielräume der Eltern eingriffen.[84] In beiden Beispielen kommt ein Verständnis des Sozialen als Privatem zum Tragen, das dieses einerseits als Raum souveräner Entscheidungsgewalt konzipiert und andererseits alles, was sich darin verändert, als Effekt privater Interessen darstellt. Die Radikalität dieser Unterscheidung kulminiert in Arendts These der zwei Revolutionen, der falschen sozialen in Frankreich und der wahren politischen in den USA, die sie in *Über die Revolution* zum Leitthema macht und auf die unten noch näher eingegangen wird. [85]

Diese starre Aufteilung von gesellschaftlichen Teilbereichen, die Arendt mit ihrer Typologie unterschiedlicher Tätigkeitsformen verbindet, ist aber weder notwendig noch plausibel.[86] Es scheint

Cambridge 1991, S. 232–252, hier S. 240, dt Übersetzung nach Benhabib, Hannah Arendt, S. 215.

83 Vgl. etwa D 19: «Die Politik hat es nicht mit *gene* sondern mit *mere* zu tun. Die Unsinnigkeit, Frauen qua Frauen zu organisieren.» (Im Original griech. Schrift – KM) – Vgl. zu Arendts Verhältnis zum Feminismus auch unten Kap. III.3. *Intersektionale Machtteilung – diesseits und jenseits der Identitätspolitik.*

84 Vgl. dazu ausführlich Benhabib, Hannah Arendt, S. 233–246.

85 Vgl. dazu kritisch Habermas, Jürgen: Hannah Arendt: Die Geschichte von den zwei Revolutionen (1966), in: ders.: Philosophisch-politische Profile, Frankfurt a.M. 1987, S. 223–228. Dagegen referiert Habermas Arendts Begriff des Sozialen noch neutral als kulturgeschichtlichen Beitrag zum Verständnis der Genese der bürgerlichen Öffentlichkeit in: Habermas, Jürgen: Strukturwandel der Öffentlichkeit. Untersuchungen zu einer Kategorie der bürgerlichen Gesellschaft [1962], 2. durch. Aufl. 1965, S. 30.

86 Vgl. zur feministischen Kritik an Arendts Aufteilung Brown, Wendy: Manhood and Politics. A Feminist Reading in Political Theory, Totowa/New Jersey 1988, S. 23–31. Dagegen argumentiert Mary Dietz, der Feminismus müsse die Trennung zwischen Politik und Reproduktion aufrechterhalten; vgl. Dietz: Hannah Arendt, S. 233. Für Rahel Jaeggi liegt der Sinn der Unter-

vielmehr naheliegend, dass es naturhafte menschliche Praktiken per definitionem nicht geben kann, und dass darum jeder Lebensbereich so gestaltet werden kann, dass er Gelegenheit gibt für gemeinsames, anfängliches Handeln und für die damit einhergehenden Erfahrungen der Pluralisierung. Von solchen Möglichkeiten zur Verschiebung von naturhaften Zwängen in Familie und Gesellschaft zehren gerade emanzipatorische Bewegungen.[87]

Arendts Formel des «Rechts, Rechte zu haben» kann darum gegen Arendt selber stark gemacht werden, um ihre statische Typologie der Tätigkeiten aufzulösen. Der Hinweis darauf, dass die Exklusion vom gemeinsamen Handeln ein Grundrecht verletzt, führt eine normative Perspektive in die Organisation des Privaten und Öffentlichen ein. Diese legt nahe, die Teilhabe an allen Tätigkeiten, die sich plural und initiativ gestalten lassen, egalitär zu gewährleisten und nicht an die sozialen Differenzierungskategorien von Nationalität, Klasse, 'Rasse' oder Geschlecht zu binden. Daraus leitet sich umgekehrt auch die Verpflichtung einer an Öffentlichkeit interessierten Gesellschaft ab, Tätigkeiten, wo möglich, so zu organisieren, *dass* sie diese Erfahrung der Mitgestaltung ermöglichen.

Dies macht alle institutionellen Ausschlüsse fragwürdig, durch die Menschen an der politischen und sozialen Partizipation an einem Gemeinsamen, das alle verbindet, gehindert werden. Dies

teilung des Sozialen und Politischen primär darin, Politikformen, die sich an der Technik ausrichten und einem naturalistischen Verständnis des Politischen folgen, kritisieren zu können; vgl. Jaeggi, Rahel: Wie weiter mit Hannah Arendt? Hamburg 2008, S. 5. Auch Oliver Marchart relativiert die Kritik an Arendt, insofern er die Unterscheidung der Tätigkeitsformen nicht als «essentialistisch», sondern als «transzendentalistisch» interpretiert; vgl. Marchart: Neu beginnen, S. 80. Ein anderer Vorwurf lautet, dass die Einteilung zwar sinnvoll ist, aber zu grob, insofern sie zentrale Tätigkeiten der Gesellschaft nicht erfasst – zum Beispiel die Kindererziehung und Pflege allgemein. Vgl. zur Bedeutung der Kindererziehung bei Arendt Benhabib, Hannah Arendt, S. 216ff.

87 Vgl. dazu Friedman, Marilyn: Feminismus und moderne Formen der Freundschaft: Eine andere Verortung von Gemeinschaft, in: Honneth, Axel (Hg.): Pathologien des Sozialen. Die Aufgaben der Sozialphilosophie, Frankfurt a.M. 1994, S. 184–204.

impliziert, dass gerade jene, die als 'Neue' in eine bestehende Welt eintreten, in ihrer Spontaneität und Initiativkraft besonders gefördert werden sollten, das heißt: die Jungen, die Fremden und alle jene, die sich als politische und soziale Gemeinschaften und Gruppen neu formieren. Insofern sind soziale Bewegungen, die es Menschen überhaupt erst ermöglichen, sich zu einer Gruppe zusammenzufinden und gemeinsam zu handeln, der Ausdruck eines Prozesses der Politisierung und Vermehrung politischer Handlungsräume. In diesem Sinn ist die seit Mitte des 20. Jahrhunderts einsetzende Politisierung scheinbar natürlicher Geschlechter-Identitäten, -Normen und -Praktiken und die Formierung feministischer, anti-rassistischer und nicht-heterosexuell ausgerichteter Gemeinschaften ein Ergebnis solcher Prozesse der Machtvermehrung.[88]

Mit Rahel Jaeggi lässt sich dies als Praxis der Politisierung beschreiben. «Politisierung» bedeutet, so Jaeggi, «Handlungsspielräume gegenüber dem sonst Unverfügbaren zu eröffnen.»[89] Diese Öffnung kommt dadurch zustande, dass die im Privaten und «Dunkeln» verwalteten Arbeitsprozesse in Machtverhältnisse transformiert werden. Es bedeutet, Verhältnisse und Praktiken, die auf vermeintlich Unveränderlichem beruhen, weil sie scheinbar durch die Gesetze der Natur dem geschichtlichen Wandel entzogen sind, der streitbaren Neuaushandlung zugänglich zu machen und in ihrer sozialen und historischen Konstruiertheit freizulegen. Diese Neuaushandlung ist selber Teil einer politischen Praxis, in der sich Anfänge ereignen können und in der Menschen, die scheinbar im Rhythmus des Notwendigen funktionieren, zu handlungsfähigen Akteurinnen und Akteuren ermächtigt werden.

Das Grundrecht, das gemäß Arendt alles soziale und politische Leben bestimmen soll, ist also das Recht auf Teilhabe an gemeinsamer Macht. Darin impliziert sind die normativ gehaltvollen Vorgaben der Anerkennung der Egalität und Partikularität jedes Menschen. Arendts normatives Machtmodell ist damit für demo-

88 Vgl. dazu auch unten Kap. III.3

89 Jaeggi, Rahel: Die im Dunkeln sieht man nicht: Hannah Arendts Theorie der Politisierung, in: Hannah Arendt: Verborgene Tradition – Unzeitgemäße Aktualität?, S. 241–250, hier S. 250.

kratische Politikvorstellungen und die Demokratisierung von Sozialverhältnissen allgemein anschlussfähig. Rassistische, menschenverachtende, elitäre Machtvorstellungen unterlaufen das Menschenrecht auf Teilhabe am gemeinsamen Handeln und lassen sich in Arendts Modell gemeinsamer Macht nicht integrieren. Sie manifestieren Sozialverhältnisse im Modus der Gewalt auf individueller und kollektiver Ebene.

II. Machtteilung: Ambivalenzen der Macht bei Arendt

Macht ist nach Arendt ein gemeinschaftliches Phänomen. Der normativ emphatische Sinn dieser Macht liegt, wie in den letzten Kapiteln aufgezeigt wurde, darin, dass diese Praxis sinnhaft ist, wenn die Handlungen nicht nur mit anderen vollzogen, sondern auch mit anderen initiiert werden. Das Paradigma dieser Macht ist das sich Versammeln der Verschiedenen. Es findet statt, wenn Menschen wechselseitig für die Differenz der Anderen offen sind und sich egalitär begegnen. Unter diesen Bedingungen realisiert gemeinschaftliches Handeln die ihm genuinen Sinnpotentiale und folgt den politischen Gerechtigkeitsprinzipien der Freiheit und Gleichheit aller Menschen. Auf der Ebene der Politik lässt sich diese Macht in republikanischen Institutionen stabilisieren, die durch direktdemokratische Partizipation lebendig gehalten werden.

Diese Ermöglichungsmacht ist gemäß Arendt radikal gewaltlos. Sie kann sich nur ereignen, wenn sich alle Beteiligten wechselseitig ermächtigen, ihre (kommunikative) Handlungsfähigkeit auf irreduzibel individuelle Art und Weise zu entfalten. Pluralität lässt sich nicht gewaltsam herstellen. Dies impliziert auch, dass das Versammeln der Verschiedenen nicht nach einem von einem Einzelnen vorbestimmten Plan erfolgen kann. Die Entscheidung, wie sich die Pluralität in der Kommunikation und Interaktion zum Ausdruck bringen soll, ist Teil der pluralen Auseinandersetzungen selber. Diese Offenheit ist unumgänglich, soll das Versammeln der Verschiedenen als eine Macht gedacht werden, die Anfänge ermöglicht und nicht bloß auf Vorgaben reagiert. Der kleinste gemeinsame Nenner, das heißt der Konsens, der die Handelnden zusammenhält, liegt in der Intention, «miteinander, und weder für- noch gegeneinander» zu handeln (VA 220). Darin manifestiert sich zugleich die Anerkennung des basalen Menschenrechts auf Teilhabe an einer gemeinsamen Macht, das allen Menschen zugestanden werden muss. So klein der Nenner sein mag, so grundlegend ist er für die normativ gehaltvolle Gestaltung einer egalitären und pluralistischen Gesellschaft. In der Arendt-Forschung wird diese Offenheit der pluralen Handlungsmacht als ein dynamisches Machtmodell bezeichnet, das theoretisch grenzenlos steigerbar ist, gerade weil es nicht auf der Homogenität eines Kollektivs beruht, sondern auf dessen Pluralität. Amy Allen fasst in diesem Sinn Arendts Modell einer pluralisierten Gemeinschaft als Struktur der Solidarität, die nicht auf Identität, sondern auf Differenz zielt.[1]

In dieses offene Spiel der pluralen, unbegrenzten Macht bricht nun aber ein dissonanter Ton, der in Arendts Definition von Macht mitschwingt, wenn sie schreibt: «Der Extremfall der Macht ist gegeben in der Konstellation: Alle gegen Einen, der Extremfall der Gewalt in der Konstellation: Einer gegen Alle.» (MG 43)

In diesem Zitat wird der Macht ein polemisches Element zugeschrieben, insofern sie sich ‘gegen’ jemanden richtet. Die Formulierung erinnert an Max Webers Definition der Macht als Chance zur Durchsetzung eines Willens «notfalls auch gegen Widerstreben».[2] Macht bedeutet also auch bei Arendt polemische Durchsetzungsfähigkeit im weitesten Sinn.[3]

Damit erhält Arendts Machtdenken eine unerwartete Spannung und ihr emphatisches Verständnis egalitär vermehrbarer Ermöglichungsmacht wird brüchig. Denkt Arendt Macht als ein statisches und polemisches Verhältnis, in dem die Macht der einen immer auf Kosten der anderen geht? Oder fasst sie Macht als eine

1 Allen, Solidarity after Identity Politics, S. 114; vgl. ähnlich auch Honneth, Axel: Kampf um Anerkennung. Zur moralischen Grammatik sozialer Konflikte, Frankfurt a.M. 1994, S. 210: «‘symmetrisch’ muß vielmehr heißen, daß jedes Subjekt ohne kollektive Abstufungen die Chance erhält, sich in seinen eigenen Leistungen und Fähigkeiten als wertvoll für die Gesellschaft zu erfahren. Daher auch können gesellschaftlich Verhältnisse, wie wir sie hier unter dem Begriff der ‘Solidarität’ ins Auge gefaßt haben, überhaupt erst den Horizont eröffnen, in dem die individuelle Konkurrenz um soziale Wertschätzung eine schmerzfreie, nämlich von Erfahrungen der Mißachtung ungetrübte Gestalt annimmt.»

2 Weber, Max: Wirtschaft und Gesellschaft. Grundriss der verstehenden Soziologie. Fünfte, rev. Aufl. besorgt von Johannes Winckelmann, Tübingen 1980, S. 28.

3 Benhabib, Modelle des öffentlichen Raums, S. 102; vgl. in diesem Sinn auch Schulze Wessel, Julia: Über die zwei Seiten der Macht. Zum Machtbegriff Hannah Arendts, in: Brodocz, André; Hammer, Stefanie (Hg.): Variationen der Macht, Baden-Baden 2013, S. 41–56.

Handlungsmacht, die offen und grenzenlos ist, weil sie geteilt werden kann?

Diese Fragen verweisen auf eine Unklarheit, möglicherweise sogar Inkonsistenz in Arendts Machtverständnis, die in der Forschung nicht unbemerkt geblieben ist und die sich bis auf Habermas' wirkmächtige Kritik an Arendts Machtbegriff zurückdatieren lässt.[4] In seiner Studie über Arendts politische Philosophie schlägt Passerin D'Entrèves darum vor, Arendts Denken des Politischen nach einer expressiven und einer kommunikativen Logik zu unterscheiden.[5] Expressiv heiße, dass das Politische theatralisch-heroisch konzipiert werde, kommunikativ dagegen bedeute, es sei egalitär-reziprok. Die Durchsetzungsmacht kann im Anschluss an Passerin D'Entrèves also dem Heroischen, die Ermöglichungsmacht dem Kommunikativen zugeordnet werden. Auch Seyla Benhabib unterscheidet bei Arendt in ähnlicher Weise zwischen einer agonalen und einer assoziativ gefassten Öffentlichkeit. Das Agonale verweist nach Benhabib auf Arendts Affinität zum Heroischen und Elitären, das ihren Politikbegriff bestimme. Das Assoziative dagegen stelle das Prinzip der Kommunikation ins Zentrum und beschreibe eine generalisierbare Praxis.[6]

In diesem Sinn gibt es in der Arendt-Forschung die weitverbreitete Lesart, dass sich *erstens* das kommunikative Element in Arendts Politik- und Machtverständnis vom konflikthaft-agonal-expressiven unterscheidet und *zweitens*, dass es aus normativer Sicht wünschbar ist, Macht auf das kommunikativ-assoziative Moment zu verpflichten.

Gegen diese Tendenz, Arendts zweifaches Machtverständnis zu trennen und beide gegeneinander auszuspielen, werde ich im Folgenden dafür plädieren, beide zusammen zu denken. Ich werde

4 Habermas, Arendts Begriff der Macht.

5 Vgl. Passerin d'Entrèves, The Political Philosophy of Hannah Arendt, S. 84.

6 Benhabib, Modelle des öffentlichen Raums, S. 101; Vgl. auch Benhabib: Hannah Arendt, S. 202, wo Benhabib von einem «agonalen» und einem «narrativen» Handlungsmodell ausgeht; Benhabib lässt keinen Zweifel daran, dass sie das Heroisch-Elitäre in Arendts Denken für wenig anschlussfähig hält; vgl. zur Ambivalenz von Arendts Begriff des Politischen, der zwischen Elitarismus und direkter Demokratie changiert, Canovan, The Contradictions of Hannah Arendt's Political Thought.

zeigen, dass die polemische Dimension der Macht bei Arendt ein interner Effekt der pluralisierenden Ermöglichungsmacht ist und darum nicht ausgespart bleiben kann. Die Aufteilung der Macht nach ihrer konsensuellen und polemischen Dimension blendet gerade aus, was den Machtbegriff definiert und worin seine Problematik liegt. Sie übergeht die im Folgenden zu zeigende Paradoxie, dass Macht im Sinne der Ermöglichungsmacht generalisierbar ist, dass sie aber als generalisierte nur denkbar ist, weil und solange es – wie es im obigen Zitat in MG 43 formuliert wird – diesen 'Einen' gibt, gegen den sich im Extremfall 'Alle' wenden und der das Machtverhältnis («Alle gegen Einen») von einem Gewaltverhältnis («Einer gegen Alle») unterscheidet. Der Eine, der letztlich im politischen Sinn der 'Andere' ist, muss darum in Arendts normativer Machttheorie immer mitberücksichtigt bleiben als derjenige, der Macht ermöglicht *und* begrenzt. Es handelt sich dabei weniger um den Hinweis auf eine konkrete Person als um den Hinweis darauf, dass ein Machtverhältnis immer durch eine gegnerische Position strukturiert wird, sei dies nun die Position eines einzelnen oder einer Gruppe.

Tatsächlich ist sich Arendt selber dieser doppelten Struktur der Macht bewusst und sie erkennt, dass damit auch die Idee einer universalisierbaren Ermöglichungsmacht an ihre Grenze stößt. In *Vita activa* spricht sie in diesem Sinn deutlich von den *Grenzen* der Macht, wenn sie schreibt:

> Die Grenze der Macht liegt nicht in ihr selbst, sondern in der gleichzeitigen Existenz anderer Machtgruppen, also in dem Vorhandensein von anderen, die außerhalb des eigenen Machtbereichs stehen und selber Macht entwickeln. Diese Begrenztheit der Macht durch Pluralität ist nicht zufällig, weil ihre Grundvoraussetzung ja von vornherein eben diese Pluralität ist. (VA 254)

Auch wenn Arendt meint, die Grenze der Macht liege nicht 'in ihr selber', so relativiert sie diese Aussage doch dadurch, dass sie darauf verweist, dass die Pluralität, die die Macht scheinbar von außen begrenzt, zur 'Grundvoraussetzung' derselben gehört. Damit sagt Arendt nichts anderes, als dass das, was Macht von innen her ermöglicht, Macht auch von außen begrenzt. Sie beschreibt also, dass sich Macht in ihrem Vollzug mit sich selbst entzweit. Ermöglichungs- und Durchsetzungsmacht liegen, in den Worten von Günter Figal, in einem «Streit», der «weder im Entweder-Oder noch im Sowohl-als-auch» aufgelöst werden kann.[7]

Kommunikative und konflikthafte Macht bilden bei Arendt demnach nicht, wie Habermas, Passerin d'Entrèves, Benhabib und andere suggerieren, ein Gegensatzverhältnis, so dass es möglich wäre, Kommunikation ausschließlich auf Konsens zu beziehen und vom agonalen Konflikt abzulösen.[8] Es zeigt sich im Gegenteil, dass das konsensuelle Moment Teil eines konflikthaften Streits ist, und der Streit der Effekt konsensuell orientierter Praktiken.

Vor diesem Hintergrund verschiebt sich auch der Gegenstand einer normativen Machttheorie. Es genügt nicht, die Frage zu beantworten, wie Macht als Ermöglichungsmacht zu denken und von Gewalt radikal unterscheidbar sei, sondern es muss auch untersucht werden, wie eine gemeinsame Macht mit ihren Grenzen umgeht. Erst mit dieser zusätzlichen Perspektive auf Macht erschließt sich der volle Sinn dessen, was Arendt als *politische* Organisation von Macht definiert und mit *geteilter Macht* gleichsetzt. Das Konzept der Machtteilung gibt der Ambivalenz der Macht, Ermöglichungs- und Durchsetzungsmacht zu sein, Ausdruck und verweist zugleich auf eine politische Lösung, die das Sinnpotential der Macht als gemeinsames, anfängliches Handeln nicht preisgibt, sondern in politische Strukturen überführt.

Um dieses Konzept der Machtteilung zu erläutern, wird in einem ersten Schritt rekonstruiert, warum das Problem der Durchsetzungsmacht nach Arendt überhaupt als irreduzibler Aspekt politischer Macht zu definieren ist. Dabei wird insbesondere die ambivalente Funktion der Mehrheitsregel als unverzichtbares und zugleich verfügendes Element gemeinsamer Macht herausgestellt (II.1). Danach ist zu zeigen, was Machtteilung für Arendt impliziert (II.2) und warum nicht das Konsensmodell, sondern das agonale Modell des Streits um Macht die einzige Lösung bietet, die Durchsetzungsmacht möglichst gewaltfrei zu realisieren. Unter Bedin-

7 Figal, Öffentliche Freiheit, S. 133; vgl. auch ebd.: «Weil sie im Streit sind, schließen [sie] einander aus; und weil sie im Streit allein sind, ist keines von ihnen ohne das andere.»

8 Benhabib, Modelle des öffentlichen Raums, S. 101.

gungen des kontinuierlichen und gezähmten Streits ist sie am besten davor geschützt, sich in Gewalt zu kehren, auch wenn sie diese Möglichkeit nie prinzipiell ausschließen kann und soll (II.3). Im Licht dieser Zusammenhänge drängt sich schließlich eine neue Perspektive auf Gewalt auf. Gewalt ist nicht nur als antipolitisches, sondern auch als präpolitisches Phänomen zu definieren. Damit wird der normative Gegensatz von Macht und Gewalt analytisch-phänomenal vervielfältigt, und es werden Macht und Gewalt in ihren differenzierten Verbindungen zueinander thematisierbar (II.4).

1. Durchsetzungsmacht: Die Macht der Mehrheit

Oben wurde gezeigt, dass sich eine kollektive Macht für die Möglichkeiten gemeinsamer Anfänge nur dann offen hält, wenn alle Beteiligten initiativ und individuell in das Bezugsgewebe eingreifen und ihren eigenen Faden in die Textur gesellschaftlicher Interaktionen einflechten können. Diese individuelle Handlungsfähigkeit birgt immer eine Sprengkraft, weil letztlich nicht kontrollierbar ist, wie sich der Wille eines Individuums im Austausch mit anderen herausbildet. Die Bereitschaft, die Offenheit und Nicht-Kontrollierbarkeit solcher deliberativen Prozesse zuzulassen, unterscheidet das gemeinsame Handeln im emphatischen Sinn von der instrumentellen, gewaltförmigen Verfügung über andere. So liegt es im Ereignischarakter gemeinsamer Anfänge, dass nicht vorweg genommen werden kann, wie sich die Beteiligten handelnd und sprechend verhalten werden. Das wiederum schließt aber nicht aus, dass dieser Prozess irgendwann zu einem Ende kommt, weil sich Menschen ihre Meinung gebildet haben. Gerade wenn sich den Einzelnen in einer diskursiven Konstellation eine Meinung als die wahre und richtige erschlossen hat, mag die Bereitschaft sinken, sich weiter auf einen endlosen Prozess der Auseinandersetzung mit anderen einzulassen. Stattdessen geht es nun darum, diese als wahr oder plausibel erkannte Überzeugung tatkräftig umzusetzen und gegen Widerstände durchzusetzen. Dieser Effekt äußert sich nicht nur auf individueller, sondern auch auf kollektiver Ebene. Er tritt ein, wenn in einer Gruppe die Reihen geschlossen werden, Ziele nicht mehr in Frage gestellt und Strategien zur Durchsetzung der eigenen Interessen entwickelt werden.

An welchen normativen Prinzipien kann sich die Durchsetzungsmacht in diesen Fällen orientieren? Und ist die Herausbildung einer Durchsetzungsmacht machttheoretisch unvermeidlich? Oder ließe sich *idealiter* eine Welt imaginieren, in der es diesen Einen, gegen den sich im Extremfall alle wenden, nicht (mehr) gibt, weil alle das Gleiche wollen? Diesen Fragen, die sich Arendt nicht zuletzt vor dem Hintergrund totalitärer Massenbewegungen im Nationalsozialismus und Stalinismus aufgedrängt haben und mit denen sie sich insbesondere in ihrer Analyse des Republikanismus in *Über die Revolution* vertieft auseinandergesetzt hat, werde ich im Folgenden genauer nachgehen. Dabei zeigt sich, dass die Mehrheitsregel, die als normatives Prinzip der Durchsetzungsmacht gelten kann, ihrerseits nicht frei ist von gewaltförmigen Aspekten, wie aber auch umgekehrt eine Welt, in der es den dissidenten Einen nicht gibt, für Arendt eine gewaltförmige Welt wäre. Damit wird deutlich, dass die Durchsetzungsmacht das normative Ideal der Macht in ein ambivalentes Verhältnis zur Gewalt verstrickt.

Das Prinzip der Mehrheitsregel und ihre Ambivalenz zwischen Macht und Gewalt

Wie im letzten Teil erörtert, ist Macht nach Arendt auf Unterstützung angewiesen. Eine Möglichkeit, diese Unterstützung zu messen, ist numerischer Art, wie sie Arendt im eingangs formulierten Zitat (MG 43) zur Unterscheidung von Macht und Gewalt heranzieht, indem sie die Macht der Vielen der Gewalt des Einzelnen entgegensetzt. Dabei versteht Arendt unter Gewalt den Einsatz technischer Hilfsmittel, der es einem Einzelnen erlaubt, die Vielen dazu zwingen, sich seinem Willen zu unterwerfen. Gewalt funktioniert also durch Drohung, Erpressung und physische Stärke. Wie aber funktioniert die Durchsetzung der Macht der Vielen? Arendts Antwort lautet: durch numerische Übermacht. Das Verhältnis von Minderheit und Mehrheit – das heißt das Mehrheitsprinzip – ist demnach für die Definition der Durchsetzungsmacht konstitutiv.

In politischen Kontexten gilt der Rekurs auf das numerische Prinzip der Mehrheit als ein urdemokratisches und egalitäres Prinzip, weil es alle Stimmen *a priori* gleich gewichtet. In diesem Sinn definiert Arendt das Majoritätsprinzip als ein demokratisches Entscheidungsprinzip, das jeder Beschlussfassung zugrunde liegt:

> Wo immer eine Pluralität von Personen zu einem Beschluß kommen muß, entscheidet schließlich das Majoritätsprinzip, und in diesem Sinn findet sich ein 'demokratisches' Element in allen Staatsformen, sogar in der des Despotismus (ÜR 213).

Die Mehrheitsregel ist demnach als «formal-technisches Hilfsmittel» (ÜR 213) für Prozesse der Beschlussfassung unverzichtbar.[9] Woher aber gewinnt das Mehrheitsprinzip seine Durchsetzungskraft? Was bringt den Einen oder die Minderheit dazu, sich freiwillig der Mehrheit zu beugen, ohne durch Waffengewalt dazu gezwungen zu werden?

Offenbar beruht die Macht der Mehrheit auf einem Element der Zustimmung oder des Konsenses der Minderheit. Dieser kann aber nicht auf inhaltlich-propositionaler Ebene angesiedelt sein – sonst gäbe es keine Entgegensetzung zwischen den Vielen und dem Einen –, sondern er muss auf einem Konsens beruhen, der vor jeder Meinungsdifferenz angesiedelt ist und sich darauf bezieht, dass Mehrheit und Minderheit überhaupt zusammen handeln wollen. Das Verhältnis von Mehrheit und Minderheit eröffnet sich demnach innerhalb einer Gruppe, die zusammengehalten wird

9 Was für die Mehrheitsregel gilt, trifft auch auf Phänomene der Hierarchiebildung zu, die durch die Mehrheitsregel legitimiert werden. So tendiert Arendt dazu, wie das Eingangszitat zeigt (ÜR 213), Hierarchien im Sinne einer Befehls-Gehorsams-Relation als 'technische' Bedingung für effiziente Beschlussfassungen zu definieren und damit in ihrem politischen Eigensinn zu relativieren; vgl. dazu Wartenberg, Forms of Power, S. 41.

durch den Willen, gemeinsam zu handeln, *obwohl* es keinen inhaltlichen Konsens über einzelne Meinungen, Praktiken und Werte gibt.[10]

Dieser Konsens kann auch als Ausdruck eines Bewusstseins für die wechselseitige Abhängigkeit oder Angewiesenheit definiert werden. Abhängigkeit ist nach Arendt darum *prima facie* kein negatives Phänomen, sondern die Bedingung der Möglichkeit gemeinsamen Handelns. Statt von Abhängigkeit spricht Arendt neutraler von «Angewiesenheit».

> Aus der Angewiesenheit der Menschen aufeinander entspringt, stellt sich her, die 'res publica', [...] die öffentlichen Angelegenheiten, aber [sie] existiert nicht vorher und nie auch nur einen Moment lang unabhängig von dieser Angewiesenheit. (D 26)

Eine Minderheit fügt sich einer Mehrheit also darum, weil sie sich von dieser resp. von der Gemeinschaft abhängig weiß. Die Durchsetzungsmacht der Mehrheit hängt direkt von dieser Abhängigkeit ab. Je ohnmächtiger jemand allein ist, desto größere Durchsetzungsmacht entwickelt die Mehrheit. Oder positiv formuliert: Je attraktiver die Zugehörigkeit zu einer Gemeinschaft erscheint, desto grösser ist die Bereitschaft, sich in Einzelfragen der Mehrheit zu beugen. So stellt schon Jean-Jacques Rousseau in seinem *Diskurs über die Ungleichheit* fest, dass «es unmöglich ist, einen Menschen zu knechten, ohne ihn zuvor in die Lage versetzt zu haben, nicht ohne einen anderen auskommen zu können».[11] Erst vor diesem Hintergrund wechselseitiger Angewiesenheit bekommt die Mehrheitsregel als Funktionsprinzip von Macht ihre Plausibilität.

10 Auch Rousseau führt die Mehrheitsregel auf einen Grundkonsens zurück; vgl. Rousseau, Jean-Jacques: Vom Gesellschaftsvertrag oder Grundsätze des Staatsrechts [1762], Stuttgart 2003, S. 16: «Das Gesetz der Stimmenmehrheit beruht selbst auf Übereinkunft und setzt zumindest einmal Einstimmigkeit voraus.» Er leitet von diesem Grundkonsens aber das normative Ziel einer homogenen Willensbildung, einer *volonté générale*, ab, die mehr ist als die Faktizität des Willens aller; s. dazu unten.

11 Rousseau, Jean-Jacques: Diskurs über die Ungleichheit [1755]. Discours sur l'inégalité. Kritische Ausgabe des integralen Textes, Paderborn/München 2001[5], S. 167.

Allerdings macht dieser Bezug auf die Angewiesenheit die Unterscheidung von Macht und Gewalt zugleich unscharf und bringt Arendts Vorhaben, beide qualitativ zu trennen, ins Wanken. Denn wenn Gewalt die Technik ist, mit der ein Einzelner oder eine Minderheit den fehlenden Grundkonsens des gemeinsamen Handelns durch Waffengewalt erzwingt, dann ist dabei nicht das Medium der Waffe entscheidend, sondern der Effekt des Zwangs. Dieser Zwang aber ist strukturell in jedem Abhängigkeitsverhältnis am Werk, so dass das Faktum menschlicher Angewiesenheit zum Einfallstor gewaltförmiger Praktiken wird. Unter dieser Perspektive ist auch die sogenannte freiwillige Unterordnung unter einen Mehrheitsbeschluss nicht davor gefeit, Ausdruck eines Zwangs zu sein. Wird dieser Zwang gar künstlich erzeugt, dann kann Gewalt zur (versteckten) Grundlage der Funktionsweise der Mehrheitsregel werden.

Gewalt als Effekt einer erzwungenen Kooperation oder künstlich erzeugten Abhängigkeit unterläuft demnach Arendts Unterscheidung von Mehrheitsmacht und Minderheitengewalt. Kooperation kann auch von einer Mehrheit erzwungen werden und das heißt, auch die Vielen können gegenüber den Wenigen gewalttätig sein. Arendt analysiert diese Form der erpressten Kooperation im siebten Kapitel in *Eichmann in Jerusalem* am Beispiel der Judenräte, die im Dritten Reich beim Vollzug der Endlösung mitgewirkt haben. Diese Mitwirkung, so Arendt, ist nicht Ausdruck des freien Willens einer Minderheit, mit den Nazis zusammen zu handeln, sondern Ausdruck der Angst, durch Widerstand mehr Leben zu gefährden als im Fall der Kooperation bedroht wären, oder oft auch aus Angst um das eigene nackte Überleben (EJ 154f.).

Gewalt liegt also dann vor, wenn in einem Kollektiv Abhängigkeitsverhältnisse künstlich erzeugt werden und sich zur Abhängigkeit um Leben und Tod radikalisieren. Dies ist durch direkten Waffeneinsatz möglich, aber auch dadurch, dass durch strukturelle Veränderung der gesellschaftlichen Ordnung die Handlungsfähigkeit und der Zugang zu materiellen Ressourcen so einseitig verteilt werden, dass sie *wie* eine Waffe wirken. Je vitaler und umfassender eine Gemeinschaft für ein Individuum ist und je weniger Alternativen diesem offen stehen, mit anderen Minderheiten oder Mehrheiten zu kooperieren, desto künstlicher ist die

Unterstellung, jemand unterwerfe sich freiwillig oder könne die Kooperation aufkünden.[12]

Ausgehend von dieser Bestimmung lassen sich vielfältige gesellschaftliche Mehrheitsverhältnisse erkennen, die in einer Grauzone zwischen Macht und Gewalt angesiedelt sind. So ist etwa fraglich, ob *das* zentrale Kollektiv der politischen Philosophie, das heißt die staatliche Gemeinschaft, im Sinne Arendts als eine freiwillige Kooperationsform oder als eine Zwangsgemeinschaft zu bewerten ist. Zwar geht Arendt davon aus, dass Staaten nicht immer schon natürlich definiert und tradiert werden, sondern dass sie in revolutionären Prozessen politisch geschaffen werden. Dennoch zeigen gerade ihre Analysen der Flüchtlingsbewegungen im frühen 20. Jahrhundert, dass es politisch naiv wäre, im Kontext der modernen europäischen Nationalstaaten von der freiwilligen Teilhabe an nationalen Kollektiven auszugehen. Die Aufteilung der Welt in Nationalstaaten bedeutet vielmehr, dass Grenzen nicht frei überschritten und dass Staatsbürgerschaften nicht frei gewählt und nach Belieben ausgetauscht werden können. Wer sich aus bestehenden nationalstaatlichen Gefügen herauslöst (oder meistens herausgelöst wird), erfährt dies als Verlust grundsätzlicher Rechte und sieht sich in seinem Rechtsstatus als handlungsfähiges Individuum in Frage gestellt. Vor diesem Hintergrund kann es nicht erstaunen, wenn sich Bürgerinnen und Bürger an ein staatliches Kollektiv gebunden fühlen und bereit sind, sich qua Anerkennung der Mehrheitsregel Praktiken zu unterwerfen, auch wenn diese ihren eigenen Interessen oder Meinungen entgegenstehen.

Eine weitere Gewaltförmigkeit der Mehrheitsregel zeigt sich dann, wenn die Mehrheit für die Möglichkeit unterschiedlicher Abhängigkeiten und der normativen Ambivalenz der Mehrheitsregel unempfänglich ist und für die eigene Mehrheitsposition eine absolute Geltung beansprucht. Der Wille einer Mehrheit wird damit zum Willen eines Souveräns stilisiert, und die Mehrheit tut so *als ob* es nur einen – ihren – Willen gäbe.

12 Vgl. dazu unten die Überlegungen zur Erzeugung geschlechtsspezifischer Vulnerabilität und Abhängigkeit in Kap. III.3 *Ermächtigung statt Viktimisierung: der Akt der Politisierung*.

Die Diktatur der Mehrheit

Das normative Problem der Mehrheitsregel zeigt sich dann, wenn sie in demokratischen Verfassungen den Willen einer Mehrheit zum ungeteilten Willen eines Souveräns verabsolutiert. Dies ist nach Arendt der Fall, «wenn die Mehrheit nach gefaßtem Beschluß dazu übergeht, die Minderheit entweder politisch oder in extremen Fällen auch physisch zu erledigen» (ÜR 213).

Diese Möglichkeit der Auslöschung von Minderheiten im Namen der Mehrheitsregel verstärkt sich nach Arendt durch die Kombination des Mehrheitsprinzips mit dem Plebiszit als «Herrschaft der öffentlichen Meinung» (ÜR 294). Statt die Feststellung von Mehrheitsverhältnissen als bloß provisorischen Ausschnitt in einem letztlich unendlichen Prozess der Meinungsbildung und Deliberation zu verstehen, dient das Plebiszit, so Arendt, dazu, diesen Prozess durch das Auffinden der Mehrheit zu beenden.[13] Plebiszite vermitteln den Eindruck, wichtiger als Argumente und der kommunikative Austausch sei die Fixierung einer repräsentativen Mehrheitsmeinung. Arendts Demokratie-Kritik entspricht damit auf weiten Strecken dem, was Jacques Rancière unter dem Begriff der «Postdemokratie» als Form einer konsensuellen Praxis der Auslöschung von Dissens bezeichnet.[14]

13 Diese grundsätzlich negative Einschätzung von Plebisziten halte ich nicht für überzeugend. Es scheint mir möglich, das Prinzip des Plebiszits mit den Anforderungen einer offenen, demokratischen Meinungsbildung zu verbinden. In diesem Sinn können regelmäßig abgehaltene Plebiszite wie auch das Recht der Bevölkerung, selber qua Referendums- und Initiativrecht Plebiszite einzufordern, die Bevölkerung gesamthaft politisieren und den Prozess einer kontinuierlichen Meinungsbildung fördern. Entscheidend an Arendts Kritik an Plebisziten ist somit, dass sie auf das grundsätzliche Spannungsverhältnis zwischen Meinungsbildung und politischem Entscheidungsprozess aufmerksam macht und auf die Gefahr, dass letzterer als einziges Prinzip der Demokratie auf Kosten der ersteren verabsolutiert wird. Diese Gefahr aber ist sowohl in direkten wie in repräsentativen Demokratien gegeben.

14 Vgl. Rancière, Jacques: Das Unvernehmen, Frankfurt a.M. 2002, S. 105–131; vgl. dazu auch Meyer, Katrin: Kritik der Postdemokratie. Rancière und Arendt über die Paradoxien von Macht und Gleichheit, in: Leviathan 39 (2011), S. 21–38.

Arendts Kritik der Mehrheits-Demokratie zielt auf die Bedeutung, die der Konstitution eines souveränen Willens im Vollzug demokratischer Herrschaft zukommt. Wie oben gezeigt, setzt Arendt Souveränität mit der Herrschaft des einen Willens gleich. Diese Position kann nicht nur von einem Individuum, sondern auch von einem Kollektiv oder einer Mehrheit eingenommen werden. So nähern sich nach Arendt die Herrschaft des Einen und die Herrschaft der Vielen einander an, *wenn* sie Herrschaft als *einen* Willen deuten. Aus dieser Perspektive erscheint es «ganz konsequent, die Mon-archie, die Herrschaft eines Mannes, durch die Demo-kratie, die Herrschaft der Majorität» zu ersetzen (ÜR 212). Mit dieser Ersetzung ist aber aus Arendts Perspektive wenig gewonnen. Wenn der einzige Sinn demokratischer Kollektive darin liegt, einen souveränen Willen zu ermächtigen, führt dies zur Auslöschung von Differenzen und bringt damit den Prozess der offenen und pluralen Meinungsbildung zu einem Abschluss. Entsprechend gilt es nach Arendt, Vorkehrungen zu treffen, «um zu verhindern, daß die Prozesse der Beschlussfassungen mit dem ihnen inhärenten Majoritätsprinzip in den 'elektiven Despotismus' der Demokratie, der Herrschaft der Majorität, ausarteten» (ÜR 214). Mit dieser Formulierung folgt Arendt der bekannten Kritik von Alexis de Tocqueville, der in *Über die Demokratie in Amerika* von 1835 das demokratische Prinzip der Volkssouveränität als «unumschränkte Herrschaft der Mehrheit» geißelt.[15] Statt, wie es heute in vielen Mehrheitsdemokratien der Fall ist, die Mehrheit als souveränen Willen zu sakralisieren, sollten also im Sinne Arendts umgekehrt Minderheitenpositionen und dissidente Meinungen gehegt und geschützt werden.

Doch ist in Kontexten des gemeinsamen Handelns überhaupt davon auszugehen, dass sich die Meinung einer Mehrheit gegen eine Minderheit durchsetzen muss? Ist eine solche Annahme notwendig?

15 Tocqueville, Alexis de: Über die Demokratie in Amerika [1835/40], Stuttgart 1985, S. 139.

Die Gewalt des Allgemeinwillens und die Unterscheidung von Konsens und Konsent

Die Hoffnung, eine Meinung oder eine Praxis könne sich menschheitsgeschichtlich durchsetzen, ohne sich *gegen* jemanden richten zu müssen, muss als denkbar unterstellen, dass es etwas Verbindendes gibt, das alle Menschen überzeugt. In der Philosophie läuft diese Hoffnung auf die Idee hinaus, es sei die menschliche Vernunft, dank der sich Praktiken in der Gesellschaft konsensuell durchsetzen, weil alle Beteiligten sie als vernünftige Lösung einsehen können und dadurch selber vernünftiger werden. Unter dieser Perspektive würde sich 'Durchsetzung' nicht auf personale Gegnerinnen und Gegner oder Widerstände beziehen, sondern einzig und allein auf den Verlauf eines Prozesses, der sich in der Zeit durchsetzt. Was sich durchsetzt, wäre der vernünftige Konsens selber.

Diese Form der Durchsetzungsmacht erscheint *prima facie* gewaltlos, weil sie Menschen nicht gegen Widerstand eine Praxis oder ein Denken aufzwingt, sondern sich im Gegenteil durchsetzt, weil sich die konsensuelle Zustimmung immer mehr Raum verschafft.

Wie wichtig die Idee der gewaltfreien Verständigung nach Arendt für gemeinsames Handeln ist, wurde oben bereits unter der Formulierung 'Vorlaufen zur Möglichkeit der Verständigung' thematisiert. In diesem Vorlaufen realisiert sich ein basaler Konsens unter den Beteiligten, der darin besteht, dass sie überhaupt miteinander kommunizieren wollen und dass sie ihr Gegenüber nicht zu Mitteln eigener Zwecke oder zu Objekten von Zwang herabsetzen. In diesem Sinn lässt sich von einer politischen Vision Arendts sprechen, wonach sich der Wille zum politischen Austausch in immer mehr Gesellschaften, politischen Körperschaften und zwischen Individuen Geltung verschafft und insofern zwangsfrei durchsetzt. Diese Vision der zunehmenden Politisierung scheinbar naturhafter Verhältnisse wurde am Schluss des letzten Kapitels ausgeführt.

Dennoch ist dieses Ideal der Verständigung und das daraus abgeleitete Recht auf Teilhabe an der Macht nach Arendt nicht identisch mit der Idee, die Teilhabe habe die Bildung eines Allgemeinwillens oder eines absoluten Konsenses zum Ziel. Negativ ist für Arendt nicht das Interesse, dass sich Menschen einig werden wollen, sondern die Idee, dass sie sich einigen müssen, weil es letztlich nur eine Wahrheit geben könne. Damit kehrt sich nach Arendt die Suche nach einem Konsens in den gewaltförmigen Zwang der Homogenisierung und die Auslöschung von Pluralität, wodurch der Eigenwert dissidenter Meinungen negiert wird.

Die Kritik an der Abwertung von Dissens formuliert Arendt am Beispiel von Rousseaus Konzept der *volonté générale*. Dessen Prinzip liegt nach Arendt darin, dass es die dissidente Position zu einer feindlichen macht und damit dem egoistischen, partikularen Willen desjenigen, der sich nicht in der Allgemeinheit aufheben lassen will, jede Legitimation abspricht. Diese dissidente Position auszulöschen, wird darum die eigentliche Bedingung, unter der sich der Allgemeinwille konstituiert.

> [Rousseau] genügte der äußere Feind als das die Nation einigende Prinzip nicht, er wollte, daß die Einheit und Einmütigkeit aus der Nation selbst aufsteige und so auch in der Innenpolitik wirksam werde. Das hieß aber, daß er den gemeinsamen Feind, der die Vielen in ein Eines zwingt, im Lande selbst entdecken mußte, und seine Lösung dieses Problems besagte, daß der allen gemeinsame Feind im Innersten jedes Bürgers existiere als dessen Einzelwille und Eigeninteresse. (ÜR 98)

Arendts These, dass die Macht der *volonté générale* auf der Negation der Idee der Differenz und dem Eigenrecht der Partikularität beruht, beschreibt den Dissens als konstitutives Außen des absoluten Konsenses. Der Dissens muss negiert werden, und dieser Ausschluss führt bis ins Innerste des Individuums und bestimmt dessen Selbstverhältnis. Daran lässt sich nach Arendt der Gewaltcharakter des absoluten Konsensideals ablesen.[16] Arendts Konsenskritik, so formuliert es Judith Butler, beschreibe das «fallenge-

16 In einer wegweisenden Aktualisierung von Rousseaus Konzept der Volkssouveränität präsentiert Dagmar Comtesse eine Lektüre Rousseaus, die den Totalitarismus-Vorwurf Arendts relativiert und Rousseaus Beitrag zur radikalen Demokratietheorie würdigt; vgl. Comtesse, Dagmar: Radikaldemokratische Volkssouveränität für ein postnationales Europa. Eine Aktualisierung Rousseaus, in: Hetzel, Andreas; Flügel-Martinsen, Oliver (Hg.): Zeitgenössische Diskurse des Politischen, Bd. 12, Baden-Baden 2016, bes. Kap. 4.4.

lassene Leben», wie es durch Diskurse der politischen Homogenität erzeugt werde.[17] Dieses Fallenlassen von Leben spielt sich nach Arendt primär im Innern des Individuums ab. «Nur wenn jeder Einzelne», so referiert Arendt Rousseaus Position, «sich selbst in seiner Vereinzelung den Krieg erklärt, kann er in die Lage kommen, in sich selbst seinen eigenen Feind zu erzeugen, und dieser Feind jedes Einzelnen als Einzelnen ist der Allgemeinwille; wenn ihm dies gelingt, ist er ein wirklicher und verläßlicher Bürger des Nationalstaats geworden.» (ÜR 99) Hier lassen sich Bezüge herstellen zum Konformitätszwang, den etwa die feministische Theorie als 'hegemoniale Geschlechternormen' beschreibt. Die Negation des Dissenses äußert sich lebensweltlich in Praktiken der Normierung und Normalisierung, wie sie etwa Michel Foucault als Merkmal moderner Gesellschaftspolitik beschreibt. Politischer Konformismus und sozialer Konformismus spielen sich in die Hände, wie bereits Alexis de Tocqueville in seiner Analyse in *Demokratie in Amerika* kritisiert hat.

Arendt setzt Rousseaus Begriff des universalen Allgemeinwillens, den sie mit einem absoluten Konsens gleichsetzt, jenen des «Konsent» entgegen (ÜR 96). Der «Konsent», der als eine deutsche Übersetzung des Locke'schen *consent* gelesen werden kann, entspricht nach Arendt nicht der Idee eines ungeteilten und absoluten Willens, sondern er erinnert an die «vielfältigen Prozesse des Meinungsaustausches, des Hörens und Gehörtwerdens, und der daraus sich ergebenden begrenzten Übereinstimmung» (ÜR 96), die politisches Handeln durchziehe. Konsent lässt sich demnach nach Arendt deuten als «ein Übereinkommen [...] zwischen Menschen, die verschiedener Meinung sind» (ÜR 96). Es handelt sich dabei um eine bloß 'vorübergehende Angleichung von Ungleichen', wie es Arendt auch in *Vita activa* beschreibt.

> Das Prinzip der Gleichheit, das den öffentlichen Bereich beherrscht, kann überhaupt nur von Ungleichen realisiert werden, die sich dann einander in gewissen, von vornherein festgelegten Hinsichten und für bestimmte feststehende Ziele 'angleichen'. (VA 272f.)

17 Butler, Judith; Spivak, Gayatri Chakravorty: Sprache, Politik, Zugehörigkeit, Zürich/Berlin 2007, S. 25.

Dieser Konsent ist, entgegen Habermas' kritischer Lesart, bei Arendt *nicht* als Vertrag konzeptualisiert.[18] Die vorübergehende Übereinstimmung und Angleichung der Ungleichen erzeugt kein den Akteurinnen und Akteuren äußerliches Rechtsverhältnis, sondern etabliert Machtverhältnisse.[19]

Durch diese Relativierung des Konsenses zum Konsent verliert die Vernunft ihre fundierende Bedeutung. So betont Arendt am Begriff des Konsent zwar «die ihm inhärenten Nebenbedeutungen von wohlerwogener Wahl und vielfach bedachter Meinung» (ÜR 96) und charakterisiert diesen Prozess damit als einen deliberativen und reflektierenden. Dennoch fehlt darin die Idee, ein vernünftiges Argument könne oder solle eine derart zwingende Kraft entwickeln, dass sie die Menschen, die 'verschiedener Meinung sind', dauerhaft in einem einheitlichen Willen auflöst. In *Über die Revolution* bestimmt sie Vernunft und Tugenden in diesem Sinn als zwei wichtige Faktoren, die dem Kampf um Macht nicht entzogen, sondern umgekehrt wichtige Einsätze in demselben sind. So stellt sie im Anschluss an Montesquieu fest, es müssten «Tugend und Vernunft [...] als Faktoren im politischen Raum erscheinen, also als Mächte und nicht als bloße Qualitäten bzw. Eigenschaften, durch die andere Menschen überzeugt und gelenkt werden können und die daher potentiell Macht erzeugen.» (ÜR 197). Vor diesem Hintergrund ist es nur konsequent, dass Arendt Montesquieu für die Einsicht lobt, «dass auch ein Übermaß von Vernunft nicht wünschenswert sei» (ÜR 197).

Der Konsent unterscheidet sich vom Konsens also dadurch, dass die Vernunft Teil des Streites bleibt und diesem nicht übergeordnet oder ihn fundierend ist. Der Versuch, eine Meinung als vernünftig zu plausibilisieren, ist ein wichtiger Zug in einem deliberativen Prozess, der aber den Streit nicht beendet, da es möglich ist, verschiedene Perspektiven, partikulare Interessen, Leiden-

18 Vgl. Habermas, Arendts Begriff der Macht, S. 248.

19 Arendts Modell des Konsent teilt demnach nicht die Annahmen der klassischen liberalen Vertragstheorie, die den Vertrag als nüchternes Regelwerk zwischen Individuen konzipieren, die von konflikthaften Interessen geleitet und atomisiert aufeinander treffen. Wie oben gezeigt, kritisiert Arendt den Interessensbegriff der liberalen politischen Philosophie.

schaften und Werte in den Prozess des Abwägens einzuspeisen, ohne dass diese in einer und nur einer Position des Vernünftigen aufgehen müssen. Gerade wenn also die Vernunft als wichtige und vielleicht einzige Norm bejaht wird, um in einer pluralen Gesellschaft Meinungsverschiedenheiten unter Individuen und Gruppen friedlich zu schlichten und Krieg und Kampf zu vermeiden, so sind damit immer Effekte der Durchsetzungsmacht verknüpft, insofern die Position der Dissidenz unaufhebbar bleibt. Der deliberative Streit in Form des partikularen und vorübergehenden Konsent macht diese Problematik manifest im Unterschied zur Idee des universalen Konsenses, die vom Ende der Deliberation träumt.

Arendts Konzeption des Streits um Macht ist gleichwohl das direkte Gegenteil der antagonistischen Politiktheorien und einer bis auf Hobbes zurückreichenden Konzeption des Politischen, die von einer anthropologisch konzipierten Irreduzibilität politischer Konflikte ausgeht. Bei Arendt entzündet sich der Konflikt nicht an der politischen Notwendigkeit, die Unterscheidung zwischen Freund und Feind im Sinne Carl Schmitts trennscharf zu halten, sondern umgekehrt am Willen, gemeinsam und nicht für oder gegeneinander zu handeln. Nur unter dieser Voraussetzung wird Dissens überhaupt ein politisch relevantes Phänomen. Vereinbarungen unter Ungleichen wie auch der Anspruch, dass Andere die eigene Meinung teilen sollen, sind Effekte des Wunsches nach gemeinsamem Handeln und damit eingelassen in die Unterstellung von Egalität. Der Appell an den Konsens bietet darum keine Lösung für den Umgang mit Dissens, weil er Dissens delegitimiert und Partikularität theoretisch überflüssig macht.

Es bleibt demnach eine Herausforderung für das politische Denken, einen Umgang zu finden mit dem der Durchsetzungsmacht inhärenten Potential zur Gewalt, da es nicht möglich ist, diese Manifestationen der Durchsetzungsmacht zu negieren, ohne dazu wiederum auf gewaltförmige Modelle eines homogenen politischen Kollektivs zurückzugreifen.

2. Machtteilung

Weil gemeinsames Handeln von Abhängigkeitsverhältnissen durchzogen ist, die den einen die *Durchsetzungsmacht* über andere geben, setzen sich Menschen im gemeinsamen Handeln immer einem Spiel aus, das sie zur Unterwerfung unter Mehrheiten zwingt, wohl wissend, dass dabei ihre eigene Perspektive verloren geht und ihre Erwartung, die politische Gemeinschaft mitgestalten zu können, punktuell enttäuscht wird. Dieser Verlust eigener Durchsetzungsmacht ist nicht identisch mit Gewalt, aber er teilt mit dieser das Prinzip, dass Handelnde von anderen in den eigenen Handlungsmöglichkeiten eingeschränkt werden und sich dadurch in konkreten Situationen als ohnmächtig erfahren.

Macht ereignet sich also nicht jenseits von gewaltförmigen Effekten der Überstimmung und Auslöschung partikularer Positionen. Umso mehr muss es Aufgabe eines im normativen Sinn politischen Handelns sein, diese Tendenz zur Gewaltförmigkeit, die aus dem gemeinsamen Handeln selber erwächst, zu begrenzen und zu relativieren. Arendts Antwort auf diese Herausforderung ist das Modell der *Machtteilung*.[20] Es ist sowohl ein handlungstheoretisches wie auch ein institutionelles Prinzip und bietet als solches eine Alternative zu politischen Konzepten der (Volks-)Souveränität.

Teilung von Macht und Ohnmacht

Machtteilung beinhaltet in einem ersten Schritt, die Anzahl der Akteurinnen und Akteure, die im politischen Sinn handlungsfähig sind, zu vergrößern. Es geht darum, den Kreis derjenigen, die beim politischen Spiel mitspielen wollen, zu erweitern. Diese numerische Erweiterung der Anzahl der Mithandelnden ist nicht nur Ausdruck ihrer je individuellen Ermächtigung, sondern beschreibt

20 Vgl. dazu auch Meyer, Katrin: Demokratie zwischen Volkssouveränität und egalitärer Machtteilung. Kritische Überlegungen aus neorepublikanisch-feministischer Perspektive, in: Demirović, Alex (Hg.): Transformation der Demokratie – demokratische Transformation, Münster 2016, S. 174–200.

auch einen Prozess, den Arendt als Vermehrung der Macht begreift (VA 254). Machtteilung ist demnach kein Nullsummen-Spiel, sondern ein Effekt, der mit Dynamik und Entwicklung vereinbar ist. Wenn es einer Gesellschaft gelingt, immer mehr Menschen für die politische Mitwirkung zu begeistern, vermehrt sich nicht nur die Intensität des Austauschs und der Kommunikation, sondern es gelingt im besten Fall auch, politische Projekte in der Bevölkerung breiter abzustützen und Fürsprecherinnen und Engagierte zu finden, die das Projekt zu tragen bereit sind.

Da der Sinn der Machtteilung aber nicht darin liegt, einen homogenen Kollektivwillen zu verabsolutieren, sondern die Handlungsfähigkeit aller Beteiligten zu vermehren, ist mit der Pluralisierung der Macht die Vermehrung von Konflikten und von Dissens unvermeidlich. Das führt zur machttheoretischen Konsequenz, dass die Pluralisierung der Handlungsmacht politischer Akteurinnen und Akteure parallel läuft mit der Ermächtigung dieser, sich wechselseitig in ihrer individuellen Verfügungsmacht kontrollieren und begrenzen zu können. So beschreibt Arendt die Manifestationen der Machtteilung, ganz im Sinne von Nietzsche, als Spiel von aufeinander treffenden Kräften. Machtteilung, so Arendt in *Vita activa*, ist «ein lebendiges Verhältnis von sich gegenseitig kontrollierenden und ausgleichenden Mächten» (VA 254).

Geteilte Macht fällt also in zwei unterschiedliche Bewegungen auseinander: Sie beinhaltet erstens eine quantitative Steigerung politischer Handlungsmacht, indem sie möglichst viele Individuen zur politischen Partizipation ermächtigt und dadurch das Feld des Politischen generell vergrößert. Sie beinhaltet zweitens die qualitative Bereitschaft der politischen Akteurinnen und Akteure, ihre Handlungsmacht mit anderen zu teilen, das heißt, sich in der souveränen Durchsetzung eigener Interessen von anderen kontrollieren oder begrenzen zu lassen.

> Nur eine andere Macht ist imstande, Macht zu begrenzen und in ihrer Mächtigkeit zu erhalten, und dies besagt, daß das Prinzip der Gewaltenteilung, das eigentlich Machtteilung heißen sollte, nicht nur verhindert, daß ein Teil des Staatsapparats, etwa die Legislative oder die Exekutive, alle Macht an sich reißt und monopolisiert, sondern daß ein Gleichgewicht hergestellt ist, das es ermöglicht, überall neue Macht zu erzeugen (ÜR197).

So ist das Modell der Machtteilung nach Arendt kein statisch-distributives Modell der Teilung von Gütern, sondern es ist eine Praxis, die das sogenannte «Gut» – das heißt die politische Praxis – dynamisch vermehren kann. Für Anne-Marie Roviello ist die traditionelle staatliche Gewaltenteilung bei Arendt in diesem Sinn «einfach als letzter Ausdruck eines Teilungs- und Vertretungsprozesses [zu verstehen], in und durch welchen allein sich die Demokratie nicht nur als politische Staats- oder als Regierungsform realisiert, sondern als eine für die politische Gesellschaft spezifische Existenzweise».[21]

Der Vorteil von Arendts weitem Machtbegriff liegt darin, dass er diese Teilung der Macht nicht in einen abgehobenen Raum politischer Repräsentation und staatlicher Institutionen verweist, sondern dass er im Hier und Jetzt der alltäglichen Interaktionen mit verschiedenen Akteurinnen und Akteuren immer wieder die kritische Frage ermöglicht: Wie wird die Macht in dieser konkreten Konstellation und Praxis geteilt?

Dieses Kriterium hat politische Konsequenzen und ist weniger abstrakt, als es scheinen mag, denn es lässt sich über den traditionell politischen Rahmen staatlicher Gewaltenteilung hinaus auch auf wirtschaftliche und transnationale Handlungsräume hin ausweiten. Dann impliziert es, die Macht von Akteurinnen und Akteuren so zu verteilen, dass auch internationale Unternehmen und transnationale Organisationen kontrolliert, eingeschränkt und durch Partizipationsformen auf lokaler, nationaler und globaler Ebene erweitert werden können. In diesem Sinn ist auch der Staat in Zeiten der Globalisierung nicht per se der demokratischen Machtteilung hinderlich oder förderlich, sondern ein Akteur unter anderen, der unterschiedliche Allianzen eingehen und der kritischen Zivilgesellschaft als Verbündeter dienen kann, um andere mächtige Akteure wie z.B. transnationale Unternehmen einzuschränken. Diese Ambivalenz staatlicher Macht, die als *Schutzmacht* gegen andere Herrschaftsinstitutionen oder Gewaltpraktiken auftreten kann, wiewohl sie auch gleichzeitig als Herrschaftsinstitu-

21 Roviello, Anne-Marie: Freiheit, Gleichheit und Repräsentation, in: Ganzfried, Daniel; Hefti, Sebastian (Hg.): Hannah Arendt – Nach dem Totalitarismus, Hamburg 1997, S. 120–134, hier S. 123.

tion wirkt und ihrerseits in ihrer Macht kontrolliert werden muss, ist ein Beispiel für die Tatsache, dass es letztlich systematisch unmöglich ist, eine Macht zu identifizieren, die in sich selbst verabsolutiert und ohne Kontrolle von außen funktionieren können soll. Das Konzept der Machtteilung ist deshalb ein normativer Gegenentwurf zum Konzept der souveränen Macht.

Republikanische Gewaltenteilung statt demokratische Volkssouveränität?

Machtteilung meint bei Arendt nicht nur eine institutionelle Organisation von Herrschaft, sondern es ist zugleich ein normatives Konzept, das sie als direkten Gegensatz zur Figur der Souveränität konzipiert, und das heißt auch gegen demokratische Prinzipien der Volkssouveränität. Wie im ersten Kapitel gezeigt, kritisiert Arendt die Gleichsetzung von Macht mit Souveränität als handlungstheoretische Verkürzung.[22] Ihre Kritik an einem solipsistischen Modell souveräner Verfügungsmacht konturiert in der Folge auch ihr Verständnis staatlicher Souveränität, wie sie es in *Über die Revolution* und *Macht und Gewalt* darstellt. Souveränität versteht sie im Sinne von Bodin und Hobbes als eine Form staatlicher Herrschaft, die auf Asymmetrie, Unterwerfung und Befehlsgewalt beruht (MG 39f.). Der französische Begriff Souveränität, so Arendt in *Über die Revolution*, ist abgeleitet aus dem lateinischen *majestas*, und orientiert sich demgemäß an der Logik einer zentralen und einzigen Herrschaftsfigur (ÜR 27). Das Merkmal der staatlichen Souveränität ist Zentralisierung der Herrschaft, Einheit der Gewalten und Absolutheit der Gesetzgebung (ÜR 27, 203). Mit dieser nach Innen gerichteten Form absoluter Herrschaft korrespondiert nach Aussen eine «unkontrollierte und unbegrenzte Macht in außenpolitischen Angelegenheiten» (MG 9). Wie im vorherigen Abschnitt gezeigt, weitet Arendt ihre Kritik am Souveränitätsmodell auch auf Demokratien aus, indem sie Rousseaus Konzept der *volonté générale* als homo-

22 Vgl. zum Folgenden auch Meyer, Katrin: Ordnung jenseits von Souveränität. Arendts Verständnis demokratisch geteilter Macht, in: Ambivalenzen der Ordnung. Der Staat im Denken Hannah Arendts, hg. von Julia Schulze Wessel et al., Wiesbaden 2013, S. 235–257.

genisierendes Konsensmodell ablehnt. Damit wird auch das Prinzip der Volkssouveränität in Frage gestellt, insofern es davon ausgeht, dass es nur einen absoluten Willen gibt, *den* Willen *des* Volkes. Diesem Konzept des ungeteilten einen Willens stellt sie das Modell der Machtteilung gegenüber, in dem sich per definitionem verschiedene Willen aufeinander beziehen und miteinander in ein Verhältnis treten.

So einsichtig Arendts Kritik an der Verabsolutierung eines homogenen Volkswillens erscheint, so bleibt damit doch eine Leerstelle offen. Denn das Paradigma der Volkssouveränität dient theoriegeschichtlich nicht nur zur Konzeption von demokratischer Macht, sondern primär zur Konzeption *legitimer* Macht. Welche Konsequenzen hat Arendts Kritik der Souveränität, wenn Souveränität als Paradigma von Selbstbestimmung und Autonomie gedeutet wird, die eine politische Ordnung legitimieren sollen? Was kann Arendt dem legitimatorischen Prinzip der Volkssouveränität entgegen halten?

Auch für Arendt ist klar, dass es staatliche Legitimität jenseits demokratischer Selbstbestimmung nicht geben kann.[23] So steht für sie außer Frage, dass die Legitimität einer Ordnung von der Unterstützung der Betroffenen abhängt und dass «Quelle und Ursprung aller legitimen Macht [...] beim Volk» liegen (ÜR 233).[24] Jede legitime Staatsform beruht nach Arendt auf demokratischer Selbstbestimmung.[25] In diesem Modell der Selbstbestimmung tritt allerdings, wie oben gezeigt, der Konsent an die Stelle des Konsenses

23 Nach Daniel Loick interessiert sich Arendt nicht für die Legitimität von Herrschaft, sondern für die Ermöglichung von Herrschaftsfreiheit. Ich halte diese These für sehr produktiv, allerdings ist sie, wie zu zeigen ist, zu stark; vgl. dazu Loick, Daniel: Kritik der Souveränität, Frankfurt a.M./New York 2012, S. 169.

24 Vgl. auch MG 53: «Macht entsteht, wann immer Menschen sich zusammentun und gemeinsam handeln, ihre Legitimität beruht nicht auf den Zielen und Zwecken, die eine Gruppe sich jeweils setzt; sie stammt aus dem Machtursprung, der mit der Gründung der Gruppe zusammenfällt.»

25 Vgl. auch Arendts Aufsatz «Jewish Politics» (1942) in: Arendt, Hannah: The Jewish Writings, hg. von J. Kohn und R. H. Feldman, New York 2007, S. 241–243, hier S. 241: «The only political ideals an oppressed people can have are freedom and justice. Democracy can be their only form of organization.»

und das bedeutet, die Legitimation einer politischen Körperschaft lässt sich nicht als einmaliges und abgeschlossenes Gründungsereignis konzipieren, sondern ist ein Prozess der ständigen und fortlaufenden Reaktualisierung gemeinsamer Macht. Nur wenn die Unterstützung, die eine Institution ermächtigt, immer wieder aktualisiert werden kann, behält die Institution nach Arendt ihre Legitimität. So sieht Arendt in der Verkrustung politischer Institutionen eine der größten Gefahren für eine lebendige republikanische Praxis.[26] Legitim sind also jene Verfassungen und Gesetze, die sich erstens der Ermächtigung durch das Volk verdanken und die zweitens den Grundsatz anerkennen, dass gemeinsames und freiheitliches Miteinander-Handeln als Basis demokratischer Legitimität auch für die Zukunft zu schützen ist. Eine legitime Ordnung muss demnach das Prinzip des Anfangs in gesetzliche Spielregeln überführen können. Sie muss das Paradox leisten, die Möglichkeit des Anfangs auf Dauer zu stellen.[27]

Diese Machtteilung kann nach Arendt auf verschiedenen Ebenen angesiedelt sein. Auf internationaler Ebene äußert sie sich im Beziehungsnetz von Staaten, die untereinander durch Verträge und Gesetze verbunden sind und die anerkennen, dass sie dieses Verhältnis nicht souverän, sondern nur gemeinsam kontrollieren können.[28] Im Aufsatz «Das 'deutsche Problem'» von 1945 verweist Arendt in diesem Sinn auf die europäischen Widerstandsbewegungen nach 1938, die sich für die Idee eines föderativen Europa eingesetzt und damit wie selbstverständlich einen «nichtnationalen»

26 Vgl. Arendts Kritik an den nachrevolutionären USA, die «die Möglichkeiten des Handelns und das stolze Vorrecht, etwas Neues zu beginnen» (ÜR 298), durch Verfassung und Institutionen erstickt hätten; ähnlich auch MG 85.

27 Vgl. auch den Hinweis von Jürgen Förster, wonach die Metapher der institutionellen und verfassungsmäßigen «Selbstbindung» des Souveräns bei Arendt fehl am Platz ist, da eine Verfassungsgründung nach Arendt nicht Ausdruck einer Willensbindung sei. Es gibt, mit anderen Worten, in einer nicht-souveränen Gemeinschaft kein 'Selbst'. Förster deutet die Bindung durch die Verfassung stattdessen als Ausdruck eines gegenseitiges Versprechens; vgl. Förster, Jürgen: Die Sorge um die Welt und die Freiheit des Handelns. Zur institutionellen Verfassung der Freiheit im politischen Denken Hannah Arendts, Würzburg 2009, S. 271.

28 Wichtige Texte dazu finden sich in Arendt, The Jewish Writings.

Kampf geführt hätten.[29] Die Lösung für eine friedlichere Welt liegt demnach für Arendt in der Begrenzung und Transformation der nationalstaatlichen Souveränität.

Innerstaatlich entspricht die von Arendt favorisierte Machtteilung einem föderativen System, in dem sich Bund und Einzelstaaten wechselseitig in ihrer Macht begrenzen, aber auch ermächtigen (ÜR 198). Auf institutioneller Ebene schließlich impliziert die Machtteilung im Sinne Montesquieus die Teilung der Legislative, Judikative und Exekutive in drei gleichwertige Gewalten, die sich wechselseitig durch «checks and balances» kontrollieren (ÜR 195).

Machtteilung bedeutet schließlich auch, die Macht zwischen staatlichen Institutionen und der Zivilgesellschaft zu teilen. Dies bedingt erstens, den Begriff der Staatsbürgerschaft von seiner biopolitischen Logik zu lösen und die politischen Partizipationsrechte auf alle Menschen zu beziehen, die faktisch in einem Staatsgebiet leben und die Bevölkerung bilden, unabhängig vom 'Blut und Boden' ihrer Genealogie. Es bedeutet zweitens, das Verhältnis von Volk und Staat als ein Machtverhältnis zu denken, in dem beide Pole spannungsvoll aufeinander bezogen sind, ohne dass sich die eine Machtposition dialektisch in der anderen aufheben lässt. In diesem Sinn lässt sich mit Arendt gerade auch der zivile Ungehorsam als Ausdruck der Machtteilung verstehen.[30] Am zivilen Ungehorsam wird die doppelte Bedeutung der Machtteilung als kontrollierende und partizipatorische Macht, die in beiden Formen Macht stärkt und erweitert, manifest. So kann der zivile Ungehorsam im Sinne einer 'Verfassungskontrolle' funktionieren, die durch den Widerstand gegen ein Gesetz die Autorität basaler Verfassungsgrundsätze zu stärken versucht und damit eine demokratische Ordnung stützt.[31] Der zivile Ungehorsam kann aber auch auf die Erweiterung der partizipatorischen Macht des Volkes zielen, wenn er Themen, die der politischen Mitbestimmung entzogen sind, der

29 Arendt, Hannah: Das 'deutsche Problem' (1945), in: dies.: Zur Zeit. Politische Essays, München 1989, S. 23–41, hier S. 31.

30 Vgl. zum Folgenden Arendt, Ziviler Ungehorsam.

31 Arendt beschreibt dieses Verhältnis als Dialektik von Beharrung und Veränderung; vgl. ebd. S. 139–142.

demokratischen Aushandlung allererst zugänglich macht, indem er bestehende Normen, Ordnungen und Gesetze in Frage stellt.[32]

Arendts Kritik des Souveränitätsprinzips bedeutet also *ex negativo*, dass eine legitime politische Ordnung unhintergehbar als Spannungsfeld konzeptualisiert werden muss, in dem Individuen, Gruppen und Institutionen aufeinander treffen und sich horizontal *und* vertikal kontrollieren und ermächtigen. Politische (staatliche) Autorität ist demnach nur dann legitim, wenn sich die vertikale Unterordnung der Bevölkerung unter das Gesetz einem horizontalen Konsent zwischen allen Bürgerinnen und Bürgern verdankt und in einen solchen immer wieder übersetzbar ist.[33] Umgekehrt müssen horizontale Bindungen innerhalb des Volkes die Autoritäten von Gesetz und Verfassung erzeugen und stabilisieren können, insofern diese der souveränen Macht von Volk und Staat eine Grenze setzen und nicht-souveränes, politisches Handeln im Zeichen der Pluralität ermöglichen und schützen.[34]

Die hohe Kunst einer demokratischen Ordnung liegt demnach darin, dieses Spannungsfeld der Machtteilung, verstanden als Vermehrung von Macht und wechselseitiger Kontrolle und Begrenzung von Macht, aufrecht zu erhalten und damit Individuen, Gruppen und Institutionen auf die Anerkennung der Grenzen ihrer Souveränität zu verpflichten. Das heißt konkret, dass Verfassun-

32 Vgl. zu dieser radikaldemokratischen Bedeutung des zivilen Ungehorsams in Abgrenzung zum liberalen, auf die Legitimität von Institutionen bezogenen Verständnis Celikates, Robin: Ziviler Ungehorsam und radikale Demokratie. Konstituierende vs. konstituierte Macht?, in: Bedorf, Thomas; Röttgers, Kurt (Hg.): Das Politische und die Politik, Berlin 2010, S. 274–300.

33 Vgl. zum 'horizontalen' Gesellschaftsvertrag Arendt, Ziviler Ungehorsam, S. 146. Nach Balibar beschreibt Arendts Modell des zivilen Ungehorsams, wie der organisierte Widerstand einer Minderheit die 'vertikale' Form von Autorität zeitweise aufhebt und eine 'horizontale' Form der Verbindung erschafft, «in order to recreate the conditions of a 'free consent' to the law.» (Balibar, (De)Constructing the Human as Human Institution,, S. 267).

34 Die vertikale Kontrolle der Volkssouveränität liegt in Arendts Autoritätsbegriff beschlossen; vgl. Arendt, Hannah: Was ist Autorität? [1961], in: dies.: Zwischen Vergangenheit und Zukunft. Übungen im politischen Denken I, hg. von Ursula Ludz, München/Zürich 1994, 2. durchges. Aufl. 2000, S. 159–200.

gen, Gesetze, Institutionen und Normen, die durch eine Mehrheitsgesellschaft ermächtigt werden, dissidente Meinungen und differente Lebensformen nicht auslöschen oder handlungsunfähig machen dürfen, weil – und solange – diese zur Vermehrung pluraler Positionen im gemeinsamen Machthandeln beitragen. Das Konzept der Machtteilung bedeutet also nicht die Aufhebung der Selbstbestimmung eines Volkes, sondern im Gegenteil die Radikalisierung dieser Selbstbestimmung durch die Dynamisierung und Vermehrung des Subjekts politischer Macht. In diesem Sinn lässt sich Arendts Demokratieverständnis als radikaldemokratisch bezeichnen, insofern sie davon ausgeht, dass der Konflikt für das Politische konstitutiv ist, ohne ihn aber antagonistisch zu radikalisieren.[35]

Dieser genuin radikaldemokratische Vollzug der Machtteilung soll nun konkreter analysiert werden.

3. Agon und Antagonismus

Die Ermöglichungsmacht und die Durchsetzungsmacht, so wurde oben gezeigt, sind in Arendts Modell gemeinsamen Handelns unauflösbar miteinander verflochten, so dass Asymmetrien und Ungleichheiten den Vollzug gemeinsamer politischer Praxis mitbestimmen. Arendt modelliert die Vollzugsform dieser politischen Praxis in der Logik eines geschichtlich offenen Agon, der sich vom Antagonismus unterscheidet. Die Konturen dieses politischen Machtmodells sind nun näher zu untersuchen.

Das Ideal des Agon

Oben wurde bereits gezeigt, dass Arendt gemeinsames Handeln in einem Raum der Öffentlichkeit situiert. Diesen beschreibt sie auch als «Bühne der Welt» (VA 219). Der Rekurs auf die Bühnenmetapher verweist an dieser Stelle weniger auf ein statisches Schauspiel,

35 Vgl. zu den Spielarten der radikalen Demokratietheorie Saar, Immanenz der Macht, S. 396–410.

in dem sich eine Person in ihrer Rolle präsentiert, als vielmehr auf einen dynamischen Wettkampf, der sich auf der Bühne der Öffentlichkeit ereignen kann. «Es ist keine Frage», so Arendt,

> daß das Urbild des Handelns, wie es der griechischen Antike vorschwebte, von dem Phänomen der Selbstenthüllung bestimmt war, aus dem sich auch der sogenannte agonale Geist erklärt, dies leidenschaftliche Sich-an-Anderen-Messen, das seinerseits wiederum dem Begriff des Politischen in den Stadt-Staaten seinen eigentlichen Gehalt gab. (VA 243)

Der Agon steht bei Arendt also für den in der griechischen Antike praktizierten Wettstreit, in dem ein Gegner durch Leistungen übertroffen werden soll. Das Gegenteil eines solchen Agon ist der Kampf, der den Gegner oder die Gegnerin vernichten will. Mit Michel Foucault lässt sich dieser Unterschied in den Termini von «Agonismus» und «Antagonismus» fassen.[36] Während sich im Agonismus die Kämpfenden in ihrer Handlungsfähigkeit anerkennen, sucht der Antagonismus das Machtverhältnis und die Handlungsfähigkeit des anderen zu zerstören.

Der Gegensatz zwischen Agonismus und Antagonismus lässt sich auf Arendts Verständnis gemeinsamen Handelns anwenden, um zu klären, wie sie Ermöglichungs- und Durchsetzungsmacht miteinander zu verbinden sucht. Dabei gibt es zwei Lesarten des Agon, die zur Erläuterung von Arendts Modell dienen können: eine eher quantitativ-statische und eine qualitativ-dynamische.

Die quantitativ orientierte und eher triviale Deutung des Agon geht davon aus, dass der politische Kampf ein begrenzter und gezähmter Antagonismus sei. Die Kämpfenden sind im politischen Agon, in den Worten von Chantal Mouffe, Gegner, nicht Feinde.[37] Der Agon besteht demnach darin, den politischen Kampf nicht auf Leben und Tod zu radikalisieren, sondern «den potentiellen Antagonismus, der in menschlichen Verhältnissen herrscht, zu

36 Foucault, Michel: Das Subjekt und die Macht [1982], in: Dreyfus, Hubert L.; Rabinow, Paul: Michel Foucault. Jenseits von Strukturalismus und Hermeneutik, Frankfurt a.M. 1987, S. 240–261, hier S. 256. – Im Folgenden zitiert als SM.

37 Vgl. Mouffe, Das demokratische Paradox, S. 103.

entschärfen.»[38] Diese Vorgabe lässt sich mit partizipationstheoretischen Gerechtigkeitsüberlegungen ergänzen. Demnach sollte ein demokratischer Agon so ausgestaltet sein, dass sich möglichst viele Akteurinnen und Akteure am Wettstreit beteiligen dürfen. Es gehe darum, meint James Tully im Anschluss an Arendt, den Kreis derjenigen, die am «political game» mitspielen können, ständig zu erweitern.[39] Entschärfung der Konflikte und Vergrößerung der Anzahl der 'Mitspielenden' sind demnach die zwei Aspekte einer agonalen Machttheorie, die kollektives Handeln vor ihrem Umschlag in Gewalt schützen sollen.

Daneben gibt es eine zweite Lesart des Agon, die stärker auf seinen dynamischen Effekt fokussiert. Unter dieser Perspektive ist der Agon kein Mittel der Befriedung des Krieges, sondern ein Selbstzweck und damit (noch) näher beim Spiel als beim Kampf. Dieses Verständnis des Agon ist stärker durch Friedrich Nietzsche inspiriert. Demnach zielt der Wettstreit auf die Erlangung von Ehre und basiert auf der möglichst großen Handlungsfähigkeit aller Beteiligten, da die Ehre des Sieges konstitutiv davon abhängt, *mit wem* sich Parteien streiten. Je höher die Leistungsstärke des Gegners oder der Gegnerin, desto grösser ist der Ruhm, der aus dem Sieg über eine solche Gegnerschaft erwächst. Aufgrund dieser Dialektik etabliert sich zwischen den streitenden Parteien parallel zur Konkurrenz ein wechselseitiges Interesse, die gegnerische Partei handlungsmächtig zu halten.

Der «agonale Geist», den Arendt in der oben zitierten Stelle aus *Vita activa* anruft, verweist auf diese zweite Lesart. Er ist dasjenige, was nach Arendt die Herausbildung kultureller Leistungen und individueller Vielfalt immer wieder neu ermöglicht. Weil diese Leistungen nur dank der agonalen Konstellation überhaupt möglich sind, sind sie Teil dessen, was oben als Macht des Zusammenhandelns beschrieben wurde. Der Agon zehrt sowohl von der Logik der Ermöglichungsmacht, insofern er Differenzierungen und Pluralisierungen ermöglicht, als auch von der Logik der Durchsetzungsmacht, insofern er sich nach Sieg und Niederlage struktu-

38 Ebd.

39 Tully, James: The Agonic Freedom of Citizens, in: Economy and Society 28/2 (1999), S. 162f.

riert. Das Ringen um Mehrheiten, das der Durchsetzungsmacht zugrunde liegt, erzeugt also nach Arendt intrinsisch einen Reichtum an Meinungen, Werten und Handlungen, unter denen zu wählen und auf die sich affirmativ oder ablehnend zu beziehen dem republikanisch gesinnten Menschen zu einem Selbstzweck wird. In *Über die Revolution* erinnert Arendt daran, dass es im 18. Jahrhundert geläufig war, «die Teilhabe an öffentlicher Macht mit dem Wort 'Glück'» zu bezeichnen (ÜR 163).

Entscheidend dabei ist, dass dieser Agon, in den Worten von Georg Simmel, ein «indirekter» Kampf ist.[40] Der Konflikt bildet sich zwischen Parteien, die sich um die Gunst eines Dritten bemühen. Der Kampfpreis liegt also nicht in den Händen der gegnerischen Partei, sondern wird durch die Gesellschaft gestiftet. Bereits Nietzsche macht aber deutlich, dass es auch der kämpfende Held selber sein kann (an eine Heldin dachte Nietzsche nicht), der dem Wettkampf den Maßtab des Sieges aufzwingen kann und gerade darin seine Stärke beweist.[41] Die Entscheidung über den Sieger oder die Siegerin wird dadurch zu einem Effekt des Sieges selber. Er wird zu einem historisch konstituierten Phänomen. Bei Arendt wird diese selbstkonstitutive Struktur der Ehre in das Feld der Politik überführt. Der moderne Agon im Sinne Arendts beschreibt demnach, wie alle Menschen Teil eines politischen Wettstreits werden, in dem über den Ausgang des Streits keine transzendenten Prinzipien mehr entscheiden, sondern die Beteiligten selber. Diese innerweltliche Begründung der Durchsetzungsmacht mangelt bei Arendt konsequenterweise einer Instanz, die sich jenseits der kontingenten geschichtlichen Praxis als Maßstab des Sieges bewähren könnte.

Dieses Ideal des Agon als geschichtlich offener Kampf wird in *Vita activa* in einer existenziellen und ästhetischen Sprache formuliert, die die Durchsetzungsmacht mit Exemplarität, Mut und Heroismus von Einzelnen verbindet und das Moment der Mehrheitsfähigkeit darin außer Acht lässt. Für George Kateb ist Arendts

40 Simmel, Soziologie, Kap. IV: Der Streit, S. 232. Simmel fasst diese Kampfform unter den Begriff der «Konkurrenz».

41 Nietzsche, Friedrich: Zur Genealogie der Moral, 1. Abh., §2ff, in: ders.: Sämtliche Werke, Bd. 5, München 1988.

normatives Modell des Handelns ausschließlich dieser ästhetisch-kreativen Logik verpflichtet, die die Frage von Mehrheit und Minderheit überflüssig mache.[42] Gegen diese Lesart lassen sich aber andere Passagen aus Arendts Werk stark machen, die den Agon an das demokratische Spiel der Mehrheiten zurückbinden. So illustriert Arendt in *Elemente und Ursprünge totaler Herrschaft* den positiven Effekt der agonalen Macht anhand zweier Vorstellungen von Parteipolitik (EU 404f.). Das erste Modell ist jenes von Großbritannien, in dem sich jede Partei als partikulare Interessensvertreterin versteht, die – einmal an der Macht – eigenständig regieren kann, zugleich aber weiß, dass sie jederzeit durch eine Opposition abgelöst werden kann. Die Partei, die ihr Wirken als partikular motiviert versteht und anerkennt, dass andere Parteien mit anderen Zielsetzungen ihre eigene Daseinsberechtigung haben, wird sich darum paradoxerweise stärker darum bemühen, ihre Politik innerhalb des Landes mit anderen Interessen verträglich zu halten und Pluralität als irreduzibel anzuerkennen. Im Gegensatz dazu steht jenes Parteiverständnis, das von sich beansprucht, die Interessen der gesamten Bevölkerung repräsentieren zu können. Dieser konsensuelle Anspruch mündet darin, dass die eine Partei nicht einsieht, warum es andere Parteien braucht, da sie doch das Ganze vertreten kann. Diese Partei wird darum eher dazu tendieren, jede Opposition als moralisch schlecht zu diskreditieren und im Extremfall auf ihre Abschaffung hin zu arbeiten. Es ist nach Arendt dieses Parteienverständnis, das im Deutschland der 1920er Jahre die totalitäre Herrschaft vorbereitet hat, während die angelsächsischen Länder vor der totalitären Gefahr aufgrund ihres partikularistischen Parteiendenkens besser geschützt waren.[43]

42 Vgl. Kateb: Freedom and Worldliness, S. 176. Zur Kritik an dieser ästhetisch-expressiven Ausrichtung von Politik vgl. auch Kateb, Political action: its nature and advantages; ebenfalls kritisch, aber mit dem Versuch einer konstruktiven Lösung im Sinne Arendts argumentiert Pitkin, Hanna Fenichel: Justice: On Relating Private and Public, in: Political Theory 9/3, (1981), S. 327–352.

43 Arendts Position in *Elemente und Ursprünge* 401f. ist unmissverständlich und steht quer zu ihrer späteren Distanz gegenüber Parteipolitik und Interessensdurchsetzung. In EU entwirft sie das Bild einer Demokratie, die durch Parteieninteressen und den Kampf um Majorität strukturiert ist (EU 405).

Übertragen auf die 'Bühne' der Zivilgesellschaft prägt diese Idee des Agon die Praxis des deliberativen Streits. Im deliberativen Agon wird ständig entschieden, aber auch ständig kritisiert; es setzt sich im Streit immer eine Position durch, sie muss sich aber im Idealfall immer auch rechtfertigen. Der Agon funktioniert demnach nur, wenn es möglich bleibt, jede Entscheidung, durch die sich eine Position als siegreich durchsetzt, erneut in Frage zu stellen, wobei auch dieses Infragestellen seinerseits wieder Ausdruck einer erfolgreichen Durchsetzungsmacht ist. Zweifel und Kritik sind also keine dem Machtkampf enthobenen Wahrheitsproduzenten, sondern bleiben Teil eines Streits um Macht und Mehrheit. An dieser Stelle zeigen sich die Parallelen zwischen Arendts agonalem Republikanismus und der radikaldemokratischen Auflösung jeder Form von Gewissheit und Fundierung des Politischen, wie sie etwa Claude Lefort in seiner Formulierung von der Macht als «Leerstelle» als Signum der Demokratie bezeichnet.[44]

Der agonale Wettstreit folgt also den Strukturen, die oben als Bedingungen der 'Machtteilung' charakterisiert wurden. Der Agon wird lebendig durch Allianzen und Mehrheiten, Bündnisse und Koalitionen, in denen sich die Kräfteverhältnisse ständig verschieben. Dieses Spiel, das Arendt mit dem Politischen verbindet, lässt sich grundsätzlich auch auf wirtschaftliche und transnationale Handlungsräume hin ausweiten. Aus normativer Sicht entscheidend erscheint dabei, dass staatliche Institutionen, Parteien, Grup-

Die falsche Demokratie ist dagegen jene, die sich als überparteiliche Bewegung ausgibt und vorgibt, als Teil das Ganze repräsentieren zu können (EU 409).

44 Vgl. Lefort, Claude: Die Frage der Demokratie, in: Rödel, Ulrich (Hg.): Autonome Gesellschaft und libertäre Demokratie, Frankfurt a.M. 1990, S. 281–297, hier S. 293: «Der Ort der Macht wird zu einer *Leerstelle*.» und ebd.: «Die Machtausübung ist nun einem Verfahren unterworfen, das sie in regelmäßigen Abständen erneut ins Spiel bringt. Sie geht am Ende aus einem geregelten Wettstreit hervor [...]. Dieses Phänomen schließt eine Institutionalisierung des Konflikts ein.» Vgl. dazu auch Meyer, Katrin: Demokratie ohne Menschenrechte? Das Problem der normativen Unbestimmtheit von Demokratien nach Platon, Lefort und Arendt, in: studia philosophica. Jahrbuch der Schweizerischen Philosophischen Gesellschaft, Bd. 71, Basel 2012, S. 107-127.

pen und Individuen wie auch Unternehmen die Möglichkeit haben, zu Akteurinnen und Akteuren im agonalen Streit um Durchsetzung zu werden. Es ist demnach nicht trivial, die Mehrheit in einer demokratisch-pluralen Gesellschaft darauf zu verpflichten, die Handlungsfähigkeit aller Beteiligten, auch der Minderheiten, zu respektieren und aufrechtzuerhalten, das heißt, die eigene Durchsetzungsmacht so auszuagieren, dass die Besiegten nicht vernichtet, sondern bloß überstimmt sind.

Allerdings ist diese normativ klare Unterscheidung zwischen Agon und Antagonismus nur in ihren Extremformen eindeutig, nicht aber im Mittelfeld alltäglicher Praktiken. Ist eine politische Partei, die sich kontinuierlich in der Minderheit befindet, tatsächlich noch handlungsfähig und Teil des politischen Agon? Ist eine Gruppe, deren Werte, Ziele und Tätigkeiten von der Gemeinschaft diskreditiert und als wertlos betrachtet werden, tatsächlich noch eine mithandelnde Akteurin in einem agonalen Spiel? Oder beinhaltet der scheinbar gewaltlose Streit um Mehrheiten in Tat und Wahrheit die Zerstörung der Handlungsfähigkeit von Minderheiten, das heißt die Unterhöhlung ihres Rechts auf Rechte, wie oben bereits diskutiert? Diese Fragen bedeuten nicht, dass die Unterscheidung zwischen Agon und Antagonismus überflüssig ist, sondern sie weisen umgekehrt darauf hin, dass es eine gesellschaftliche Aufgabe aller Machtbeteiligten bleibt, das Gewaltpotential der Durchsetzungsmächte im Rahmen der agonalen Stärkung der Ermöglichungsmächte im Blick zu behalten, zu erkennen und zu begrenzen.

Der Agon muss also drei Kriterien erfüllen, damit er im Sinne Arendts seine normative Kraft entfalten und sich vom destruktiven Antagonismus und der homogenisierenden Gewalt des Konsenses abgrenzen kann: Die Teilnahme an ihm muss erstens generalisierbar sein, das heißt, *alle* Menschen müssen daran partizipieren können. Der agonale Konflikt muss zweitens den Sieg und die Fixierung einer Mehrheitsposition so provisorisch halten, dass künftige Auseinandersetzungen nicht verunmöglicht werden. Und schließlich muss die Frage, wie die Handlungsfähigkeit von gesellschaftlichen Akteurinnen und Akteuren zu schützen und zu stärken sei, zu einem zentralen Gegenstand der agonalen Deliberation selber werden. Dies impliziert, wie sich im Anschluss an Alex

Demirović formulieren lässt, dass das politische «Bekenntnis zur Pluralität» mit Vorstellungen einer «transformatorischen Demokratie» einhergehen sollte, in der es um die grundlegende Veränderung der gesellschaftlichen Ungleichheitsverhältnisse gehen muss.[45]

Mit dieser dreifachen Bestimmung agonaler Politik wird die oft kritisierte Leere von Arendts (politischem) Handlungsmodell überwunden.[46] Die Aufgabe, auf die sich gemeinsames politisches Handeln konzentrieren muss, ist demnach die Erhaltung und Gestaltung seiner Ermöglichungsbedingungen. Diesen Bedingungen ist die Möglichkeit, dass sich die Pluralität und Dynamik des Agon zur Bereicherung aller Beteiligten steigern lässt, genauso inhärent wie die Möglichkeit des Umschlags der Durchsetzungsmacht in Gewalt. Diese Bedrohung soll nun noch näher erläutert werden.

Die antagonistischen Bedrohungen des Agon

Der mögliche Umschlag von Macht in Gewalt hängt damit zusammen, dass der Agon mit antagonistischen Positionen konfrontiert sein kann. So lassen sich im Anschluss an Arendts Beschreibung

45 Demirović, Alex: Demokratie – zwischen autoritären Tendenzen und gesellschaftlicher Transformation. Zur Kritik der politischen Demokratie, in: ders. (Hg.): Transformation der Demokratie – demokratische Transformation, Münster 2016, S. 278–302, hier S. 299. Demirović kritisiert an Chantal Mouffes Konzept des agonistischen Pluralismus und an ihrem Verständnis des Antagonismus, dass sie ausblendet, dass die grundlegende (antagonistische) Lösung der gesellschaftlichen Probleme nicht mit der Vernichtung eines Gegners als personalem Feind gleichzusetzen ist. Allerdings ist die Unterscheidung beider nicht so einfach, wie Demirović suggeriert; s. dazu die Überlegungen unten.

46 Vgl. zu dem Problem der Leere Arendt, Hannah: Diskussion mit Freunden und Kollegen in Toronto [1972], in: dies.: Ich will verstehen. Selbstauskünfte zu Leben und Werk, München/Zürich 1996, S. 71–113, hier S. 88: Auf den Vorwurf von Mary McCarthy, es bleiben in Arendts Politikmodell, nachdem die Verfassung gestiftet und die Gesetze geschaffen seien, da das Soziale ausgeklammert werde, «nur noch die Kriege und Reden übrig». Darauf antwortet Arendt: «Sie haben vollkommen recht, und ich möchte zugeben, daß ich mir diese Frage selbst stelle.» (ebd.) Vgl. dazu auch Marti, Urs: Auf der Suche nach dem Politischen, in: Deutsche Zeitschrift für Philosophie 50, 2002, 5, S. 806–812.

des Agon zwei Formen antagonistischer Praktiken identifizieren, die den Agon zerstören oder verunmöglichen können: erstens ein relativer Antagonismus, der Teil des Agon bleibt, und zweitens ein fundamentaler Antagonismus, der den Agon als Ganzes bedroht.

Der *relative Antagonismus* zeigt sich daran, dass es möglich ist, einen agonalen Wettstreit am Leben zu halten und trotzdem im Vollzug dieses Spiels die Macht von Akteurinnen und Akteuren antagonistisch zu zerstören. Auf diese Funktionsweise vor allem des kapitalistischen Agon macht Simmel aufmerksam. So ist es nach Simmel möglich, dass ein Kaufmann «mit loyalen Mitteln seinen Konkurrenten zu Grunde» richtet, die Gesellschaft diese Zerstörung einer materiellen Existenzgrundlage aber nicht sanktioniert, sondern den positiven Effekt auf das wirtschaftliche System stärker gewichtet als die persönliche Tragödie des Einzelhändlers.[47] Dieses Beispiel zeigt, dass auch ein Antagonismus, in dem es aus der Binnensicht der Beteiligten im ökonomischen Sinn um Leben und Tod geht, aus der übergeordneten Perspektive als Agon wahrgenommen werden kann, der einen positiven Effekt, oder in Simmels Terminologie, einen Mehrwert für die ganze Gesellschaft haben kann. Arendt beschreibt diesen Zusammenhang – in deutlich kritischer Absicht – mit dem volkstümlichen Spruch «'on ne fait pas d'omelette sans casser des oeufs'» (VA 291). Ein diesem Sinn entsprechendes geflügeltes Wort lautet: «Wo gehobelt wird, da fliegen Späne.»

Aufgrund dieser Ersetzbarkeit des konkreten Einzelnen in einem agonalen System droht die Gefahr, dass das politische Modell des Agon zur Rechtfertigung systemischer Gewalt dienen kann. Diese Interpretation des demokratischen Agon im Sinne des kapitalistischen Konkurrenzmodells ist aber, wie aus dem Bisherigen deutlich wurde, nicht Arendts Verständnis des agonalen Streits. Arendts Modell des Agon ist gebunden an das Prinzip der Pluralität, wonach jedes Individuum aufgrund seiner Natalität unersetzbar und einzigartig ist. Die Handlungsfähigkeit eines Menschen dem Systemganzen zu opfern oder deren Verlust fatalistisch in Kauf zu nehmen, würde bedeuten, einen einzelnen Menschen zum Mittel für fremde Zwecke zu machen. Dieses Prinzip der Ins-

47 Simmel, Soziologie, S. 344.

trumentalisierung des Einzelnen steht der normativen Idee gemeinsamen Handelns nach Arendt grundsätzlich entgegen. Die «mörderischen Konsequenzen dieser Vorstellungen» (VA 291) zeigten sich nach Arendt in der Geschichte des 20. Jahrhunderts in Form einer Politik, die letztlich jedes Mittel heiligt, solange es dem Zweck dient. Aus dieser Perspektive erscheint es gefährlich, antagonistische Kämpfe in ein agonales Ganzes hinein 'aufzuheben' und dadurch zu legitimieren. Der agonale Geist, das heißt die Zähmung und Begrenzung von Konflikt und Konkurrenz, sollte demnach im Sinne Arendts nicht nur das Systemganze, sondern auch jeden einzelnen Spielzug im gesamten Wettstreit definieren.

Die zweite antagonistische Bedrohung tritt ein, wenn der *Grundkonsens* bezüglich des Werts von Egalität und Pluralität, der das agonale Spiel antreibt, fundamental in Frage gestellt wird. Aufgrund der prinzipiellen Offenheit der Themen, über die in einer pluralen Gesellschaft gestritten werden kann, ist eine solche Infragestellung nie auszuschließen. Auch der Sinn und Wert der Pluralität selber kann in einer demokratischen Gesellschaft zur Disposition stehen. Damit aber stoßen freiheitliche und totalitäre Vorstellungen von Politik aufeinander und der agonale Streit kippt in einen antagonistischen Kampf um 'Leben und Tod', weil der Sieg der totalitären Position den agonalen Streit aufheben würde. Arendt rekonstruiert diese Bewegung historisch an der Entstehung der faschistischen Bewegungen in Deutschland und Italien, die das «parlamentarische Parteiensystem» (EU 409) in Frage stellten und ihre eigene Bewegung zur Repräsentantin der ganzen Nation erklärten. Da diese Radikalisierung dem agonalen Spiel als Möglichkeit immanent ist, müssen pluralisierte Kollektive ihre Grenzen reflektieren und eine Debatte über den Ausschluss jener Positionen führen, die das Spiel des Pluralismus zum Stillstand bringen würden. Dieser Ausschluss impliziert, dass der Agon zur Verteidigung seiner selbst antagonistisch wird und sich, im Sinne Arendts gefasst, der Logik der Gewalt bedient. Er löst das Miteinander-Handeln derjenigen, die nicht gleicher Meinung sind, auf und erzwingt die Auslöschung einer der beiden Positionen. In diesem Moment zeigt sich eine demokratisch-plurale Macht als ohnmächtig, da sie zur Erhaltung ihrer selbst auf Mittel der Gewalt zurückgreifen muss.

Dieser Umschlag des Agon in einen Antagonismus ist aber kein Prozess, der für die Konstitution politischer Praxis notwendig ist, sondern er ist eine *Reaktion* auf eine historisch kontingente Situation. Der Ausschluss, mit dem ein Agon auf seine antagonistische Bedrohung reagiert, lässt sich mit Arendt als einen historischen Krisen- oder Ausnahmezustand deuten, nicht als eine logisch konstitutive Figur. Darum liegt das normative Problem kollektiven Handelns darin, diesen Umschlag des Agon in einen Antagonismus zu verhindern und zugleich zu vermeiden, dass totalitäre Bewegungen eine offene Gesellschaft zerstören. Über Arendt hinaus lässt sich feststellen, dass diese Gratwanderung verunmöglicht wird, wenn eine Gesellschaft Krisen vorwegnimmt und sich selbst unnötig in den Modus eines Ausnahmezustands versetzt. Ganz grundsätzlich gilt, dass ein pluraler Agon zerstört wird, sobald er sich in eine antagonistische Kampfstellung bringt.

Die Tatsache, dass sich der Agon aus einer eigenen Dynamik und in Reaktion auf äußere Kontexte in einen Antagonismus kehren kann, bedeutet, dass der antagonistische Kampf die Grenze des Agon darstellt. Er ist diesem sowohl äußerlich und entgegengesetzt, wie auch potentiell immanent. Wie im nächsten Abschnitt zu untersuchen bleibt, wird damit die Rechtfertigung von Gewalt im Anschluss an Arendts normatives Machtmodell zu einer Herausforderung politischen Handelns.

4. Neue Perspektiven auf Gewalt

Weil der antagonistische Kampf eine Möglichkeit des Agon ist, der er sich systematisch nicht entziehen kann, bekommt das Verhältnis von Macht und Gewalt, und das bedeutet auch von Politik und Gewalt, bei Arendt eine neue Dimension. Dennoch sollte Arendts Intuition, die Gewalt aus dem normativen Begriff der Macht herauszuhalten, verteidigt werden, gerade weil die Gewalt als *Potential* der agonalen Durchsetzungsmacht politisch und gesellschaftlich immer real ist.

Präpolitische und antipolitische Gewalt

Für Slavoj Žižek ist Arendts radikaler Gegensatz zwischen guter Macht und schlechter Gewalt der Ausdruck einer konservativen Politikvorstellung, deren ideologische Begrenztheit er vehement kritisiert.[48] Demnach erscheint Arendt als Apologetin des bürgerlich-kapitalistischen *status quo*, weil sie unterschätzt, inwiefern die gesellschaftlich-ökonomischen Strukturen der westlichen Industriestaaten nur gewaltsam revolutionär durchbrochen werden können. Den prinzipiellen Gewaltverzicht zu predigen bedeutet letztlich, so Žižek, die kapitalistische Gewalt, die faktisch die politischen Institutionen und Praktiken durchzieht, unsichtbar zu machen und Gewalt aus dem Raum des Politischen auszugrenzen.

Diese Kritik zielt allerdings in mehrfacher Hinsicht an Arendt vorbei.[49] So behauptet Arendt selber einerseits, dass die ökonomischen Strukturen des Massenkapitalismus gewaltförmig sind, insofern sie menschliche Handlungsfähigkeit auf die Produktion und den Konsum von Waren reduzieren und der politischen Freiheit, oder mit Marx gesprochen, der Entfaltung der allseitigen Fähigkeiten des Menschen keinen Raum gewähren (VA Kap. 17). Zum anderen räumt Arendt explizit die Möglichkeit ein, dass sich der Einsatz von Gewalt politisch rechtfertigen lässt.[50] So hält sie in *Macht und Gewalt* fest, der Einsatz von Gewalt sei rational, wenn die Gewalt das Ziel, das sie sich steckt, auch erreichen könne.

48 Vgl. Žižek, Slavoj: Arendt? Nein, danke!, in: Literaturen. 09/02, September 2002, S. 39.

49 Angesichts der Tatsache, dass das Gewalttabu in kapitalistisch-demokratischen Gesellschaften seit einigen Jahrzehnten, das heißt seit der zunehmenden Rechtfertigung sogenannt «humanitärer Interventionen» im globalen Süden, schon lange gebrochen ist und Gewalt mitnichten als Handlungsoption versperrt ist, erscheint Žižeks Zuordnung des Pazifismus als bürgerliche Haltung eher anachronistisch.

50 Dem entspricht, dass Arendt zu den vehementen Verteidigerinnen einer jüdischen Armee gehörte, die im Zweiten Weltkrieg gegen Hitler aufgebaut werden sollte; vgl. Young-Bruehl, Hannah Arendt, S. 250–260.

> Da Gewalt ihrem Wesen nach instrumental ist, ist sie in dem Maße rational, als sie wirklich dazu dient, den Zweck, der sie rechtfertigen muß, zu erreichen. [...] [Darum] ist Gewalttätigkeit in dem Maße rational, nämlich den Grundbedingungen menschlicher Existenz adäquat, als sie kurzfristige Ziele verfolgt. Mit Gewalt heizt man weder die Lokomotive des Fortschritts noch der Geschichte oder der Revolution, aber sie kann durchaus dazu dienen, Mißstände zu dramatisieren und die öffentliche Aufmerksamkeit auf sie zu lenken. (MG 78)

Die Rationalität der Gewalt hängt also definitorisch damit zusammen, dass sie eine instrumentelle Praxis ist. Weil Gewalt, wie oben gezeigt, als Technik verfasst ist, ist es möglich, dass sie ihr Ziel erreicht, ganz im Gegenteil zum gemeinsamen Handeln, das nach Arendt in dem Maß, in dem es nicht strategisch-instrumentell ist, auch keine Ziele erreichen und keine Wirkungen kontrollieren kann. Ein rationales Ziel der Gewalt kann also, gemäß Arendt, *per definitionem* nicht sein, gemeinsames Handeln ersetzen zu wollen, weil beide Praktiken – Gewalt und Macht – qualitativ anders verfasst sind und die eine nicht durch die andere substituierbar ist. Das einzige rationale Ziel der Gewalt liegt nach Arendt darin, kurzfristig auf Missstände aufmerksam zu machen. Es kann manchmal, so Arendt, «einige Gewaltsamkeit vonnöten sein, um der Stimme der Mäßigung Gehör zu verschaffen» (MG 78). So hätten ohne die Studentenkrawalle der 1960er Jahre die Universitäten in Frankreich und in den USA schwerlich Reformen eingeläutet und es sei Rudi Dutschke darin zuzustimmen, «daß in der Bundesrepublik die Existenz 'andersdenkender Minoritäten ohne Provokation überhaupt nicht wahrgenommen wird'» (MG 79). Die Gewalt, deren Rationalität Arendt in *Macht und Gewalt* im Blick hat, ist also die nicht-staatliche, die widerständige, die sozial und politisch singuläre und unsystematische Gewalt, deren Ziel nicht die Stabilisierung, sondern die Veränderung von gesellschaftlichen Verhältnissen ist.

Diese Neubestimmung der Gewalt als rationales politisches Mittel tritt nun aber in ein Spannungsverhältnis zu Arendts These, dass Gewalt gemeinsames Handeln zerstören, aber nie erzeugen könne, dass sie also immer destruktiv und *antipolitisch* sei (MG 54; ÜR 20). Gewaltakte, mit denen die öffentliche Meinung aufgerüttelt und Missstände überhaupt sichtbar gemacht werden sollen, können nach Arendt zwar nicht revolutionäre Anfänge auslösen – dies ist nach Arendt der Macht des gemeinsamen Handelns vorbehalten – , aber sie können reformerische Veränderungen bewirken.[51] Damit aber wird fraglich, ob sie noch unter die Definition der Gewalt als eine die Politik *zerstörende* Kraft fallen. Es wird im Gegenteil denkmöglich, dass die Gewalt durch ihren dramatisierenden und affektiv besetzten Effekt Menschen politisiert, das heißt, sie dazu bringt, sich einzumischen, mitzureden und sich öffentlich Gehör zu verschaffen.

Arendt gibt demnach der Gewalt, verstanden als kontrollierte und kontrollierbare Technik, eine beschränkte Berechtigung. Ich schlage vor, diesen begrenzt rationalen Effekt der Gewalt im Gegensatz zur antipolitischen Zerstörung des Handelns im Sinne Arendts als *präpolitisch* zu bezeichnen. Präpolitisch heißt, dass die Gewalt selber nicht im normativen Sinn pluralisierend und anfänglich wirkt, dass sie aber eine solche normativ sinnhafte Praxis vorbereiten und ermöglichen kann, ohne sie schon selber zu sein. Das Phänomen der präpolitischen Gewalt macht Gewalt darum zu einem Gegenstand der Politik, das heißt zu einem Gegenstand der Deliberation und Rechtfertigung. Oder, wie es Arendt fasst: «[E]rst in der Rechtfertigung wird die Gewalt ein eigentlich politisches Phänomen.» (ÜR 20)

Gerechtfertigte Gewalt: Schutz und Befreiung

In der Möglichkeit, dass sich Gewalt als rationale rechtfertigen lasse, werden den mit ihr einhergehenden Problemen Tür und Tor geöffnet. Nach Alfred Hirsch hat die neuzeitliche Gewaltrechtfertigung, die seit Hobbes davon ausgeht, dass sich eine 'naturhafte' Gewalt durch Vernunft, Gesetz und Staat rationalisieren lasse, paradoxerweise zur Vermehrung von Gewalt geführt.[52] Die vermeintliche Rationalisierung und Kontrollierbarkeit der 'wilden'

51 Vgl. MG 78f.: «Gewalt nämlich, im Gegensatz zu dem, was ihre Propheten uns glauben machen wollen, ist erheblich geeigneter, Reformen zu erzwingen als Revolutionen auszulösen.»

52 Hirsch, Recht auf Gewalt?, S. 343.

und 'unzivilisierten' Gewalt durch die Staatsgewalt bedeute faktisch die Normalisierung von Gewalt. Er kritisiert dabei auch Arendt, da sie die staatlich monopolisierte Gewalt nicht mehr als *Gewalt* thematisiere.[53]

Hirschs Arendt-Lektüre lässt sich entgegen halten, dass Arendt zumindest den ersten Schritt neuzeitlicher Gewaltrationalisierung nicht mitträgt, der darin besteht, Gewalt und Krieg als legitim und gerecht darzustellen und in ihrem Gewaltcharakter unsichtbar zu machen. Dezidiert stellt Arendt fest: «Gewalt kann gerechtfertigt, aber sie kann niemals legitim sein.» (MG 53)

Weil sich Handeln nicht durch Zwecke, sondern durch Anfänge legitimiert, kann sich Gewalt durch keinen Nutzen legitim machen. In dieser Perspektive wird auch der Begriff eines gerechten Krieges hinfällig.[54] Andererseits trifft Hirschs Interpretation zu, wonach Arendt davon ausgeht, dass Gewalt als eine kalkulierte Technik im Rahmen spezifischer Kontexte sowohl rational wie kontrolliert eingesetzt werden kann. Dabei lassen sich, neben der bereits erwähnten Dramatisierung von Missständen zwei weitere Funktionen der Gewalt nennen, die den Gewalteinsatz rechtfertigen. Diese sind Schutz und Befreiung.

Gewalt als staatliche Schutzfunktion des Politischen ist in *Über die Revolution* thematisch, wenn Arendt schreibt, die Gewalt könne zwar nie mehr, aber dennoch dies, nämlich: «die Grenzen des politischen Bereichs schützen.» (ÜR 20) Es handelt sich dabei um die oben erwähnte Möglichkeit, dass sich politische Gemeinschaften 'antagonistisch', das heißt mit Krieg, Sanktion und Gewalt ge-

53 Ebd. S. 31; vgl. zur Kritik an der «Überrationalisierung der Gewalt» ebd. S. 345. Den Begriff der Überrationalisierung übernimmt Hirsch von Waldenfels, Bernhard: Aporien der Gewalt, in: Dabag, Mihran; Kapust, Antje; Waldenfels, Bernhard (Hg.): Gewalt. Strukturen, Formen, Repräsentationen, München 2000, S. 9–24, hier S. 22.

54 Vgl. ÜR 18f. zur Rechtfertigung des modernen Krieges als Verteidigung der Freiheit; dagegen hält Arendt fest, dass «der Krieg sich auf die Notwendigkeit und die Revolution sich auf die Freiheit beruft» (ÜR 19). Die Rechtfertigung des Krieges als Instrument zur Durchsetzung von Freiheit (oder Demokratie) ist darum nach Arendt ein Missverständnis dessen, was der Krieg leisten kann.

gen jene Kräfte wenden, die die Grundprinzipien des politischen Agon bedrohen.

Die zweite gerechtfertigte Funktion der Gewalt liegt in ihrem Effekt der Befreiung. «Befreiung», so Arendt, ist eine Form von negativer Freiheit, die einer Zweck-Mittel-Relation folgt. Sie unterscheidet sich von der «Freiheit als einem positiven Lebensmodus» (ÜR 39), die Selbstzweck ist und die nur erfahren kann, wer mit anderen Freien zusammen handelt.[55]

> Alle diese Rechte und Freiheiten, denen wir ruhig noch die Rooseveltschen Freiheiten von Hunger und Furcht zugesellen können, sind ihrem Wesen nach negativ; sie sind Resultate der Befreiung aus den verschiedensten Arten der Knechtschaft und enthalten keineswegs den eigentlich positiven Gehalt dessen, was Freiheit nun wirklich ist. (ÜR 38)

Weil Befreiung eine instrumentelle Praxis ist, ist sie mit Gewalt strukturanalog und kann sich ihrer bedienen. In jedem Fall aber gilt nach Arendt, dass Befreiung ohne Gründung einer positiven politischen Freiheit leer bleibt.[56]

Gewalt kann also nur als begrenzte, momenthafte und reaktive sinnvoll sein.

> Ihre [der Gewalt] Rechtfertigung wird umso einleuchtender sein, je näher das zu erreichende Ziel liegt. Niemandem kommt es in den Sinn, die Berechtigung von Gewalttätigkeit im Falle der Selbstverteidigung in Frage zu stellen, weil die Gefahr nicht nur evident sondern unmittelbar gegenwärtig ist, mithin zwischen dem Zweck und den Mitteln, die er rechtfertigen muß, so gut wie keine Zeitspanne liegt. (MG 53)

55 Vgl. ÜR 37: «Nur wer sich unter Freien bewegte, war frei.»

56 Vgl. dagegen Marchart, Neu beginnen, S. 176, der auf die Unabschließbarkeit der Befreiungsbewegungen hinweist: «Natürlich ist sich Arendt der Tatsache bewußt, daß jeder Gründung von Freiheit ein Moment der Befreiung vorausgehen muß, nur unterschätzt sie aufgrund ihres Bedürfnisses, den Raum der Freiheit von Gewalt 'frei' zu halten, die Notwendigkeit der Fortsetzung von Befreiung. Die fortgesetzte Gründung von Freiheit ist nur möglich, wenn die Zeit der Befreiung als noch nicht abgeschlossen betrachtet wird, wenn also die perennierenden Verhältnisse von Unterdrückung und Unterordnung, von Ausbeutung und Ausschluß bekämpft werden.»

Diesem ansatzweise positiven Verständnis einer begrenzten und kurzfristig berechtigten Gewaltaktion setzt Arendt jene absolut negative Gewalt entgegen, die aus einer Empörung «eine bestimmte Strategie mit spezifischen Zielen entwickelt» (MG 67). Hier behauptet Arendt, die Gewalt werde «'irrational', in dem Augenblick, in dem sie 'rationalisiert' wird» (ebd.). Aus dieser Perspektive erscheint es als eine besonders perfide Strategie politischer Bewegungen und revolutionärer Gruppen, sich Affekte wie Wut und Empörungen zunutze zu machen und in eine Strategie der Denunziation und Verfolgung umzubiegen (MG 67). Sie verraten dadurch nicht nur die Möglichkeit politischen Handelns, sondern auch das, was in der Gewalt noch als Restbestand von Spontaneität aufscheinen mag.

Dieser Restbestand von Spontaneität wurde oben (MG 78) bereits im Rahmen der Dramatisierung von Missständen kurz erwähnt. Er lässt sich *ex negativo* aus Arendts Ablehnung der langfristigen, strategischen und scheinbar legitimen Gewalt ableiten. Abschließend möchte ich diese spontanistische Form von gewaltsamem Widerstand kurz darstellen und ihr Verhältnis zu Arendts normativem Machtmodell aufzeigen.

Spontane Gewalt ohne ermächtigende Funktion

Neben den rationalen Formen der schützenden und befreienden Gewalt findet sich in *Macht und Gewalt* noch ein anderes Gewaltverständnis, dem Arendt positiv und verständnisvoll gegenübersteht.[57] Diese Gewalt ereignet sich, wenn jemand aus Empörung gegen Ungerechtigkeit seinem Zorn freien Lauf lässt, so daß «unter Umständen nur der Gewaltakt, also ein wortloses Handeln, das keine Konsequenzen in Betracht zieht, der Situation gerecht werden kann» (MG 64). Diese Form einer nicht berechnenden Gewalt, die 'keine Konsequenzen in Betracht zieht', kann natürlich nie in sich sinnhaft sein, ansonsten wären alle Formen individueller Gewalt,

57 Vgl. zum Folgenden auch Meyer, Katrin: Dramatisierende Gewalt. Hannah Arendt über Politik und Empörung, in: Martinsen, Franziska; Flügel-Martinsen, Oliver (Hg.): Gewaltbefragungen. Beiträge zur Theorie von Politik und Gewalt, Bielefeld 2014, S. 17–31.

in denen Menschen blind und kopflos, überwältigt von unkontrollierbaren Emotionen, auf andere einschlagen, gerechtfertigt. Was eine solche Perspektive etwa für die Verurteilung häuslicher Gewalt bedeuten würde, ist evident. Der Sinn dieser Gewaltform zeigt sich gemäß Arendt nur als Hinweis auf Unrechtsverhältnisse, wenn sie affektiv und emotional aufrüttelnd und 'dramatisierend' wirken kann, obwohl sie scheinbar zwecklos ist. So schreibt Arendt in *Macht und Gewalt* vor dem Hintergrund der Jugendunruhen der 1960er Jahre:

> Dem Feind die Maske vom Gesicht zu reißen, die Machenschaften und Manipulationen zu entlarven, die es ihm erlauben, ohne Gewaltmittel zu herrschen, also auch auf die Gefahr der eigenen Vernichtung hin Aktionen zu provozieren, nur um ihn zu zwingen, Farbe zu bekennen, damit die Wahrheit ans Licht komme – diese Ziele geben heute noch den Gewalttätigkeiten an den Universitäten und auf den Straßen ihre stärksten Impulse. Und auch solche scheinbar zwecklose Gewalt ist alles andere als 'irrational'. (MG 66f.)

Wichtig an dieser Stelle ist, dass Arendt diese Form einer dramatisierenden und entlarvenden Aktion als 'scheinbar zwecklos' bezeichnet. Der entlarvende Protest folgt damit *prima facie* nicht mehr der Logik einer Mittel-Zweck-Relation, sondern aktualisiert eine Form von Tätigkeit, die zwischen Gewalt und Macht changiert. Diese affektbeladene Aktion ist nicht nur das Gegenteil einer kühl kalkulierten Gewaltstrategie, sondern auch das Gegenteil einer zweckgerichteten Sozialtechnologie und steht damit der nicht-instrumentellen, spontanen und selbstzweckhaften Praxis politischen Handelns näher als der Gewalt. Wie lässt sich diese spontane Gewalt in Arendts Typologie der Praxis verorten? Lässt sich hier ein Verständnis von revolutionärer Gewalt ablesen, die mit jenem von Sartre oder Fanon vergleichbar ist?

Nach Sartre ist es die Erfahrung von Ohnmacht angesichts einer gewaltförmigen Übermacht, die Menschen zu einem revolutionären Kollektiv vereint und Gewalt rechtfertigt.[58] Und Frantz Fanon schreibt dieser kollektiven Gewalt im Kontext der antikolo-

58 Sartre, Jean-Paul: Kritik der dialektischen Vernunft. Bd. 1: Theorie der gesellschaftlichen Praxis, Reinbek 1967, S. 295.

nialen Revolutionen eine subjektiv und politisch befreiende Dimension zu, weil sie den revoltierenden Kolonisierten überhaupt erst ermögliche, sich als handlungsfähige Menschen und als Nation zu erfahren.[59] Bei beiden wird Gewalt nicht als instrumentelle Technik fokussiert, sondern als Praxis, die auf die politischen Subjekte und auf Subjektivierungsprozesse generell ermächtigend wirkt. In der Gewalt konstituieren sich Individuen und Gruppen zu handlungsfähigen Akteurinnen und Akteuren, die ihre Ohnmacht überwinden und transformieren. Ist Arendts Beschreibung einer 'scheinbar zwecklosen Gewalt' mit dieser performativen Kraft politischer Subjektivierung vergleichbar? Diese Gleichsetzung weist Arendt selber zurück. In *Macht und Gewalt* argumentiert sie gegen Fanons und Sartres Idee einer transformatorischen Kraft der Gewalt. Das Gefühl der «Kameradschaft» und «Brüderlichkeit», das Fanon als Effekt der kollektiven Gewalt beschreibt, ist nach Arendt ein Phänomen, das nur angesichts der Gleichheit vor dem Tod aufscheint und vorübergehend ist (MG 67). Gegen die Hoffnung, es realisiere sich darin eine neue Form kollektiver Solidarität, wendet sie ein, dass nichts so vergänglich sei wie die «Brüderlichkeit, die sich nur unter Bedingungen unmittelbarer Lebensgefahr verwirklicht und sehr schnell verschwindet, wenn das Leben wieder normal geworden ist» (MG 70).[60] Das bedeutet, dass die Transformation einer atomisierten Menge zu einem Kollektiv nur dann ein wirklicher Anfang ist, wenn sich die Menge dabei zugleich als Versammlung von handlungsfähigen *Individuen* erfährt. Wo eine Menge reflexartig in einen Gewaltexzess verfällt, bildet sich kein gemeinsames Handeln, sondern die Menge bleibt ein Element in einem kausalistischen Reaktions- und Manipulationsdispositiv. Zwischen Gewalt und Macht bleibt nach Arendt also eine Lücke und Zäsur, weil Gewalt selber nie ermächtigend wirken kann, sondern dieser Ermächtigung vorausgeht, sie begleitet oder ihr nachfolgt. Arendts These, Gewalt könne höchstens reformerisch,

59 Fanon, Frantz: Von der Gewalt, in: ders.: Die Verdammten dieser Erde, Frankfurt a.M. 1981, S. 76ff.

60 Zur terminologischen Unterscheidung der Kameradschaft von Solidarität und Freundschaft vgl. auch MG 67.

nie aber revolutionär wirken, macht auf diese mangelnde Potenz der Gewalt aufmerksam.

Arendts starke These lautet demnach, dass Gewalt aus sich heraus nie eine revolutionäre Praxis begründen kann, auch wenn eine Revolution von Gewalt begleitet wird. In *Über die Revolution* beschreibt Arendt in diesem Sinn die Aporie, in die ein politisches Denken mündet, das die Gewalt als anfängliche Kraft versteht.

> Die Aporie liegt einerseits in der Aufgabe einer Neugründung beschlossen, darin nämlich, daß ein absoluter Anfang seinem Wesen nach Gewalt und Vergewaltigung zu erfordern scheint – als handele es sich darum, das legendäre Urverbrechen am Anfang aller Geschichte noch einmal zu wiederholen. Diese Gründungsaufgabe ist nun fernerhin mit der Aufgabe einer neuen Gesetzgebung gekoppelt, deren Autorität so entworfen sein mußte, daß sie die alte, absolute Autorität ablösen und sich an die Stelle einer irdischen Ordnung setzen konnte, die religiös sanktioniert war, deren Gesetze auf den Geboten eines allmächtigen Gottes beruhten und deren Legitimität schließlich auf die Vorstellung einer Inkarnation Gottes auf Erden zurückging. (ÜR 46)

Die Apologeten der Gewalt, so können wir mit Arendt folgern, berufen sich zu ihrer Rechtfertigung also auf Traditionen, die Gewalt mit der göttlichen Figur der Allmacht und Souveränität verbinden. Sie evozieren damit implizit, wie Arendt in Bezug auf einen Essay von Giorgio Agamben vermerkt, Vorstellungen einer «violenza sacra» (MG 35), die dazu diene, den «homogenen Fluss der profanen Zeit» zu unterbrechen (ebd.). Der Glaube, in dieser Unterbrechung beginne etwas Neues, beruht nach Arendt aber auf einem Missverständnis. Die Gewalt kann nicht anfänglich und ermächtigend wirken, weil sie Interaktionen zerstört. Da nur das Handeln, wie eingangs gezeigt, dasjenige ist, was eine initiative Kraft entfalten kann, produziert die Gewalt realiter kollektive Ohnmacht.

Diesen Unterschied zwischen Gewalt und Macht fasst Arendt auch in die Terminologie von Rebellion und Revolution oder, wie bereits oben erwähnt, von Befreiung und Freiheit.

> Man weigert sich, einen Unterschied zwischen Befreiung und Freiheit anzuerkennen, und übersieht daher, daß nichts vergänglicher und vergeblicher ist als eine Rebellion und eine Befreiung, die unfähig ist, die neu ge-

> wonnene Freiheit in angemessenen Institutionen und Verfassungen zu verankern. (ÜR 185)

Die Gewalt kann also die Freiheit in Form der Rebellion vorbereiten, aber nicht ersetzen. Die wahre revolutionäre Macht ist nach Arendt letztlich immer gewaltlos.[61]

Dabei zeigt das obige Zitat zur Gründungsaporie, dass Gewalt die «Gründung der Freiheit» (ÜR 184) nicht nur unerfüllt lässt, sondern sogar bedroht, insofern sie die Akteurinnen und Akteure dazu antreibt, Politik im Modus der Allmacht und Souveränität zu denken. Die normative Problematik der politischen Gewalt, so eine Folgerung im Anschluss an Arendt, liegt also nicht nur auf der moralisch-ethischen Ebene, wonach Gewalt ein Zwang ist, der die menschliche Freiheit und das Recht auf Machtteilhabe verletzt. Die machttheoretische Problematik liegt auch darin, dass sich Gemeinschaften von der Logik der Allmacht verführen lassen, die suggeriert, es könnten Gewaltverhältnisse durch Gewalt im Handstreich zerschlagen und neu gegründet werden.

Die Hoffnung und der Traum jener, die Gewalt erleiden, sich gewaltsam und einmalig davon befreien zu können, erscheint aus psychologischer Sicht plausibel und nachvollziehbar. Als Idee, wie politische Macht anfangen kann, ist sie aber gefährlich. Die Ermächtigung zur Gewalt, die wir im Anschluss an Arendt als Form der politischen Gewaltausübung bestimmen können, ist darum in allen Formen – auch im Bereich der legitimen, staatlichen Gewalt – immer ein gefährliches Liebäugeln mit Souveränität, das kollektives Handeln kurzfristig unterstützen kann, langfristig aber unterläuft. Insofern wertet Arendt als größte Errungenschaft der amerikanischen Revolution, «daß es ihr gelang, den Anspruch der Macht auf Souveränität im politischen Körper der Republik konse-

61 Vgl. auch ÜR 148: «Es ist ein Zeichen echter Revolutionen, daß sie in ihren Anfangsstadien leicht und verhältnismäßig blutlos verlaufen, daß ihnen die Macht gleichsam in den Schoß fällt, und der Grund hierfür liegt darin, daß sie überhaupt nur möglich sind, wo die Macht auf der Straße liegt und die Autorität des bestehenden Regimes hoffnungslos diskreditiert ist. Revolutionen sind die Folgen des politischen Niedergangs eines Staatswesens, sie sind niemals dessen Ursache.»

quent zu eliminieren» (ÜR 200). Dieser Anspruch auf Souveränität ist aber umso naheliegender, je stärker sich Macht an der Logik der Gewalt orientiert und auf sie vertraut. Wer Macht nicht mit Souveränität gleichsetzt, sollte darum jeder Gewaltlösung misstrauen, auch wenn sie sich spontan und revolutionär artikuliert.

III. Macht und Gewalt im Widerstreit: Politisches Denken nach Arendt

In der Theorienlandschaft des 20. Jahrhunderts markiert Hannah Arendts Denken einen Neuanfang in der Analyse und Bestimmung von Macht und Gewalt. Ihre Machttheorie ermöglicht, wie in den beiden letzten Kapiteln gezeigt, eine normative Präzisierung des ontologisch weiten Machtbegriffs, indem sie dessen politische Qualität auf die Ermöglichung gemeinsamer politischer Initiativen zuspitzt. Macht ist demnach sozial und politisch positiv, wenn sie Handlungsmacht auf individueller und kollektiver Ebene egalitär vermehren kann. In Abgrenzung dazu lässt sich Gewalt als eine Technik verstehen, die individuelle Handlungsfähigkeit unterhöhlt und kollektive Ohnmacht erzeugt. Beide Effekte verbinden sich punktuell in politischen Formen der Durchsetzungsmacht. Die Anerkennung dieser Ambivalenz der Macht bildet die Grundlage von Arendts Konzept agonaler Machtteilung.

Ausgehend von dieser Qualifizierung von Macht und Gewalt lassen sich Fragestellungen weiterverfolgen, die für gegenwärtige Machttheorien aktuell sind. Dazu gehört die Frage, ob es möglich ist, einen ontologischen Begriff von Macht zu entwickeln, in dem alle Aspekte von Übermacht ausgeschlossen sind (III.1). Ausgehend von Arendt und im Rückgriff auf Michel Foucault lässt sich zudem ein neues Analysefeld kritischer Machttheorien aufzeigen, das den Zirkel von Macht und Gewalt ins Zentrum stellt, in dem Macht und Gewalt nicht nur analytisch unterschieden, sondern auch in ihrer historischen und systematischen Verbindung thematisiert werden (III.2). Und schließlich wird an einzelnen Aspekten aufgezeigt, welche Anregungen Arendts Machtdenken für feministische Theorien bieten kann (III.3).

1. Auf der Suche nach der reinen *potentia*

Die Anerkennung einer möglichst umfassenden und generalisierten Machtteilhabe aller Menschen ist heute ein Leitprinzip politischer Theorien verschiedenster couleur – seien es liberale, republikanische, radikaldemokratische, postkoloniale, antirassistische oder feministische Ansätze. Einer der gemeinsamen Nenner dieser vielfältigen und unterschiedlichen Strömungen liegt darin, dass sich politische Gerechtigkeit und Gleichheit ohne egalitäre Partizipation an politischer, sozialer und ökonomischer Macht nicht (mehr) denken lässt. Dabei aber wird diese ideale Forderung, wie in den beiden vorherigen Kapiteln am Beispiel von Arendts Konzeption der Macht als Ermöglichungs- *und* Durchsetzungsmacht deutlich wurde, durch das Faktum kompliziert, dass Macht immer auch mit Asymmetrie und Ungleichheit verbunden ist. Das Grundprinzip einer gerechten Ordnung, die auf Freiheit, Gleichheit und Solidarität aller Menschen beruhen soll, wird in der konkreten Ausübung von Macht dilemmatisch. Wir können gerechte politische Verhältnisse ohne egalitären Zugang zur Macht nicht denken, und zugleich erweist sich das Phänomen der Macht als irreduzible Quelle verschiedenster Formen und Grade von Ungleichheit.

Eine Möglichkeit, auf dieses Problem der normativen Komplexität der Macht theoretisch zu reagieren, liegt darin, Macht begrifflich zu differenzieren. Wie in der Einleitung ausgeführt, bietet es sich dazu an, auf die Unterscheidungen von *power to* und *power over* resp. *potentia* und *potestas* zurückzugreifen. *Power to*, so der Vorschlag von Peter Morriss, stehe dabei für eine normativ neutrale Kategorie.[1] Sie bilde ein objektives Fundament, um überhaupt zu verstehen, was Macht sei. Die politisch umstrittenen Formen von Macht, so können wir folgern, lassen sich daher auf jene beschränken, die im Sinne der *power over* wirken, das heißt, die über Menschen verfügen oder sich gegen sie richten. Nur diese sind ethisch und politisch rechtfertigungsbedürftig. Die Begrifflichkeit entspräche demnach einer theoretischen Aufgabenteilung: *power to* klärt die wertneutralen Grundlagen der ontologisch-handlungstheoretischen Macht, *power over* verweist auf jene Machtformen, die normativ rechtfertigungsbedürftig sind, weil sie asymmetrische In-

1 Morriss führt gegen die Gleichsetzung der Macht mit *power over* das Argument ins Feld, Macht müsse in einer «neutral definition» zugänglich werden; vgl. Morriss, Power, S. 34, dort explizit gegen Lukes. Aus Lukes' Perspektive dagegen ist Macht, die keine Konflikte beinhaltet, Einfluss; vgl. Lukes, Power, S. 35.

teraktionsverhältnisse und Praktiken der Ungleichheit zwischen Menschen betreffen. Tatsächlich erscheint diese Unterscheidung sinnvoll, wenn Neutralität bedeutet, dass *begrifflich nicht entschieden* werden kann, ob die der Macht zugeschriebene Wirkfähigkeit normativ gut oder schlecht ist. Bereits in der Einleitung wurde in diesem Sinn darauf hingewiesen, dass das Konzept der ontologischen Macht, wenn sie mit Wirk- und Handlungsmacht allgemein identifiziert wird, in normativer Hinsicht unterkomplex ist. Problematisch ist der Ausdruck der Wertneutralität aber dann, wenn er suggeriert, es gäbe *phänomenal* eine Form der Macht, die sich *vor* oder *jenseits* ihrer normativen Qualifizierung ereignet, weil sie in sich harmlos ist und eigentlich nur diejenigen angeht, die diese Wirkung ausüben können. Eine solche These geht davon aus, dass es möglich sei, Machtwirkungen nicht-relational zu denken – so etwa, wie ein Feuerwerk am Himmel erglüht, ohne dass sich dieses Feuerwerk gegen jemanden richtet, über jemanden herrscht oder jemandem schadet. Eine solche Hoffnung ist aber ein Trugschluss, genährt durch die elliptische Form der *power to*, die in gewissem Sinn die Beschreibung der Wirkung der Macht auf halbem Weg abbricht und der begrifflichen Explikation entzieht. Der Ausdruck *power to* ist demnach nicht normativ neutral, sondern normativ *unterbestimmt* und darin *indifferent*.

Im Folgenden wird anhand von zwei Ansätzen gezeigt, warum es nicht möglich ist, Macht als Wirkfähigkeit zu denken, ohne relationale Beziehungen zu unterstellen, die potentiell immer Relationen der Ungleichheit und Abhängigkeit sind und damit normativ rechtfertigungsbedürftig. Anhand der untersuchten Beispiele wird fraglich, wie wir *power to* oder *potentia* als wertneutrale Machtkonzeptionen verstehen sollen, da auch klassische Potenz-Konzeptionen und Konzeptionen der Selbstermächtigung Machtwirkungen in politischen und sozialen Relationen situieren oder mit Effekten der Unterwerfung verbinden.

Die Phantasie der monologischen Potenz (Hobbes)

Einen möglichen Ansatz, Macht ausschließlich als Ausdruck einer Wirkmacht zu denken, in der politisch-soziale Verhältnisse zumindest definitorisch irrelevant sind, bietet die Idee der Macht als absolute Potenz. Sie beinhaltet die Vorstellung einer Wirkmacht, die sich in keine Abhängigkeitsverhältnisse mit der Welt und mit anderen Handelnden verstrickt, sondern die eigene Handlungsmacht souverän aus sich selbst heraus gewinnen, realisieren und kontrollieren kann.

Im ersten Kapitel wurde gezeigt, wie Arendt diese Phantasie souveräner Herrschaft als machttheoretisch widersprüchlich kritisiert und darauf hinweist, dass jede (menschliche) Macht als soziale Relation strukturiert und dialektisch mit dieser verstrickt ist. Dennoch hält sich die Idee der Macht als unabhängige Potenz hartnäckig und findet sich auch in handlungstheoretischen Machttheorien der Gegenwart.

So behauptet etwa Hanna Pitkin, dass sich Macht im Sinne der *power to* als nicht-relational verstehen lasse. *Power to* erscheint demnach als eine Praxis, die jemand alleine vollziehen kann und die nur kontingenterweise mit sozialen und politischen Verhältnissen verwoben ist. *Power to* heisst: „he may have power to do or accomplish something by himself, and that power is not relational at all; it may involve other people if what he has power to do is a social or political action, but it need not.“[2]

Eine solche Sicht auf Macht konturiert die Macht eines Handelnden in Analogie zu einer physikalischen Ursache, die strikt monologisch funktioniert. Sie impliziert, dass Macht bedeutet, die Wirkung des eigenen Tuns vollständig autonom kontrollieren zu können, weil diese Macht letztlich mit einer substantiellen Fähigkeit, das heißt einer Potenz, identisch ist. In der Philosophiegeschichte wird eine solche Position oft mit Thomas Hobbes' Machtverständnis identifiziert. Nach Hinrich Fink-Eitel etabliert Hobbes als erster einen «substantiell-monologische[n]» Machtbegriff, der erst mit Luhmann überwunden werde.[3] Diese These soll im Folgen-

2 Pitkin, Wittgenstein and Justice, S. 277.

3 Vgl. Fink-Eitel, Hinrich: Dialektik der Macht, in: Angehrn, Emil et al. (Hg.): Dialektischer Negativismus. Michael Theunissen zum 60. Geburtstag, Frankfurt a.M. 1992, S. 35–56, hier S. 44. Nach Röttgers, Spuren der Macht, S. 86ff. liegt in dieser Bestimmung der Handlungsmacht als kausale Ursache einer der Gründe dafür, warum Macht bis heute mehrheitlich falsch verstanden

den genauer geprüft werden. Gerade an Hobbes' Machtverständnis lässt sich nämlich zeigen, dass es nicht möglich ist, eine Wirkmacht substantiell und monologisch zu denken, wenn sie auf die menschliche Praxis bezogen wird.

In *Vom Körper* definiert Hobbes *potentia* als eine Wirkung in der Zukunft.[4] Die Potenz ist ein Prinzip, das Veränderungsprozesse aktiv und zureichend bewirken kann.[5] Damit scheint naheliegend, dass sich die Potenz in der aktiven Ursache verkörpert und insofern, als diese Ursache kausalistisch wirkt, monologisch funktioniert. Allerdings ist nach Hobbes eine Potenz erst dann «vollständig», wenn eine aktive und eine passive Potenz *zusammen*wirken, die Hobbes auch als aktive und passive Ursache bezeichnet, und die *gemeinsam* die Wirkung vollziehen.[6] Damit verschiebt sich die Macht, die zuerst auf der Seite der aktiven Potenz geortet wurde, auf das Verhältnis des Zusammenwirkens als Ganzes. Die vollständige Potenz ist erst dann realisiert, wenn sich zwei Relata ergänzen. Übertragen auf die Handlungen von Individuen, die ihre Interessen realisieren wollen, bedeutet dies, dass die Erreichung eines Ziels nur gelingt, wenn die Individuen ihre aktive Macht mit der passiven Macht anderer Individuen koordinieren können.[7]

werde. Um das heutige Missverständnis eines auf Präsenz und Ursprung fixierten Machtbegriffs zu umgehen, plädiert Röttgers für eine «Semiologie der Macht», die Macht in ihren «Spuren» und «Symptomen» finde (ebd. S. 32ff.)

4 Vgl. Hobbes, Thomas: Elemente der Philosophie. Erste Abteilung. Der Körper [1655], übers. von K. Schuhmann, Hamburg 1997, S. 133 (De corp. II.10.1).

5 Hobbes, Der Körper, S. 136: Eine Potenz ist «nicht irgendein vom Akt insgesamt verschiedenes Akzidens [...], sondern ein bestimmter Akt, nämlich eine Bewegung, die deswegen Potenz genannt wird, weil sie einen andern Akt nachher hervorbringen wird.» (De corp. II.10.6)

6 Hobbes, Der Körper, S. 133f. (De corp. II.10.1).

7 Vgl. dazu Frost, Samantha: Lessons from a Materialist Thinker. Hobbesian Reflections on Ethics and Politics, Stanford 2008, S. 146: «cooperation is the outcome of the pursuit of power». – Eine überzeugende Lesart, die ebenfalls Hobbes' Anerkennung der Abhängigkeit jedes Menschen vom Anderen ins Zentrum stellt, bietet die Studie von Bürgin, Ariane: Endliches Subjekt. Gleichheit und der Ort der Differenz bei Hobbes und Rousseau, München 2008.

Dass Hobbes sich dieser intersubjektiven Interdependenz der Macht bewusst war, zeigt sich daran, dass er im *Leviathan* auf die Abhängigkeit der Macht von der Anerkennung durch andere hinweist. So schreibt er: «Im Ruf von Macht stehen ist Macht, weil dies die Anhängerschaft von Schutzbedürftigen nach sich zieht.»[8] Erst aus dem Zusammenfügen von aktivem Machtwillen und passiver Schutzbedürftigkeit (oder Schutzsuche) realisiert sich nach Hobbes die 'vollständige' Potenz eines Wirkungsverhältnisses. In diesem Licht erscheint es unmöglich, Wirkfähigkeit zu denken, ohne ein Abhängigkeitsverhältnis zwischen zwei Polen zu unterstellen. Dieses Verhältnis ist bei Hobbes nicht egalitär gedacht. So ist die aktive Potenz dadurch qualifiziert, dass sie die passive Potenz in das Ursache-Wirkungs-Verhältnis *hineinzwingen* kann. Im genannten Beispiel bedeutet dies, dass der Mächtige die Schutzbedürftigen dazu bringen kann, sich unter seinen Schutz begeben zu wollen, um zu überleben. Weil die vollständige Potenz aber darin besteht, dass ein solches Verhältnis von Aktivität und Passivität realiter zustande kommt, hat auch die passive Potenz eine irreduzible Funktion im Zustandekommen dieses Wirkungsverhältnisses. Aufgrund dieser Relationalität der Macht können wir im Anschluss an Hobbes folgern, dass es nicht in allen Fällen eindeutig ist, wer in einem konkreten Sozialverhältnis für sich in Anspruch nehmen kann, die 'aktive' Potenz zu verkörpern und wer den 'passiven' Part übernimmt.

Ein weiterer Hinweis auf dieses uneindeutige Verhältnis zwischen aktiver und passiver Potenz findet sich in Hobbes Beschreibung der Macht als Mehr-Macht. Wenn die Macht eines Menschen darin besteht, wie Hobbes im *Leviathan* schreibt, in der Gegenwart über die Mittel «zur Erlangung eines zukünftigen anscheinenden Guts» zu verfügen,[9] dann ist die Macht von Individuen gebunden an die möglichen Wirkungen ihres Tuns in der Zukunft. Weil dieser Zukunftsbezug veränderlich und offen bleibt und die Menschen

8 Hobbes, Thomas: Leviathan oder Stoff, Form und Gewalt eines kirchlichen und bürgerlichen Staates [1651], hg. und eingel. von Iring Fetscher, Frankfurt a.M. 1984, S. 66.

9 Ebd.

zur ständigen Antizipation künftiger Wirkungen zwingt, ist Macht bei Hobbes an die kontinuierliche Steigerung von Macht gebunden. Macht und Mehr-Macht sind identisch, insofern das kalkulierende Individuum vorwegnimmt, dass andere Akteure ihrerseits mehr Macht gewinnen können. Auch aufgrund dieser Dynamik ist die Vision einer aktiven Potenz, die als monologische Ursache konzipiert wird, mit Hobbes nicht haltbar. Macht ist im Gegenteil als Mehr-Macht auf andere Handelnde bezogen und von diesen definitorisch abhängig.

Am Beispiel von Hobbes' Machtbegriff drängt sich der Schluss auf, dass die Unterscheidung von Macht als Wirkfähigkeit (*power to*) und von Macht als Beherrschung (*power over*) als eine Unterscheidung zu qualifizieren ist, die ihre doppelte Perspektive nicht an unterschiedlichen Phänomenen plausibilisieren kann, sondern die dasselbe Phänomen nur unter unterschiedlicher Perspektive in den Blick nimmt. Im Begriff der *power to* richtet sich die Aufmerksamkeit auf eine Fähigkeit, die einem Träger als 'Ursache' zugeschrieben wird und die mit der Wirkung einer bestimmten Handlung identifiziert wird. Dass es sich bei dieser Konzeption um eine Verkürzung handelt, die ein Macht*verhältnis* fälschlicherweise mit einem individuellen *Vermögen* identifiziert, wurde am Beispiel von Hobbes 'monologischem' Machtdenken deutlich. Insofern ist die Perspektive, die Macht als *power to* oder Potenz als wertneutrale Macht etablieren will, selber nicht wertneutral, da sie sozial und politisch relevante Machtverhältnisse konzeptionell ausklammert. Die normative Indifferenz des Potenzbegriffs verdankt sich normativ relevanten Ausblendungen.

Potentia als Selbstermächtigung (Nietzsche)

Eine andere Lesart der Unterscheidung von *power to* und *power over* legt nahe, dass *power to* eine Macht beschreibt, die in einem reflexiven Selbstbezug aufgeht. Gerhard Göhler bezeichnet diese Interpretation der Macht als 'intransitiv' und sieht ein Paradigma für dieses Verständnis in Arendts Machtmodell. Diese Macht sei nicht – wie die transitive Macht – auf andere bezogen, denen der eigene Wille aufgezwungen werde, sondern diese Macht richte sich auf sich selbst.[10] Handlungstheoretisch wird dieser nicht relational nach Außen gerichtete Effekt auch als Aktualisierung eines Seins bezeichnet, der im Gegensatz steht zur Realisierung eines Willens. Andere begriffliche Gegensätze sind Praxis und Poiesis oder illokutionärer und perlokutionärer Akt.[11] Im zweiten Kapitel habe ich gezeigt, dass diese These in Bezug auf Arendt insofern verkürzt ist, als auch die 'intransitive' Macht, die sich, wie Göhler schreibt, als «Herstellung des gemeinsamen Vermögens» definieren lässt[12], von transitiven Machtformen durchzogen und mitkonstituiert wird. Göhler selber vermerkt, dass die Unterscheidung von transitiver und intransitiver Macht bei Arendt nicht trennscharf sei.[13] Allerdings ist diese Unschärfe der Tatsache geschuldet, dass intransitive Macht bei Arendt ein politisches Phänomen *zwischen* Menschen beschreibt. Ist die Trennung von transitiver und intransitiver Macht aber nachvollziehbar, wenn die intransitive Macht auf ein einzelnes Individuum bezogen wird, das sich mit diesem Selbstbezug selbst ermächtigt? Wäre also die Figur der *individuellen oder existenziellen* Selbstermächtigung eine Möglichkeit, Macht im Sinne der *potentia* herrschaftsfrei zu denken, das heißt, ohne sie als Unterwerfungsstruktur oder als Macht zur Durchsetzung eines Willens gegen andere zu konzipieren? Ist Selbstermächtigung eine *potentia* ohne *potestas*?

Dieser Frage möchte ich am Beispiel von Nietzsches Machtverständnis genauer nachgehen. Sein Machtmodell steht paradigmatisch für eine existenzielle Form der Selbstermächtigung. So steht außer Frage, dass es Nietzsche in seiner Konzeption des Willens zur Macht darum geht, Macht so zu denken, dass sie als eine ontologische Kraft der Ermächtigung wirkt, welche die dem Sein *eigenen* Möglichkeiten steigern und entfalten können soll.[14] In dieser

10 Vgl. Göhler, Gerhard: Transitive und intransitive Macht, in: Brodocz, André; Hammer, Stefanie (Hg.): Variationen der Macht, Baden-Baden 2013, S. 225–242.

11 Vgl. etwa Habermas, Hannah Arendts Begriff der Macht S. 231.

12 Ebd., S. 230.

13 Ebd. S. 225.

14 Vgl. etwa Heidegger, Martin: Nietzsche, 2 Bde., Pfullingen 1961, Bd. 1, S. 161, wonach der Wille zur Macht gemäss Nietzsche «alle Dinge zu ihrem Wesen und ihrer eigenen Grenze freigibt».

Hinsicht entspricht sie einer ontologisch positiven Macht. Sie ist eine Form von Fülle, Intensität und Kraft. Zugleich aber ist in diesem Bezug zu den eigenen Möglichkeiten bei Nietzsche nicht ausgeschlossen, dass diese dem eigenen Sein nicht nur wesentlich zukommen und als Möglichkeiten gleichsam offen stehen, sondern dass sie ihm allenfalls abgerungen oder sogar aufgezwungen werden müssen. Die Arbeit am Selbst beschreibt Nietzsche in *Zur Genealogie der Moral* als «heimliche Selbst-Vergewaltigung» und als «Lust, sich selbst als einem schweren widerstrebenden leidenden Stoffe eine Form zu geben».[15] Diese «Lust am Leidenmachen»[16] ist nach Nietzsche Ausdruck eines Willens zur Macht, der sich gegen andere oder gegen sich selbst richten kann, dabei aber im Grunde immer «dieselbe aktive Kraft»[17] ist. Der Effekt der Seins- und Selbstermächtigung beruht also auf der Beherrschung und Bezwingung des eigenen Seins.[18] Damit aber funktioniert *power to* in der Logik der *power over*. Selbstermächtigung ist Selbstunterwerfung.

Diese Verbindung ist kein Sonderfall, sondern durchzieht im Gegenteil die meisten anspruchsvollen Machttheorien, denen gerade an einer Vermittlung und Versöhnung der Effekte der (Selbst-) Ermächtigung und der (Selbst-)Beherrschung gelegen ist. So gilt von Platon bis Kant, dass die Beherrschung seiner selbst die Grundlage jeder positiven Form von Handlungsfähigkeit, Freiheit und politischer Macht darstellt. Damit werden Ermächtigung und

15 Vgl. Nietzsche, Zur Genealogie der Moral, S. 326.

16 Ebd.

17 Ebd. S. 325.

18 Diese Zweideutigkeit des Begriffs der Selbstermächtigung bei Nietzsche zeigt sich an der Ambivalenz, mit der Heidegger Nietzsches Willen zur Macht bestimmt. So kommt Heidegger nach anfänglichen positiven Einschätzungen in den frühen Nietzsche-Vorlesungen letztlich zur Überzeugung, der Wille zur Macht sei bei Nietzsche eine reine Form der Gewalt. Die Selbstermächtigung, wie sie Nietzsche konzipiert, erweist sich in Heideggers späten Nietzsche-Vorlesungen als eine Macht, die nicht nur dem anderen, sondern vor allem auch dem eigenem Sein Gewalt antut; vgl. Heidegger, Nietzsche Bd. 2.; vgl. dazu auch Meyer, Katrin: Denkweg ohne Abschweifungen. Heideggers Nietzsche-Vorlesungen und das Nietzsche-Buch von 1961 im Vergleich, in: Heidegger und Nietzsche. Heidegger-Jahrbuch, Bd. 2, hg. von Alfred Denker et al., Freiburg/München 2005, S. 132–156.

Unterwerfung bezogen auf das Selbst zu wechselseitig konstitutiven Bedingungen. Beide Begriffe verlieren damit ihre normativ *eindeutige* Konnotation. Die kritische Pointe, *power to* als herrschaftsfreie Form der Selbstbezüglichkeit von *power over* als Beherrschung eines Willens zu unterscheiden, geht damit tendenziell verloren. Selbstermächtigung ist nicht per se gewaltfrei, und es ist darum geboten, nach dem 'Leiden' zu fragen, das sich Menschen selbst antun (müssen), um zu autonomen und selbstkontrollierten Subjekten zu werden.[19]

Von der Einsicht in die relationale Struktur des Aktes der Selbstermächtigung ist es nur ein kleiner Schritt zur Erkenntnis, dass die Unterwerfung des eigenen Selbst nicht unverbunden mit den Strukturen der Gesellschaft gedacht werden kann, und dass sich in der Beherrschung des eigenen Willens immer auch soziale Herrschaftsformen niederschlagen. Diese normative Ambivalenz der Subjektkonstitution wird im Begriff des «asujettissement», der über Louis Althusser, Michel Foucault und Judith Butler zu einem zentralen Topos marxistischer und feministischer Machtkonzeptionen geworden ist, deutlich.[20] Die machttheoretische Doppeldeutigkeit der Subjektivierung von Menschen, das heißt die Tatsache, dass sie sich durch die Unterwerfung unter Regeln und Normen auch befähigende Praktiken aneignen können und zu handlungsfähigen Subjekten werden, entspricht auf systemischer Ebene der Logik der existenziellen Selbstermächtigung. Subjektivierung situiert sich zwischen Praktiken der Befähigung und der Unterwerfung, so dass es nicht mehr möglich ist, diese Prozesse

19 Zu dieser 'Dialektik der Aufklärung' in der Herausbildung des modernen, männlichen Subjekts im Anschluss an Max Horkheimer und Theodor W. Adorno vgl. grundlegend Maihofer, Andrea: Geschlecht als Existenzweise. Macht, Moral, Recht und Geschlechterdifferenz, Frankfurt a.M. 1995.

20 Vgl. zum «asujettissement» Althusser, Louis: Ideologie und ideologische Staatsapparate, in: ders.: Ideologie und ideologische Staatsapparate. Aufsätze zur marxistischen Theorie, Hamburg 1977, S. 108–153, hier bes. S. 140–149; zur Doppeldeutigkeit von *sujet* vgl. Foucault, Das Subjekt und die Macht, S. 246; Butler, Judith: Psyche der Macht. Das Subjekt der Unterwerfung, Frankfurt a.M. 2001.

anhand der Unterscheidung von *power to* und *power over* zu beschreiben.[21]

Diese Ambivalenz der Figur der Selbstermächtigung, die zwischen transitiver und intransitiver Macht changiert, lässt schließlich auch jene zeitgenössischen Machttheorien fragwürdig erscheinen, die, wie etwa jene von Antonio Negri und Michael Hardt, die Vision einer demokratischen 'Selbstermächtigung' entwickeln, in der das Volk eine ungebrochene Fülle schöpferischer Macht realisiert, die von keiner Herrschaftsinstanz und keinem kapitalistischen Empire abgeschöpft wird und die als Macht der Multitude selber keine Gewalt ausübt.[22] Eine solche allgemeine Vision bleibt zu unscharf hinsichtlich der Ungleichheiten, die das Leben zwischen Menschen bestimmen und die auch jene, die gewillt sind, zusammen und nicht gegeneinander zu handeln, mit Erfahrungen von Ohnmacht, Abhängigkeit und Zwängen konfrontiert. Diese Ambivalenz jeder Vision absolut positiver Selbstermächtigung zu betonen, bedeutet nicht, dass Machtpraktiken nicht nach ihrem gewaltförmigen Potential differenziert werden sollen. Gleichwohl scheint es unmöglich, sich die Dynamik einer intransitiven Macht zu denken, die keine transitiven Unterwerfungsstrukturen integriert. Wie im letzten Kapitel gezeigt, bietet Arendts Konzept einer agonalen Macht und ihre Idee der demokratischen Machtteilung in diesem Sinn einen Orientierungspunkt, um Formen der Handlungsermächtigung nach ihrem Umgang mit transitiver Macht (in

21 Vgl. dazu auch Saar, Martin: Genealogie als Kritik. Geschichte und Theorie des Subjekts nach Nietzsche und Foucault, Frankfurt a.M. 2007, S. 234–264: Die Machtanalytik in der Geschichte der Machttheorien.

22 Vgl. etwa Hardt, Michael; Negri, Antonio: Empire. Die neue Weltordnung. Frankfurt a.M./New York 2002. Zu einer ausführlichen und kritischen Auseinandersetzung mit Negris politischem Spinozismus vgl. Saar, Immanenz der Macht, S. 168–190, der zum gleichen Schluss kommt wie er hier im Anschluss an Arendt ausgeführt wurde, wenn er schreibt: «Die Dichotomisierung von Machtblöcken (abschöpfendes Empire vs. konstitutive Multitude) verstellt den Blick für die internen Verwerfungen auf beiden Seiten. [...] Es muss beschreibbar werden, wie gerade aus dem Begehren nach Freiheit und Sicherheit Forderungen nach Exklusivität und Abgrenzung entstehen können.» (ebd. S. 183)

Form von Unterwerfung und Durchsetzungsmacht) spezifischer zu qualifizieren.

Im nächsten Kapitel soll nun diese Uneindeutigkeit des Machtbegriffs besonders auch im Verhältnis zum Gewaltbegriff weiter ausgeführt werden. Dabei lässt sich zeigen, dass sich Macht und Gewalt gesellschaftlich und politisch in einen Zirkel verstricken, der als Verhältnis von sich normativ widerstreitenden Praktiken konzeptualisiert werden kann. Dabei lassen sich Parallelen zwischen Arendts und Foucaults Machtanalysen aufzeigen, wie im Folgenden genauer dargestellt wird.

2. Der Zirkel von Macht und Gewalt nach Arendt und Foucault

Die Unterscheidung von Macht und Gewalt ist in Arendts politischer Philosophie von zentraler Bedeutung, wie in den vorherigen Kapiteln ausführlich erläutert wurde. Doch nicht nur bei Arendt, sondern auch in der (späten) Machttheorie von Michel Foucault ist diese Unterscheidung konstitutiv. Auf diese Parallele soll im Folgenden näher eingegangen werden. Dabei lässt sich zeigen, dass sowohl Foucault wie Arendt davon ausgehen, dass sich Macht und Gewalt nicht nur unterscheiden, sondern auch zusammendenken lassen. Wie eine solche Verbindung analytisch zu fassen ist, muss nun eingehender untersucht werden.

Foucaults Definitionen von Macht und Gewalt

Die große Nähe von Arendts Machtverständnis zu jenem des späten Foucault liegt unter anderem darin, dass beide vom Gegensatz von Macht und Gewalt ausgehen.[23] Macht bedeutet sowohl für

23 Trotz dieser wichtigen Parallele zwischen Foucault und Arendt findet sich in Foucaults Texten meines Wissens nur ein einziger Hinweis auf Arendt. In einem Interview von 1984 antwortet er – auf Hannah Arendts Machtkonzeption angesprochen –, eher ausweichend und spricht «von Arendt oder jedenfalls in dieser Sichtweise durchgeführten Analysen», denen er eine gewisse Plausibilität zuspricht, aber meint, man müsse sich diesem allgemeinen

Arendt als auch für Foucault ein Interaktionsverhältnis, das auf der potentiell widerständigen Kooperations-, Entscheidungs- und Handlungsfähigkeit aller Beteiligten beruht, Gewalt dagegen ein Wirkungsverhältnis, das diese Fähigkeiten auf der Seite der Gewaltbetroffenen zerstört. In «Das Subjekt und die Macht» (SM) exponiert Foucault diesen Gegensatz wie folgt:

> Ein Gewaltverhältnis wirkt auf einen Körper, wirkt auf Dinge ein: es zwingt, beugt, bricht, es zerstört: es schließt alle Möglichkeiten aus; es bleibt ihm kein anderer Gegenpol als der der Passivität. Und wenn es auf einen Widerstand stößt, hat es keine andere Wahl als diesen niederzuzwingen. Ein Machtverhältnis hingegen errichtet sich auf zwei Elementen, ohne die kein Machtverhältnis zustande kommt: so daß der 'andere' (auf den es einwirkt) als Subjekt des Handelns bis zuletzt anerkannt und erhalten bleibt und sich vor dem Machtverhältnis ein ganzes Feld von möglichen Antworten, Reaktionen, Wirkungen, Erfindungen eröffnet. (SM 254)[24]

Während Macht also an die Dynamik der Handlungsfähigkeit gebunden ist, richtet sich Gewalt auf Körper und Dinge, deren Möglichkeitsfeld zerstört wird.[25] Sie erscheint damit vergleichbar den

Thema «äußerst vorsichtig und empirisch zugleich» nähern; vgl. Foucault, Michel: Politik und Ethik: ein Interview, in: ders: Schriften in vier Bänden (=Dits et Ecrits), hg. von Daniel Defert und François Ewald, Bd. 4, Frankfurt a.M. 2005, S. 715–724, hier S. 722. – Eine systematische Verbindung beider Theorien leisten vor allem Agamben, Homo sacer; Tully, The Agonic Freedom of Citizens; Allen, The Power of Feminist Theory; Allen, Amy: Power, Subjectivity, and Agency: between Arendt and Foucault, in: International Journal of Philosophical Studies, 10 (2) 2002, S. 131–150. Zu einer vergleichenden Rezeption vgl. etwa Krüger, Hans-Peter: Die *condition humaine* des Abendlandes. Philosophische Anthropologie in Hannah Arendts Spätwerk, in: Deutsche Zeitschrift für Philosophie 55 (2007) 4, S. 605–626.

24 Vgl. auch die analogen Definitionen von Niklas Luhmann: «Macht erbringt ihre Übertragungsleistung dadurch, daß sie die Selektion von Handlungen (oder Unterlassungen) angesichts anderer Möglichkeiten zu beeinflussen vermag. [...] Macht ist daher zu unterscheiden von dem Zwang, etwas konkret genau Bestimmtes zu tun. Die Wahlmöglichkeiten des Gezwungenen werden auf Null reduziert.» (Luhmann, Niklas: Macht, Stuttgart 1988, S. 8f.). Zum Gegensatz von Macht und Gewalt vgl. auch Han, Byung-Chul: Was ist Macht?, Stuttgart 2005, S. 9–36.

25 Aus kritischer Sicht lässt sich fragen, wie sinnvoll es ist, Gewalt als Praxis zu definieren, die sich gegen Körper *und* Dinge richtet. Insofern der Begriff der

instrumentell-körperlichen «Fertigkeiten», die Foucault als Umgang mit Dingen beschreibt, um sie «zu verändern, zu gebrauchen, sie zu konsumieren oder zu zerstören» (SM 251). Im Feld des Sozialen bedeutet der Einsatz von Gewalt den Einsatz einer technischen Fertigkeit, die Menschen verobjektiviert. In Gewaltverhältnissen werden Menschen so behandelt, als ob sie Dinge wären.[26]

Foucaults Unterscheidung von Macht und Gewalt orientiert sich daran, ob sich das Handeln an ein nicht determiniertes Subjekt richtet, dessen Handlungsfähigkeit – oder eben: Möglichkeitsfeld – wenigstens minimal erhalten bleibt, oder ob das Handeln alle Möglichkeiten verschließt. «Ein gefesselter und geschlagener Mensch», so schreibt Foucault in «Omnes et singulatim», «ist der Kraft unterworfen, die man auf ihn ausübt. Nicht aber der Macht.»[27] Damit sind zwei Implikationen verbunden: Gewalt erzeugt erstens ein radikales Ungleichheitsverhältnis, insofern einer der beiden Pole des Verhältnisses durch absolute Passivität definiert ist, und sie verunmöglicht dadurch zweitens, dass sich ein Widerstand gegen das Verhältnis richten kann.

Foucaults Definition der Gewalt in «Das Subjekt und die Macht» ist insofern auch eine intertextuelle Anspielung auf die Marterszene, die er in *Überwachen und Strafen* ausführlich darstellt. In der englischen Originalfassung von «Das Subjekt und die Macht»

Passivität einem Ding inhärent ist, stellt sich die Frage, was Gewalt diesem Ding zufügen kann, wenn Gewalt definiert ist als «in die Passivität stossen». Angemessener wäre es daher, von der Zerstörung oder Schädigung von Dingen zu sprechen. Foucault nimmt auf diese hoch brisanten Konsequenzen für die Definition politischer Widerstandsformen keinen Bezug, wie er sich überhaupt nicht für die Gewaltfrage im politischen Widerstand zu interessieren scheint.

26 Vgl. auch Foucault, Michel: Die Ethik der Sorge um sich als Praxis der Freiheit, in: Foucault, Schriften, Bd. 4, S. 875–902, hier S. 890: «Wenn einer von beiden vollständig der Verfügung des anderen unterstünde und zu dessen Sache geworden wäre, ein Gegenstand, über den dieser schrankenlose und unbegrenzte Gewalt ausüben könnte, dann gäbe es keine Machtbeziehungen.»

27 Vgl. Foucault, Michel: 'Omnes et singulatim': zu einer Kritik der politischen Vernunft [1981], in: Foucault, Schriften, Bd. 4, S. 165–198, hier S. 197.

heißt es über die Gewalt, die 'bricht': «it breaks on the wheel».[28] Die Gewalt rädert. Diese Formulierung schlägt einen Bogen zu den ausgeklügelten Martertechniken, die Foucault in *Überwachen und Strafen* am Beispiel des Königsattentäters Damien, der in Paris 1757 öffentlich für sein Verbrechen hingerichtet wird, beschreibt. Damien wird zwar nicht auf das Rad geschlagen, aber die Gewalt, die ihn 'zwingt', 'beugt', 'bricht' und 'zerstört', das sind die Wirkungen der glühenden Zangen und der vier Pferde, die seinen Körper in einer langwierigen Prozedur in Stücke reissen.[29] Die absolute Passivität – das ist der Körper des Verurteilten, der gevierteilt und zum Schluss verbrannt wird. Sein Tod ist im Kleinen bereits mehrfach vorweggenommen in jedem Akt der Marter, die sein Körper erleidet und der er sich in keiner Weise widersetzen kann. Er ist ein Objekt der Gewalt, kein Subjekt in einem Machtverhältnis.

Gewaltverhältnisse markieren damit bei Foucault, ebenso wie bei Arendt, den Nullpunkt eines sozialen Verhältnisses, indem sie ein mehr oder weniger offenes Handlungsfeld verengen oder ganz auflösen. Je stärker und absoluter sich Gewalt als physischer Zwang realisiert, desto schwächer wird das Handlungspotential der Interaktion. Im Extremfall produziert physische Gewalt tote Körper und löst damit das Interaktionsverhältnis überhaupt auf. In dieser zugespitzten Form tritt Gewalt als eine sozialtheoretisch *destruktive* Praxis auf, weil sie die Möglichkeit sozialer Interaktion, Kooperation und Kommunikation zerstört. Wir haben diese Funktion der Gewalt im ersten Kapitel mit Arendt als *machtdestruktiven* Effekt der Gewalt bezeichnet.

Diese radikale Gegenüberstellung von Macht und Gewalt wird in der Forschung allerdings wiederholt kritisiert und als realitätsfern und ideologisch bezeichnet.[30] So wird moniert, dass der ausschließlich machttheoretische Zugang, der Gewalt auf Passivität

28 Foucault, Michel: Why Study Power: The Question of the Subject, in: Dreyfus, Hubert L.; Rabinow, Paul: Michel Foucault. Beyond Structuralism and Hermeneutics, Chicago 1982, S. 208–226, hier S. 220.

29 Vgl. Foucault, Michel: Überwachen und Strafen. Die Geburt des Gefängnisses [1975], Frankfurt a.M. 1983, S. 9–12.

30 Vgl. etwa Hirsch, Recht auf Gewalt? S. 29f.; Strecker, David: «Macht und Gewalt sind Gegensätze». Überlegungen zu einer Selbsttäuschung des politischen Denkens aus sklavereitheoretischer Perspektive, in: Martinsen,

und Ohnmacht reduziert, dem Eigensinn der Gewalt aus phänomenologischer Perspektive nicht gerecht werden kann.[31] Diese Einwände sind berechtigt. Sie verunmöglichen aber nicht, dass Macht und Gewalt in einer *spezifischen* Hinsicht – nämlich in Bezug auf die Handlungsfähigkeit von Menschen – sinnvollerweise voneinander unterschieden werden können. Schwerer wiegt dagegen der Vorwurf, dass der Gegensatz von Macht und Gewalt die historisch-politischen Gesellschaftsformationen nicht angemessen erfassen könne, in denen sich Macht und Gewalt miteinander verbinden.[32] Das bedeutet entweder – wie vor allem die an Arendt gerichteten Kritiken formulieren –, dass die Trennung von Macht und Gewalt dazu führt, dass die realen Herrschaftsstrukturen aus dem Blick geraten und einem idealtypischen Gegensatz von Macht und Gewalt geopfert werden.[33] Oder es bedeutet – wie es vor allem die an Foucault gerichteten Kritiken formulieren –, dass der Gewaltcharakter jener Machtpraktiken, in denen Menschen zwar handlungsfähig, aber gleichwohl unterdrückt sind, unsichtbar gemacht und der Machtbegriff damit unkritisch verwendet werde, weil er zu einem umfassenden Begriff für alle Sozialverhältnisse generalisiert werde.[34]

Beiden Einwänden wird im Folgenden begegnet, indem *mit* Arendt und Foucault die Unterscheidung von Macht und Gewalt aufrechterhalten wird, um *über sie hinaus* deren strukturelle Verbindung analytisch und normativ zu erfassen. Dass eine solche Klärung sinnvoll ist, zeigt sich daran, dass Arendt und Foucault selber

Franziska; Flügel-Martinsen, Oliver (Hg.): Gewaltbefragungen. Beiträge zur Theorie von Politik und Gewalt, Bielefeld 2014, S. 99–116.

31 Vgl. zur phänomenologischen Bestimmung von Gewalt Das, Veena: Life and Words. Violence and the Descent into the Ordinary, Berkeley/Los Angeles/London 2007; Liebsch, Burkhard et al. (Hg.): Profile negativistischer Sozialphilosophie. Ein Kompendium, Berlin 2011; Staudigl, Michael: Phänomenologie der Gewalt, Cham/Heidelberg/New York 2015.

32 Vgl. dazu etwa Strecker, Macht und Gewalt sind Gegensätze, S. 108–110.

33 Vgl. zu dieser Kritik an Arendt Habermas, Hannah Arendts Begriff der Macht, S. 240ff.; Holland-Cunz, Barbara: Die Wiederentdeckung der Herrschaft, in: Kreisky, Eva; Sauer, Birgit (Hg.): Geschlechterverhältnisse im Kontext politischer Transformationen, Opladen/Wiesbaden 1998, S. 83–97.

34 Vgl. in diesem Sinn etwa die frühe Kritik von Honneth, Axel: Kritik der Macht. Reflexionsstufen einer kritischen Gesellschaftstheorie, Frankfurt a.M. 1985

das Verhältnis von Macht und Gewalt ansatzweise im Blick haben, ohne es aber begrifflich zu präzisieren. So rückt Arendt, obwohl sie auf der analytischen Trennung von Macht und Gewalt beharrt, deren Verbindung ins Bewusstsein, wenn sie schreibt: Obwohl Macht und Gewalt «ganz verschiedenartige Phänomene sind, treten sie zumeist zusammen auf» (MG 53). Und auch Foucault bezeichnet in *Überwachen und Strafen* die im 18. Jahrhundert einsetzenden neuen Straftechniken, die nicht mehr auf die Gewalt der Marter setzen, sondern das Denken und Handeln der Straffälligen machtförmig modellieren, als «eine Technologie der subtilen, wirksamen und sparsamen Gewalten.»[35] Der in seinen späten Texten vorgenommene, handlungstheoretische Gegensatz von Macht und Gewalt erscheint also nicht adäquat, wenn es um die Analyse moderner, staatlicher Strafinstitutionen geht.

Wie eine solche Verbindung von Macht und Gewalt konzipiert werden kann, dazu finden sich allerdings bei Foucault und Arendt wenige systematische Anhaltspunkte. Es ist also den obigen Einschätzungen zuzustimmen, dass sie keine eigenständige Theorie von Herrschaft entwickeln, wenn darunter Verhältnisse gezählt werden, in denen sich Macht und Gewalt verbinden und durchdringen. Gleichwohl ist ihr Machtverständnis einer Herrschaftsanalyse nicht hinderlich, sondern im Gegenteil für diese produktiv, insofern die Unterscheidung der Funktionslogiken von Macht und Gewalt ermöglicht, in Herrschaftsformationen beide Funktionen klarer voneinander zu unterscheiden und Herrschaftsverhältnisse dadurch normativ zu präzisieren. Dazu ist eine eigene Typologie zu entwickeln, die sich an Arendts und Foucaults Macht- und Gewaltverständnis orientiert, diese aber weiter entwickelt. Welche Phänomene dabei analytisch erfasst werden können, wird im Folgenden anhand von zwei möglichen Konstellationen aufgezeigt.[36]

35 Foucault, Überwachen und Strafen S. 131.

36 Vgl. zum Folgenden auch Meyer, Katrin: Krisis des Machtbegriffs und Kritik der Gewalt, in: studia philosophica, Bd. 74, Basel 2015, S. 93–105; dies.: Der Kreislauf von Macht und Gewalt, in: Macht. Aktuelle Perspektive aus Philosophie und Sozialwissenschaften, hg. von Phillip H. Roth, Frankfurt a.M./New York 2016, S. 45–62.

Die Macht zur Gewalt gegen Dritte: Die Spaltung der Bevölkerung

Eine erste mögliche Verbindung von Macht und Gewalt ist diejenige, die ich die *Macht zur Gewalt* nennen möchte. Mit Arendts Machtverständnis lässt sich die Macht zur Gewalt als eine Gewalt bestimmen, die sich auf eine Machtbasis abstützt und sich durch diese ermächtigen und legitimieren lässt. Diese Ermächtigung kann durch formal geregelte, demokratische Zustimmungsprozesse, durch einen stillschweigenden Konsens, durch Wegschauen und Gewährenlassen oder durch die bewusste oder unbewusste Wiederholung von Gewaltpraktiken im alltäglichen Handeln erfolgen.

Die oben formulierte These, wonach Macht und Gewalt in ihrer Extremform Gegensätze sind, wird durch diese Konstellationen der Macht zur Gewalt nicht in Frage gestellt, sondern vielmehr bestätigt. Dass Macht- und Gewaltverhältnisse trotz ihrer qualitativen Differenz zusammenwirken können, liegt daran, dass sich beide Verhältnisse jeweils auf unterschiedliche Personengruppen beziehen lassen. Dies ist der Fall, wenn Menschen oder Institutionen eine gemeinsame Handlungsmacht entwickeln, um gegen Dritte Gewalt auszuüben, die dadurch als Teil der Gruppe ausgeschlossen werden. Das Extrembeispiel einer solchen politisch und sozial ermächtigten Gewalt ist die von Arendt beschriebene Erzeugung der «Überflüssigen» (EU 921), auf die oben im Kapitel I.4. bereits näher eingegangen wurde. Nach Arendt steht der oder die Überflüssige außerhalb der sozialen Ordnung und ist nicht in Macht- und Interaktionsverhältnisse eingebunden. Dies ist die Situation der modernen Flüchtlinge, deren Taten und Meinungen im Exil ohne Bedeutung und Gewicht sind. An diesem Nicht-Eingebunden-Sein lässt sich die Gewaltförmigkeit der Macht ablesen, die einzelne Menschen aus dem gemeinsamen Handlungsraum ausschließt, während sich die Mehrheitsgesellschaft davon unberührt zeigt und sich nach rechtsstaatlichen und demokratischen Grundsätzen organisiert.

Offensichtlich tritt hier die Gewalt nicht in einer Form auf, die *alle* sozialen Verhältnisse auflöst, sondern in einer Form, die sich sehr spezifisch gegen einen bestimmten Bevölkerungskreis richtet. Diese Gewalt bleibt insofern Teil sozialer und politischer Gemeinschaften und institutionalisierter Kooperationen, als sie durch eine soziale oder politische Machtbasis überhaupt erst erzeugt und unterstützt wird.

Dass eine Bevölkerung implizit oder explizit ihre Zustimmung zu Gewaltpraktiken geben und diese dadurch ermächtigen und legitimieren kann, ist allerdings nicht per se schon normativ problematisch. Tatsächlich bildet diese Legitimationsfigur die Grundlage neuzeitlicher Staatstheorien. Paradigmatisch dafür ist die im Anschluss an Hobbes und Locke formulierte Idee des Gesellschaftsvertrags, der dem Staat das Gewaltmonopol überträgt und die staatlichen Institutionen ermächtigt, gegen die Vertragsunterzeichnenden im Fall des Verstoßes gegen das Gesetz gewaltförmige Sanktionen auszuüben.[37]

Im Licht der Vertragstheorie stellt nun allerdings die Ermächtigung zur Gewalt gegen Dritte, die *nicht* Vertragspartner eines (hypothetischen) Gesellschaftsvertrags sind, eine normative Herausforderung dar, weil damit die kontraktualistische Rechtfertigungsbedingung entfällt, wonach die potentiellen Opfer der Gewalt deren Einsatz zustimmen können müssen. Um solche Fälle der Gewaltlegitimation analytisch zu erfassen, muss darum stärker zwischen Subjekten und Objekten eines hypothetischen Gesellschaftsvertrags unterschieden werden. In diesem Sinn spricht Carole Pateman in Bezug auf die radikale Rechtlosigkeit der Frauen in den neuzeitlichen und modernen Vertragstheorien davon, dass Frauen nicht als Autorinnen, sondern als Gegenstand eines Vertrages konzipiert werden, den Männer unter sich abschließen.[38] Analog dazu entwickelt Charles Mills das hypothetische Konzept eines 'Rassenvertrags', in dem die Diskriminierung nicht-weißer Menschen als Ergebnis einer gesellschaftlichen Vereinbarung unter

37 Vgl. auch Hobbes' Definition des Staates, die «eine Person ist, bei der sich jeder einzelne einer großen Menge durch gegenseitigen Vertrag eines jeden mit jedem zum Autor ihrer Handlungen gemacht hat, zu dem Zweck, daß sie die Stärke und Hilfsmittel aller so, wie sie es für zweckmäßig hält, für den Frieden und die gemeinsame Verteidigung einsetzt» (Hobbes, Leviathan, Kap. 17, S. 134f.).

38 Vgl. Pateman, Carole: Der Geschlechtervertrag, in: Appelt, Erna; Neyer, Gerda (Hg.): Feministische Politikwissenschaft, Wien 1994, S. 73–95.

Weißen dargestellt wird.[39] Mit diesen Konzepten diskriminierender Herrschaftsverträge werden Phänomene beschrieben, die wir als Ermächtigung zur Gewalt gegen Dritte bezeichnen können, die einzelne Individuen und Gruppen aus rassistischen, sexistischen oder klassenspezifischen Gründen entrechtet und handlungsunfähig macht.[40] Entscheidend dabei ist, dass sich diese Gewalt jeweils auf den Konsens jener zurückführen lässt, die von der Gewalt selber *nicht* betroffen sind. Allerdings muss im Sinne Arendts diese statische Vertragslogik in eine dynamische Logik des 'Konsent' übersetzt werden, so dass deutlich wird, dass sich sexistische oder rassistische 'Vereinbarungen' nicht auf einen einmaligen Gesellschaftsvertrag zurückführen lassen, sondern dass sie im alltäglichen Handeln immer wieder reaktualisiert werden. Augenfällig wird am Phänomen der Gewalt gegen Dritte damit auch, dass diese die Gewalt in der Gesellschaft nicht – wie es die Idee des Gesellschaftsvertrages zumindest *idealiter* vorsieht – zähmt und transformiert, sondern dass sie die Ausübung von Gewalt im Gegenteil antreiben und vermehren kann, *weil* sie sich auf eine legitimatorische Machtbasis gründet, die von den Gewaltwirkungen selber nicht direkt betroffen ist.

Dass sich exzessive staatliche Gewalt gerade auch in Demokratien bis heute vorzugsweise gegenüber Gruppen artikuliert, die rechtlich oder de facto ohnmächtig sind und an den demokratischen Machtstrukturen nicht partizipieren können – Armutsbetroffene, Asylsuchende, psychisch Kranke und Alte, sozial Stigmatisierte –, macht deutlich, dass die Macht zur Gewalt darauf beruht, die Bevölkerung hinsichtlich ihrer kollektiven *Handlungsmächtigkeit* spalten zu können. Je nachhaltiger und stabiler bestimmte Individuen und Gruppen aus politischen und gesellschaftlichen Machtverhältnissen im Sinne gemeinsamer Interaktionen und Kooperationen ausgegrenzt werden und je existenzieller und tiefgreifender sich diese Ohnmachtserfahrungen auf die persönliche Lebensgestaltung der Betroffenen auswirken, desto stärker zeigt sich die gesellschaftliche Gewalt, die bestimmte Menschen in die Passivi-

39 Vgl. dazu Mills, Charles: The Racial Contract. Ithaca 1997.

40 Vgl. dazu auch ders.: The Domination Contract, in: Pateman, Carole; Mills, Charles W.: Contract and Domination, Manchester 2007, S. 79–105.

tät stößt, während sich diejenigen, die politisch oder gesellschaftlich aktiven Anteil an den Machtverhältnissen haben, nach rechtsstaatlichen und demokratischen Grundsätzen organisieren können, in denen die Handlungs-, Entscheidungs- und Kooperationsfähigkeit der Gruppenmitglieder gewahrt bleiben.

An dieser Stelle zeigen sich Parallelen zwischen Arendts Analyse der Situation der 'Überflüssigen' und Foucaults Thesen zur modernen Biopolitik.[41] So beschreibt Foucault in seinen Vorlesungen *In Verteidigung der Gesellschaft* und im letzten Kapitel von *Der Wille zum Wissen* ausführlich, wie moderne Gesellschaften durch humanwissenschaftliche und staatliche Institutionen die Ausschließung oder gar Eliminierung von Menschen, die als 'anormal', 'deviant' oder 'ungesund' gelten, vorantreiben und wie sie 'biopolitische' Selektionspraktiken entwickeln, die rassistisch und eugenisch operieren.[42]

Im Anschluss an diese Analysen kann das Konzept der Macht zur Gewalt – über Arendt und Foucault hinaus – sowohl machttheoretisch als auch normativ eingesetzt werden, um den Fokus auf die Frage zu legen, *wie* solche humanwissenschaftlichen Techniken und Rationalitäten konkret ermächtigt werden, das heißt, welchen Gewinn und Nutzen sie einer Mehrheitsgesellschaft versprechen und welche Institutionen und Akteurinnen und Akteure für sie verantwortlich sind. Zugleich lenkt das Konzept der Macht zur Gewalt die Aufmerksamkeit auf die Grenzen einer normativen Theorie, die die Legitimität einer Praxis vom Konsens oder Konsent einer Gemeinschaft abhängig macht und dabei die gesellschaftlich ermächtigten Gewaltpraktiken aus dem Blick verliert. Die oben genannten Beispiele machen deutlich, dass es aus normativer Perspektive nicht genügt, die demokratischen Organisationsstrukturen einer Gesellschaft zu analysieren, weil daraus

41 Vgl. zu diesen Parallelen auch Agamben, Homo sacer, S. 127ff.. Nach Agamben ist es Foucault und Arendt aber nicht gelungen, «ihre beiden Perspektiven zu kreuzen» (ebd. S. 128).

42 Vgl. zu dieser 'biopolitischen' Selektion Foucault, Michel: Der Wille zum Wissen. Sexualität und Wahrheit 1 [1976], Frankfurt a.M. 1983, S. 165: «Rechtens tötet man diejenigen, die für die anderen eine Art biologische Gefahr darstellen.»

nicht ableitbar ist, wie sich eine Gemeinschaft gegenüber jenen verhält, die von der Teilhabe an der Macht ausgeschlossen sind. Die normative Dimension von sozialen Interaktionen und Ordnungen sollte also nicht nur in Hinsicht auf ihre demokratische Verfasstheit reflektiert werden. Entscheidend ist immer auch die Frage, was Machtverhältnisse und -ordnungen gegenüber Dritten, die nicht Teil der Machtstrukturen sind, bewirken und wie weit diese die Basis sind, um Effekte der Gewalt zu initiieren und zu legitimieren. Diese kritische Perspektive kann neue Phänomene sichtbar machen, die sich im Spannungsverhältnis von Macht und Gewalt konturieren – nicht zuletzt die beunruhigende Erkenntnis, dass demokratische Machtverhältnisse dazu dienen können, den einen Macht zu geben, um gegen andere umso effektiver Gewalt auszuüben.

Die Macht der Gewalt: Die Verdinglichung von (kollektiver) Praxis

Eine zweite mögliche Form der Verbindung von Macht und Gewalt begegnet in einer Konstellation, die ich die *Macht der Gewalt* nennen möchte. Sie zeigt sich augenfällig immer dann, wenn eine gewaltbetroffene Person physische und psychische Gewalt *überlebt* und handlungsfähig bleibt. Jedes Überleben von Gewalt bedeutet für die Gewaltbetroffenen, dass sie sich im Brennpunkt zweier unterschiedlicher Logiken befinden. Einerseits stehen sie unter der Erfahrung, reines Objekt verfügender Handlungen zu sein (oder gewesen zu sein), und andererseits unter der Erfahrung, gleichzeitig als Subjekt handlungsfähig zu bleiben und zu sich und zu anderen in ein intentionales Verhältnis treten zu können. Das zeigt sich etwa an Formen der Folter, wenn deren Ziel darin besteht, die Gewalterfahrung von Menschen für die Zukunft *handlungswirksam* zu machen. Menschen sollen einerseits im Akt der Folter durch physische und psychische Schmerzen auf ein Bündel von physischen Reaktionen reduziert werden. Zugleich aber soll es ihnen möglich bleiben, trotz der traumatischen Erfahrungen sprach- und kooperationsfähig zu bleiben, so dass sie zum Beispiel selber zu willfährigen Vollstreckerinnen und Vollstreckern neuer Gewalt werden können. Naomi Klein hat solche Strategien am Beispiel von Folterexperimenten der CIA aufgezeigt.[43] Ein Beispiel dafür sind auch die Folterpraktiken der rumänischen Securitate in den 1970er Jahren, die als »Pitesti-Experiment« berüchtigt geworden sind. Die Gewalt wird dabei so angewendet, dass sie das Interaktionsverhältnis nicht aufhebt. Befehlen zu gehorchen, eigene Handlungsfähigkeit zu entwickeln, selber Befehle erteilen zu können oder gar selber foltern zu lernen – alle diese Effekte, die durch die Folter erzwungen werden können, konstituieren eine Wirkung der Gewalt, die nichts anderes bezeichnet als die *Macht der Gewalt*. Sie beschreibt, wie sich Gewalt durch die Manipulation von Handlungsformen reproduzieren kann, wenn Menschen ihre Entscheidungs- und Kooperationsmöglichkeiten darauf verwenden, eine Gewaltpraxis weiter zu tradieren. Die Gewalt äußert sich in diesen Konstellationen nicht absolut, sondern spezifisch und begrenzt. Sie minimiert oder zerstört einzelne Aspekte menschlicher Handlungsfähigkeit, die für eine kritische und potentiell widerständige Praxis notwendig sind, und lässt andere Kompetenzen wie etwa die Fähigkeit zum Kalkül und zur strategischen Vermeidung neuer Gewalterfahrungen intakt und macht sich diese zu ihren Gunsten nutzbar.

Diesen Effekt als Macht der Gewalt zu bezeichnen, scheint auf den ersten Blick Arendts Intention, Macht und Gewalt zu unterscheiden, diametral entgegengesetzt. Wie oben im ersten Kapitel erläutert, definiert Arendt Gewalt als Zerstörung und Verhinderung von Macht, so dass nicht einsichtig ist, wie sich Handlungsmacht als Effekt von Gewalt konzipieren lassen kann. Dennoch ist eine solche These möglich, wenn wir Arendts emphatische Unterscheidung von Handeln und Herstellen einbeziehen. Während Handeln auf der Spontaneität, Offenheit und Unkontrollierbarkeit einer Praxis beruht, ist Herstellen nach Arendt eine Tätigkeitsform, die für den Umgang mit Dingen angemessen ist, einer Zweck-Mittel-Logik folgt und ihre Effekte kontrollieren will. In dieser instrumentellen Struktur weist sie Analogien zur Gewalt auf (vgl. VA 165, MG 8). Entsprechend lässt sich die Macht der Gewalt im Anschluss an Arendt als *Verdinglichung* der Handlungsfähigkeit bezeichnen, weil sie genau jene Aspekte auslöscht, die eine spontane und frei-

43 Vgl. zu den Strategien der CIA Klein, Naomi: Die Schock-Strategie. Der Aufstieg des Katastrophen-Kapitalismus, Frankfurt a.M. 2009².

heitliche Handlungsfähigkeit von Menschen auszeichnet, nämlich die Fähigkeit zur offenen und nicht-strategischen Begegnung mit anderen Menschen, die den Handlungsspielraum von Subjekten qualitativ erweitern. Es fehlt dieser Handlungsfähigkeit also, in der Terminologie Arendts formuliert, das initiative, egalisierende und pluralistische Element. Sie ist eigentlich Herstellen und nicht Handeln – und kann als solche selber gewaltförmig hergestellt werden.

Gleichzeitig ist dabei der Machtaspekt nicht ganz ausgelöscht, solange in verdinglichten Verhältnissen die Möglichkeit zu spontanen Reaktionen wenigstens ansatzweise erhalten bleibt. Mit Arendt müssen wir davon ausgehen, dass dies der Fall ist, solange Menschen überhaupt zu Interaktion und Kommunikation fähig sind. Minimale Handlungsfähigkeit aller Beteiligten ist demnach das, was die unterschiedlichsten Konstellationen der Macht der Gewalt von den absolut destruktiven Formen von Gewalt unterscheidet. Im Licht der Ausdifferenzierung von Handeln und Herstellen eröffnen sich also Verbindungen und Analogien zwischen Macht und Gewalt, gleichwohl bleibt dabei die These Arendts gültig, wonach sich Macht und Gewalt in ihrer Extremform ausschließen und radikale Gewalt letztlich Ohnmacht erzeugt. Dazwischen aber etablieren sich vielfältige Herrschaftsstrukturen, in denen sich Gewalt mittels Machthandeln zu reproduzieren und zu stabilisieren versucht.

Verdinglichungspraktiken erhalten eine systematische und kollektive Dimension, wenn Gewalt gegenüber Einzelnen systematisch zur Abschreckung einer ganzen Bevölkerung eingesetzt wird. Dadurch werden Gewalthandlungen, auch wenn sie nicht direkt erlebt werden, als Drohungen erfahrbar, und sie können damit das Verhalten größerer Gruppen steuern und kontrollieren.[44] Gewalt-

44 Diese repressive Funktion der Gewalt unterscheidet sich diametral von kollektiven Bemühungen, die Erinnerung an Gewalt zur *Überwindung* der Gewalt lebendig zu halten. Nach Martin W. Schnell ist die Erinnerung an außergewöhnliche Gewaltereignisse in der Geschichte in diesem Sinn für die Entwicklung einer demokratischen Gesellschaft konstitutiv, weil sie als Unvergessliches einen normativ negativen Referenzpunkt darstellen kann; vgl. Schnell, Martin W.: Unforgettable. Macht und Gewalt politischer Stiftungen,

ordnungen wie die Sklaverei oder der Kolonialismus beruhen in diesem Sinn auf der Technik, manifeste Gewaltexzesse zur kollektiven Erpressung und Abschreckung einer ganzen Bevölkerungsgruppe einzusetzen.[45] Zu einer Macht wird diese Gewalterfahrung in dem Moment, in dem die Gewaltbetroffenen die Erfahrung der Entrechtung in ihrem Handeln an andere weitergeben oder gegen sich selbst richten. Frantz Fanon beschreibt diese Gewalterfahrungen am Beispiel kolonialisierter Völker als psychischen Prozess, bei dem sich die Gewalt «unter der Haut ansammelt»[46] und in dem sich die vom Kolonialherrn gegenüber den Kolonisierten praktizierte Politik der Missachtung und Entwürdigung in verschiedenen Formen im Leben der Kolonisierten anstaut. Ähnliche Logiken treffen auch auf die gesellschaftlichen Effekte des Sexismus zu, zu deren Eigenheiten gehört, dass sich Frauen als das, wie es Simone de Beauvoir nennt, «andere» und minderwertige Geschlecht traditionellerweise in die sexistische Geschlechterordnung einfügen und sie mittragen und in ihrem Handeln und Selbstverständnis reproduzieren.

Damit lässt sich die Macht der Gewalt als Ausdruck einer produktiv gewordenen Gewalt deuten, in der sich die Gewalt im Sinne der Zerstörung einer spontanen Handlungsfähigkeit mit der Formierung einer verdinglichten Handlungsfähigkeit verbindet. Eine solche Verbindung kann im Anschluss an Arendt auf Foucaults Machtverständnis übertragen werden. Bei der Verdinglichung von Machtverhältnissen geht es entsprechend nicht darum, dass sich in diesem Machtverhältnis «ein ganzes Feld von möglichen Antworten, Reaktionen, Wirkungen, Erfindungen eröffnet», wie es das oben formulierte Zitat von Foucault aus «Das Subjekt und die Macht» (SM 254) beschreibt, sondern darum, dass sich im Gegenteil das auf die Reproduktion von Gewalt angelegte Handeln in engen, vorherbestimmten Bahnen und Formen bewegt. Gleichwohl ist ein solches Handeln, das der Reproduktion von Gewalt dient und in bestimmten Kontexten angestachelt und angereizt

in: Gewalt verstehen, hg. von Burkhard Liebsch und Dagmar Mensink, Berlin 2003, S. 141–155.

45 Vgl. dazu auch Strecker, Macht und Gewalt sind Gegensätze

46 Fanon, Von der Gewalt, S. 49.

wird, Teil eines Machtverhältnisses, wenn wir Foucaults Definition aus dem erwähnten Zitat übernehmen, wonach ein Machtverhältnis besteht, wenn «der 'andere' (auf den es einwirkt) als Subjekt des Handelns bis zuletzt anerkannt und erhalten bleibt» (ebd.). Anders als im Fall der Macht *zur* Gewalt, in der sich eine Praxis adressatenbezogen als Macht- *oder* als Gewaltverhältnis manifestieren kann und gerade dadurch eine Gesellschaft spaltet, äußert sich die Macht *der* Gewalt demnach darin, dass sie menschliche Handlungsfähigkeit *in* einem Gewaltverhältnis 'anerkennt', aber zugleich qualitativ restringiert. Statt ein 'weites Feld' an Handlungsmöglichkeiten offen zu lassen, dient die Macht der Gewalt dazu, Handlungsoptionen zu verengen und zu kanalisieren und damit zu verdinglichen.

Tatsächlich lassen sich bei Foucault Textstellen finden, die zeigen, dass er sich selber mit diesem Problem der unterschiedlichen Qualität von Machtverhältnissen beschäftigt hat, und die nahelegen, die Unterscheidung von Macht und Gewalt – wie hier vorgeschlagen – durch eine dritte Handlungskonstellation der Macht der Gewalt zu erweitern. So schwankt der späte Foucault ganz offensichtlich bei der Beantwortung der Frage, ob Sklavereiverhältnisse nun als Macht- oder Gewaltverhältnisse zu charakterisieren seien. Dieses Schwanken hängt mit der Unklarheit dessen zusammen, was 'freies' Handeln bedeutet. Gemäß Foucault operiert Macht in einem «Möglichkeitsfeld» (SM 255), das heißt in einem Raum von Freiheit, wenn er schreibt: «Macht wird nur auf 'freie Subjekte' ausgeübt und nur sofern diese 'frei' sind. [...] Dort wo die Determinierungen gesättigt sind, existiert kein Machtverhältnis.» (SM 255)

Die Bestimmung dessen, was freies Handeln ist, bleibt dabei allerdings vage. Wenn man sich an der Bestimmung des Handelns als «nicht gesättigter Determination» orientiert, dann fällt darunter tendenziell jedes Verhalten, das nicht absolut kausal determiniert ist. Auf einen Befehl langsam oder schnell zu reagieren, vor einem drohenden Gewaltakt zu fliehen oder einen Peiniger in der Not anzulügen – all dies können wir als 'nicht gesättigte Determinationen' eines Machtverhältnisses deuten. Wird Handlungsmöglichkeit in diesem minimalistischen Sinn verstanden, so ist also jedes Verhalten 'frei', das modifiziert werden oder ausbleiben kann. Tatsächlich formuliert Foucault selber an anderer Stelle die These, ein

Machtverhältnis spanne sich bereits dann auf, wenn die Machtunterworfenen sich durch Selbstmord dem Verhältnis entziehen können, dies aber nicht tun.[47] Nach dieser Definition wäre also auch das Sklavereiverhältnis ein Machtverhältnis allein dadurch, dass die Versklavten auf den Selbstmord verzichten.

Gegen diese sehr weite Deutung des Verständnisses von Handlungsfreiheit und mithin von Machtverhältnissen steht nun aber Foucaults konträre These in «Das Subjekt und die Macht», wonach das Verhältnis von Herr und Sklave kein Machtverhältnis ist. Sklaverei, so Foucault, sei ein «physisches Zwangsverhältnis» (SM 255). Diese Beschreibung ist wichtig, weil sie in Frage stellt, ob die minimale Deutung des nicht determinierten Verhaltens für die Unterscheidung von Macht- und Gewaltverhältnissen bei Foucault tatsächlich ausreichend ist. Denn ganz offensichtlich sind auch unter versklavten Verhältnissen Menschen handlungsfähig und nicht reine Objekte eines Zwangs – und dennoch scheint es kontraintuitiv, Sklavereiverhältnisse als Machtverhältnisse zu bezeichnen, in denen Subjekte 'frei' handeln können. Foucaults These, wonach sich Macht nur auf freies, nicht determiniertes Handeln bezieht, muss darum enger gefasst werden zur These, dass zu dieser Freiheit nicht irgendwelche Handlungsmöglichkeiten gehören, sondern spezifisch jene, die sich auf Praktiken des Widerstands beziehen, die *in* einem Machtverhältnis wirksam werden und die Verhältnisse von Herrschaft und Knechtschaft tatsächlich *umkehren* könnten. Diese spezifische Qualität bestimmter Machtverhältnisse bezeichnet Foucault selber auch als 'Herrschaft'. Herrschaft, so meint Foucault in «Die Ethik der Sorge um sich als Praxis der Freiheit», ist ein Ensemble von Machtstrategien, die sich miteinander verzahnen und das Machtverhältnis fixieren. Damit gelinge es, «ein Feld von Machtbeziehungen zu blockieren, sie unbeweglich und starr zu machen und jede Umkehrung der Bewegung zu ver-

47 Vgl. Foucault, Die Ethik der Sorge, S. 890: «Selbst wenn die Machtbeziehung völlig aus dem Gleichgewicht geraten ist, wenn man wirklich sagen kann, dass der eine alle Macht über den anderen besitzt, so lässt sich die Macht über den anderen nur in dem Maße ausüben, in dem diesem noch die Möglichkeit bleibt, sich zu töten, aus dem Fenster zu springen oder den anderen zu töten.»

hindern».[48] Foucaults Beschreibung von Herrschaft lässt sich im hier entwickelten Sinn als Macht der Gewalt definieren, insofern die Verhältnisse dadurch gekennzeichnet sind, dass sie Menschen handlungsfähig lassen, ihre Handlungsfähigkeit aber auf die Reproduktion bestehender Ungleichheits- und Gewaltverhältnisse zurichten.

Wichtig am Phänomen der Macht der Gewalt ist demnach, dass sie den handlungstheoretischen Gegensatz von Macht und Gewalt nicht aufhebt, aber funktional kompliziert. Gewaltpraktiken mögen punktuell und in qualitativer Hinsicht Handlungsfähigkeit zerstören, können aber gleichzeitig Teil politischer und sozialer Interaktionsverhältnisse und Institutionen bleiben, die sich in deren Medium stabilisieren. Die Macht der Gewalt bedeutet also die Verstetigung der Gewalt im Leben von Gewaltbetroffenen und in den sozialen Strukturen einer Gesellschaft. Gewalt multipliziert und vermehrt sich gerade darum, *weil* sie nicht in der Form der Tötung von Leben erfolgt, sondern in Form der Anerkennung und Verdinglichung der menschlichen Praxis.

Wie diese Produktivität der Gewalt wirken kann, zeigt sich auch in Foucaults Beschreibungen der Disziplinarmacht in *Überwachen und Strafen*, die oben bereits als Ausdruck einer 'sparsamen Gewalt' bezeichnet wurde. Auch wenn Foucault selber in «Das Subjekt und die Macht», den handlungstheoretischen Unterschied zwischen Macht und Gewalt in einer Weise skizziert, die suggeriert, dass sich die Disziplinarmacht von der Marter dadurch unterscheidet, dass erstere Macht und letztere Gewalt sei, so beschreibt er mit der Disziplinarmacht doch genau jene gewaltförmige Produktion von Handlungsfähigkeit, die Körper und Bewegungen verdinglicht und sie dazu zwingt, sich in normierten Bahnen zu bewegen.

> Aus einem formlosen Teig, aus einem untauglichen Körper macht man die Maschine, deren man bedarf; Schritt für Schritt hat man die Haltungen zurechtgerichtet, bis ein kalkulierter Zwang jeden Körperteil durchzieht und bemeistert, den gesamten Körper zusammenhält und verfügbar macht und sich insgeheim bis in die Automatik der Gewohnheiten durchsetzt.[49]

48 Foucault, Die Ethik der Sorge, S. 878.
49 Foucault, Überwachen und Strafen S. 173.

Während die verdinglichende Gewaltförmigkeit dieser Disziplinierungstechniken evident ist und sich schon sprachlich in den Hinweisen auf den 'Zwang' und die 'Automatik' körperlicher Gewohnheit anzeigt, bleibt fraglich, ob auch in jenen 'weichen' Normalisierungspraktiken, die Foucault in der *Geschichte der Gouvernementalität* mit den (neo-)liberalen Regierungstechniken gleichsetzt, eine Form der verdinglichenden Macht der Gewalt am Werk ist.[50] Ein Merkmal dieser Regierungstechniken liegt nach Foucault darin, dass sie das Regieren über jene ermöglichen, die nicht regiert werden wollen.[51] Die Subjekte werden angehalten, sich selbst zu führen, sich nach unternehmerischen Gesichtspunkten zu optimieren und aus ihren Fähigkeiten (Human-)Kapital zu schlagen. Entsprechend sanktioniert neoliberales Regieren nicht durch die Gewalt des Gesetzes, sondern gemäß der ökonomischen Logik von Gewinn und Verlust.[52] Führen solche Praktiken der Selbstoptimierung und des Selbstmanagements zur Gewalt gegen sich und andere? Sind Effekte der Normalisierung und der Integration in kapitalistische Funktionslogiken letztlich Ausdruck einer Selbstvergewaltigung?

Eine solche Gleichsetzung freiheitlicher Regierungstechniken mit einer Macht der Gewalt erscheint in gewissem Sinn kontraintuitiv, denn sie läuft der Intention Foucaults entgegen, neoliberales Regieren als ein Regieren mit und durch 'Freiheit' zu charakterisieren. Gleichwohl sollte das nicht ausschließen, unter qualitativer Perspektive nach der Gewaltförmigkeit dieser Praktiken und ihren verdinglichenden Effekten zu fragen. Ein solcher

50 Vgl. Foucault, Michel: Geschichte der Gouvernementalität [1977–79], 2 Bd., Frankfurt a.M. 2004.

51 Zur «Staatsphobie» des Neoliberalismus vgl. Foucault, Geschichte der Gouvernementalität II, S. 112f.; vgl. auch ebd. S. 29: «Das ganze Problem der kritischen gouvernementalen Vernunft wird sich um die Frage drehen, wie man es anstellt, nicht zu viel zu regieren.»

52 Vgl. ebd., S. 358: «Man muß zugeben können, daß jedenfalls, gleichgültig wie pathologisch das Subjekt auf einer bestimmten Ebene und unter einem bestimmten Blickwinkel auch sein mag, dieses Subjekt bis zu einem bestimmten Punkt, in einem gewissen Grad auf die Veränderungen in den Gewinnen und Verlusten reagiert, d.h., daß die Handlung der Bestrafung sich auf den Spielraum möglicher Gewinne und Verluste richten soll».

Effekt lässt sich daran bemessen, dass er anfängliches Handeln und revolutionäre, politische Initiativen verunmöglicht und Subjekte dazu bringt, ihr Handeln in den Dienst bestehender Herrschaftsverhältnisse zu stellen, ohne diese zu verändern (oder verändern zu wollen).

Wenn sich die von Foucault beschriebenen 'neoliberalen' Subjekte mit Haut und Haaren einer kapitalistischen Optimierungslogik unterwerfen, wenn sie bis in ihre alltäglichsten Entscheidungen hinein darauf achten, ihr Leben im Sinne eines 'Humankapitals' zu fördern und zu verwerten, wie es Foucault als vitalen Imperativ des Neoliberalismus rekonstruiert, dann drängt es sich tatsächlich auf, darin die Spuren einer Macht der Gewalt zu erkennen. Diese realisiert sich nun nicht wie in der körperlichen Disziplinierung durch starre Normierung, sondern durch flexible Normalisierung, trägt dabei aber gleichwohl verdinglichende Aspekte weiter. Denn kann sich im gemeinsamen Handeln etwas Neues ereignen, wenn sich alle Beteiligten auf die Optimierung ihres Selbst konzentrieren? Können sie überhaupt wollen, dass sich etwas Neues ereignet oder würde eine solche Offenheit für pluralisierte Interaktion nicht bedingen, dass das Grundprinzip der Optimierungslogik, nämlich der Primat der (Selbst-)Kontrolle, in Frage gestellt werden muss? Ohne solche Zusammenhänge pessimistisch zu verabsolutieren und damit zu verkennen, dass sich immer Neues ereignen kann, wenn Menschen zusammen handeln, lassen sich doch in der Disziplinarmacht und der Normalisierungsmacht, wie sie Foucault analysiert, gewaltförmige Logiken identifizieren.[53] In dem Maß, in dem sie Praxis auf kontrollierbare *Techniken* des Sozialen reduzieren, zerstören sie das Potential gemeinsamen Handelns als Selbstzweck und schränken das 'weite Feld der Möglichkeiten' in qualitativer Hinsicht ein.

53 Vgl. dazu auch Purtschert, Patricia; Meyer, Katrin; Winter, Yves (Hg.): Gouvernementalität und Sicherheit. Zeitdiagnostische Beiträge im Anschluss an Foucault, Bielefeld 2008.

Der Zirkel von Macht und Gewalt im Widerstreit

Bis jetzt wurde gezeigt, dass sich in den Phänomenen der Macht *der* Gewalt und der Macht *zur* Gewalt entweder auf der Input- oder auf der Output-Seite von Machtverhältnissen Gewalt aktualisiert. Sie kann aber auch auf beiden Seiten zugleich stattfinden. Dann können wir von einem gesellschaftlichen *Zirkel von Macht und Gewalt* sprechen, der sich geschichtlich reproduziert. Für diesen Nexus sprechen die oben geschilderten Beispiele der politischen und sozialen Ermächtigung zur Gewalt gegen Dritte in Form von Sexismus, Rassismus und Kolonialismus, die sich in der Verdinglichung der Handlungsfähigkeit der Gewaltbetroffenen niederschlägt und die gesellschaftliche Reproduktion dieser Gewalt wiederum erleichtert. Die Frage, wie sich dieser Kreislauf am Leben erhält, aber auch, wie er unterbrochen werden kann, ist darum eine der zentralen Fragen für feministische und postkoloniale Theorien. Dabei sollte aber vermieden werden, den Zirkel von Macht und Gewalt im Sinne einer geschichtsphilosophischen Kategorie zu verabsolutieren und ihm eine historische Notwendigkeit und systematische Geschlossenheit zu unterstellen.

Eine Möglichkeit, der Kontingenz im Verhältnis von Macht und Gewalt ihren Stellenwert zu belassen und gleichwohl die systematischen Verbindungen beider nicht zu negieren, sehe ich darin, beide in ihrer Eigenheit im Blick zu behalten. So können sich Macht und Gewalt zwar wechselseitig ergänzen und Herrschaftsstrukturen etablieren, sie bleiben aber instabil, *weil* sich Macht und Gewalt letztlich normativ und funktional ausschließen und miteinander im Widerstreit stehen. Dieser Widerstreit zeigt sich daran, dass sich die Macht der Gewalt zwar auf Machtstrukturen abstützt, auf den Einsatz von Gewalt aber letztlich nie ganz verzichten kann. Besonders deutlich wird diese Instabilität am Beispiel des Kolonialismus, der oben als eine Form der Macht der Gewalt bezeichnet wurde. In den Kolonien, so argumentiert Achille Mbembe gegen Foucaults Konzept der Biopolitik, bleibt die Gewalt immer manifest und präsent. Sie verschleiert sich nicht als zwangsförmige Produktion des Lebens, sondern sie bleibt eine blutige und direkte Form der Herrschaft, die im Zeichen des Todes agiert: Sie ist

Nekropolitik.[54] Mit Althusser können wir behaupten, dass die Reproduktion der Sklaverei oder Leibeigenschaft «an Ort und Stelle» gesichert werden muss und nicht an gesellschaftliche Institutionen wie die Familie oder Schule übertragen werden kann.[55] Und auch Frantz Fanon macht darauf aufmerksam, dass sich die Gewalt des Kolonialsystems zwar in die 'Gehirne' der Kolonisierten einschreibt, dass sich andererseits die Gewalt des Kolonialherrn aber immer unmittelbar zeigen und beweisen muss: «In den kapitalistischen Ländern schiebt sich zwischen die Ausgebeuteten und die Macht eine Schar von Predigern und Morallehrern, die für Desorientierung sorgen. [...] Dagegen sind es in den kolonialen Gebieten der Gendarm und der Soldat, die, ohne jede Vermittlung, durch direktes und ständiges Eingreifen den Kontakt zum Kolonisierten aufrechthalten und ihm mit Gewehrkolbenschlägen und Napalmbomben raten, sich nicht zu rühren.»[56] Diese Hinweise verdeutlichen, dass die historische Verschränkung von Macht und Gewalt letztlich immer die Verbindung zweier Gegensätze beinhaltet, die jederzeit in gegenläufige Bewegungen auseinander streben können.

Im Konzept des Zirkels von Macht und Gewalt sind damit Brüche, Transformationen, spontane Anfänge und abrupte Auflösungen gewaltförmiger Machtverhältnisse nicht ausgeschlossen, weil die Verhältnisse von Macht und Gewalt selber nie so stabilisiert sind, dass sie sich vereindeutigen. So sollten im Konzept des Kreislaufs von Macht und Gewalt die Macht *der* Gewalt und die Macht *zur* Gewalt als zwei historisch ineinander verzahnte, aber logisch nicht identische und aufeinander reduzierbare Formationen von Macht unterschieden werden, um zu vermeiden, dass sich die Analyse sozialer und politischer Macht in eine Metaphysik der ewigen Wiederkehr der Gewalt verkehrt.

54 Vgl. Mbembe, Achille: Nekropolitik, in: Biopolitik – in der Debatte, hg. von Marianne Pieper et al., Wiesbaden 2011, S. 63–96.

55 Vgl. Althusser, Ideologie und ideologische Staatsapparate S. 111.

56 Fanon, Von der Gewalt, S. 31f.

3. Intersektionale Machtteilung: Die Bedeutung Arendts für feministische Politik und Theorie

Arendts Machttheorie, so haben die bisherigen Kapitel gezeigt, fördert die Wachheit gegenüber den vielfältigen Formen, in denen sich in Gesellschaft und Politik gewaltförmige Praktiken einnisten, und sie hält zugleich die politische Vision einer möglichst gewaltfreien Macht aufrecht. In dieser Kombination einer kritisch-analytischen *und* einer normativen Perspektive bietet Arendts Philosophie der Macht auch für feministische politische Theorien bis heute wichtige Anregungen.[57]

Arendts Analysen lenken den Blick auf politische Phänomene, die in den feministischen Theorien seit den 1990er Jahren zugunsten von subjektzentrierten Perspektiven eher in den Hintergrund getreten sind.[58] Feministische Theorien des Subjekts analysieren die Mächte, die (moderne) Individuen formieren und handlungsfähig machen. Leitend ist dabei die These, dass sich Subjekte durch die Unterwerfung unter Geschlechternormen herausbilden, die sowohl produktiv wie repressiv wirken und die in dieser Ambivalenz im täglichen Handeln wiederholt und kontinuierlich reaktualisiert werden. Diese Normierungseffekte entsprechen der oben beschriebenen Wirklogik der Macht der Gewalt. Sie implizieren, dass sich die Herausbildung der (modernen) Geschlechtsidentität am Imperativ orientiert, die eigene Geschlechtsidentität als Einheit von biologischem Geschlechtskörper, sexuellem Begehren und sozialer

57 Vgl. zu einer ausführlichen Darstellung der feministischen Arendt-Rezeption der 1980er und frühen 1990er Jahre im angelsächsischen Raum Dietz, Mary G.: Feminist Receptions of Hannah Arendt, in: Honig, Bonnie (Hg.): Feminist Interpretations of Hannah Arendt, Pennsylvania 1995, S. 17–50.

58 Vgl. ebd. S. 38; in diesem Sinn auch Zerilli, Feminismus und der Abgrund der Freiheit, S. 30. Allerdings macht Holland-Cunz gerade Arendts 'friedliches Machtideal' dafür mitverantwortlich, dass in feministischen Machtanalysen der Herrschafts- und Gewaltbegriff unterkomplex sei; vgl. Holland-Cunz, Die Wiederentdeckung der Herrschaft, S. 89. Zur Kritik an subjektzentrierten feministischen Machttheorien vgl. auch Klinger, Cornelia: Macht – Herrschaft – Gewalt, in: Rosenberger, Sieglinde K.; Sauer, Birgit (Hg.): Politikwissenschaft und Geschlecht. Konzepte – Verknüpfungen – Perspektiven, München, Wien 2004, S. 83–105.

Geschlechtszugehörigkeit zu verstehen und sich in einer heterosexuellen, zweigeschlechtlichen Ordnung als Mann *oder* Frau zu identifizieren.[59] Dieser Einheitsimperativ schließt vielfältige Formen von Geschlechtskörpern, Begehrensformen und Geschlechtsidentitäten, die sich dieser Norm widersetzen, als 'verrückt' oder *queer* aus.

Viele subjektzentrierte Machtanalysen beanspruchen durchaus, die Macht der Geschlechternormen als Ausdruck allgemeiner gesellschaftlicher Herrschaftsstrukturen auszuweisen. Vor allem im Frühwerk von Judith Butler bleiben aber spezifisch politische und gesellschaftliche Herrschaftsinstitutionen wie die kapitalistische Ökonomie oder der Nationalstaat ausgeklammert. Ebenfalls tendenziell unterbelichtet bleibt in feministischen Subjektivierungstheorien im Anschluss an Butler der Fokus auf *kollektives* widerständiges Handeln. Diese Leerstellen können mit Arendt gefüllt werden, ohne hinter die Machtanalysen von Butler zurückzufallen.[60] Tatsächlich ist es wichtig, Butlers Analysen, die im Anschluss an Foucault den gewaltförmigen Ausschlüssen und Normierungsprozessen auf der Ebene von Sprache, Begehren und subjektiver Handlungsfähigkeit nachgehen, in Arendts Machtverständnis zu integrieren.[61] Andererseits sind auch Arendts Konzeptionen der demokratischen Machtteilung und republikanischen Öffentlichkeit und ihre Kritik an politischen Phänomenen kollektiver Ohnmacht für die feministische Theorie relevant. Insbesondere die These, Macht und Gewalt seien normativ und funktional analytisch zu trennen, ist für das Verständnis aktueller feministischer Politik inspirierend. Das soll im Folgenden in zwei Hinsichten genauer behandelt werden.

59 Vgl. dazu Butler, Judith: Das Unbehagen der Geschlechter, Frankfurt a.M. 1991; Brown; Scott, Power.

60 Vgl. in diesem Sinn auch Allen, Power of feminist theory.

61 Vgl. dazu die Ausführungen in Kap. I.4. *Exklusion durch Geschlecht, 'Rasse' und Klasse: Gerechtigkeitsansprüche über Arendt hinaus*; Kap. II.2. *Teilung von Macht und Ohnmacht* und Kap. III.2. *Die Macht der Gewalt: Die Verdinglichung von (kollektiver) Praxis*.

Ermächtigung statt Viktimisierung: der Akt der Politisierung

Wie im ersten Kapitel erläutert, bezweifelt Arendt, dass in politischen Zusammenhängen der Rekurs auf 'Gehorsam' eine valide Kategorie ist, um politische Macht zu erklären.[62] Wenn es in *Macht und Gewalt* heißt, dass aus Gewehrläufen immer Gehorsam komme, aber nie Macht, dann bedeutet das umgekehrt, dass es in Machtpraktiken, in denen alle Subjekte handlungsfähig sind, keinen Gehorsam geben kann.[63] Jedes Machtverhältnis ist nach Arendt vielmehr Ausdruck einer Ermächtigung der Machtunterworfenen, die das Verhältnis unterstützen.[64]

Diese radikale These, die Arendt im Kontext der Frage nach der Verantwortung deutscher Bürgerinnen und Bürger für den Nationalsozialismus formuliert, ist, wie im letzten Kapitel diskutiert, nicht unproblematisch, denn sie setzt eine klare Unterscheidung zwischen Macht (qua freiwilliger Unterstützung) und Gewalt (qua erzwungenem Gehorsam) voraus, die es in dieser Klarheit nicht geben kann, auch wenn sich beide Begriffe idealtypisch unterscheiden lassen. Die Frage, wer gehorchen *muss* – wer also durch Gewalt dazu gezwungen wird – und wer ein System freiwillig durch eigenes Handeln unterstützt, lässt sich, bezogen auf die konkreten Umstände einer Situation, nicht immer eindeutig entscheiden. Je stärker der Gewaltbegriff strukturelle Verhältnisse erfasst, die sich auf der Ebene subjektiver Handlungsfähigkeit niederschlagen, desto strittiger wird die Unterscheidung zwischen Gehorsam und Unterstützung. Trotz dieser Strittigkeit ist es aber politisch grundlegend zu wissen, wer für welche Praktiken Verantwortung tragen kann und muss und wie eine Gesellschaft ihr Machtpotential ohne Gewalt bewahrt und steigert. Für Arendt ist die Unterscheidung

62 Vgl. dazu oben Kap. I.2. *Befehl und Gehorsam.*

63 Vgl. MG 54: «Auch die größte Macht kann durch Gewalt vernichtet werden; aus den Gewehrläufen kommt immer der wirksamste Befehl, der auf unverzüglichen, fraglosen Gehorsam rechnen kann. Was niemals aus den Gewehrläufen kommt, ist Macht.»

64 «Nur ein Kind gehorcht; wenn ein Erwachsener 'gehorcht', dann unterstützt er in Wirklichkeit die Organisation oder die Autorität oder das Gesetz, die 'Gehorsam' verlangen.» (Arendt, Was heißt persönliche Verantwortung, S. 95). Vgl. dazu oben Kap. 1.2. *Ermächtigung.*

von (anfänglicher) Macht und Gewalt letztlich das einzige Kriterium, um die Konturen einer demokratischen Politik zu bestimmen, trotz oder gerade wegen der Tatsache, dass Macht und Gewalt gesellschaftlich 'zusammen auftreten'.

Diese durch Arendt angestoßene Frage nach den Funktionen und dem Verhältnis von Macht und Gewalt ist für feministische Machtanalysen in vielerlei Richtungen produktiv. Ich möchte in einem ersten Schritt drei Linien herausgreifen, bevor ich anschließend eingehender auf deren Konsequenzen für ein Konzept 'intersektionaler Machtteilung' eingehe. Diese drei Interpretationslinien betreffen die Analyse geschlechtsspezifischer Gewalt, die Konzeption weiblicher Macht und die politische Bedeutung der Unterscheidung beider.

Die Analyse *geschlechtsspezifischer Gewalt* drängt sich im Anschluss an Arendt im Kontext patriarchaler Herrschaftsformen auf. Wie oben herausgestellt, kritisiert Arendt Konzeptionen von Herrschaft, die ihre Macht ausschließlich auf der Logik von Befehl und Gehorsam abstützen, als Ausdruck einer Phantasie, die Souveränität und Unabhängigkeit des Befehlenden suggerieren, die es als solche – in Machtverhältnissen – nicht geben kann. In sogenannt 'patriarchalisch' organisierten Gesellschaften wurde diese Position des souveränen Herrschers dem *pater familias* zugewiesen, der die Position des Befehlenden einnimmt, während den Ehefrauen, Töchtern, Müttern, Schwestern und allen Bediensteten (resp. Sklavinnen und Sklaven) die Rollen der Gehorchenden entsprechen. Die feministische Machtkritik kann Arendts obige Thesen ernst nehmen und deutlich machen, dass das patriarchale Machtverhältnis eigentlich als politisches *Gewaltverhältnis* zu deuten ist, wenn es alle weiblichen Mitglieder des Haushaltes in den Gehorsam *zwingt*. Dieser Gehorsam kommt, um Arendts Bild aufzugreifen, nicht aus 'Gewehrläufen', sondern er ist die Reaktion auf vielfältige Formen physischer und psychischer Sanktionsgewalt. Arendts Unterscheidung von Macht und Gewalt kann demnach als kritisches Instrument dienen, um scheinbare Machtverhältnisse als Gewaltverhältnisse zu erkennen.

Das Erzwingen von Gehorsam ist nur möglich, wenn die Voraussetzungen oder Bedingungen des Gehorchen-Müssens immer wieder gewaltförmig hergestellt und strukturell abgesichert werden. In diesem Sinn entwickelt Birgit Sauer auf der Basis von Arendts Unterscheidung von Macht und Gewalt ein Verständnis von Geschlechtergewalt, das durch den Effekt definiert ist, geschlechtsspezifische Verletzbarkeiten und Abhängigkeiten zu erzeugen.[65] Nach Sauer erweist sich besonders der patriarchale Staat als die zentrale Institution, die Frauen in einem umfassenden Sinn verletzlich macht und diese Verletzbarkeit ausnutzt. Ein wichtiges Instrument dafür ist die Unterscheidung zwischen einem öffentlichen Raum, in dem der Staat durch sein Gewaltmonopol die Individuen vor der Gewalt durch andere Personen schützt, und einem Raum des Privaten, in dem der Staat sein Gewaltmonopol an den 'Hausvater' delegiert, der damit das Recht bekommt, seine Befehlsgewalt über alle Mitglieder des Haushaltes mit physischer Gewalt durchzusetzen und diese in sozialer, politischer und ökonomischer Abhängigkeit zu halten. Diese Strukturen des patriarchalen Staates sind in den letzten Jahrzehnten in vielen Staaten überwunden worden und der Grundrechtsschutz, der allen Personen das Recht auf physische Integrität zugesteht, gilt auch innerhalb der Familie.[66] Zugleich aber verlagert sich die Verletzbarkeit vieler Frauen heute in den Bereich der Ökonomie, in der eine neue Form 'privater', geschlechtsspezifischer Gewalt anzutreffen ist. Frauen sind demnach weltweit nach wie vor eklatant stärker von Armut und wirtschaftlicher Prekarität betroffen als Männer, was ihre Möglichkeiten, politisch zu handeln, aber auch ihre Möglichkeiten, sich dem Druck des Gehorchen-Müssens zu entziehen, erschwert oder zerstört. Die geschlechtsspezifische Form von Gewalt zeigt sich also an den vielfältigen Weisen, in denen sich Menschen den Imperativen, die ihre Handlungsfähigkeit einschränken, aufgrund ihrer geschlechtsspezifischen Vulnerabilität nicht entziehen können – oder sich diesem Imperativ nicht einmal entziehen *wollen* können, weil ein solcher Entzug lebensbedrohliche Dimensionen annimmt und immer schon verdrängt werden muss. Im Sinne

65 Sauer, Birgit: Gewalt, Staat und Geschlecht, in: Transit 23/2002, S. 73–86.

66 Ausgenommen von diesem staatlichen Recht auf den vollumfänglichen Schutz körperlicher und psychischer Integrität sind in demokratischen Rechtsstaaten derzeit noch Menschen mit einem intersexuellen Geschlecht sowie Transgender-Personen.

Arendts können wir festhalten, dass der politische Effekt solcher Gewaltverhältnisse darin liegt, dass sie den Betroffenen verunmöglichen, aktiv handelnd und initiativ an gemeinschaftlicher Macht teilzuhaben.

Eine zweite Perspektive fragt im Anschluss an Arendt nach den Möglichkeiten *weiblicher Handlungsmacht*. Diese Interpretation nimmt Frauen in ihrer Handlungsfähigkeit ernst und weist ihnen eine Verantwortung für die gesellschaftlichen Verhältnisse zu. Diese Perspektive ist in der feministischen Forschung nicht neu und wurde in der Geschlechtergeschichte vor allem im Hinblick auf die 'Mittäterschaft' von Frauen im Nationalsozialismus untersucht. Allerdings lässt sich Macht im Anschluss an Arendt auch emphatischer und stärker deuten. Zu fragen wäre demnach, wieweit Frauen selber aktiv neue Verhältnisse gestalten und anfänglich wirken können. Weibliche Handlungsmacht besteht in dieser Perspektive nicht nur darin, vorgegebene Normen mitzutragen, sondern sie auch initiieren zu können. Beispiele solcher Handlungsmacht könnten Praktiken sein, die Lebensweisen einer 'hegemonialen Weiblichkeit' entwickeln, wie es in aktuellen Forschungsansätzen untersucht wird.[67] Diese Perspektive ist das Gegenmodell zu jenen feministischen Theorien, die, wie in der Einleitung am Beispiel von Catharine MacKinnon erwähnt, weibliche Existenz mit Ohnmacht gleichsetzen und Frauen in einer patriarchalen Gesellschaft konsequent viktimisieren. Im Sinne Arendts kann von weiblicher Macht allerdings nur gesprochen werden, wenn dabei der Aspekt des gemeinsamen Handelns ins Zentrum rückt. In diesem Sinn haben sich Feministinnen in der zweiten Welle der Frauenbewegung, die eine Konzeption weiblicher Handlungsmacht entwickelt haben, positiv auf Arendts Machtverständnis bezogen und versucht, weibliches Handeln als kollektive, solidarische und fürsorgliche Praxis zu entwerfen.[68] Diese Ansätze gehen aber tendenziell von einer es-

67 Vgl. dazu etwa Schälin, Stefanie: 'Hegemoniale Weiblichkeit(en)?'. Eine Untersuchung über machtvolle Frauen aus der schweizerischen Wirtschaftselite, Vortrag, Lausanne 2016, unveröff. Ms.

68 Vgl. etwa Hartsock, Nancy C.: Money, Sex, and Power. Toward a Feminist Historical Materialism, New York/London 1983; zu den Parallelen zwischen Arendt und der italienischen Affidamento-Bewegung vgl. Zerilli, Feminis-

sentialistischen, statischen und unterkomplexen Unterscheidung von Männern und Frauen aus, die heute nicht mehr zu überzeugen vermag angesichts der Pluralität geschlechtlicher Normen und Lebensformen am intersektionalen Schnittpunkt von Alter, sexueller Orientierung, ökonomischer Position, Ethnie, Nationalität, Religion und vielem mehr. Umso mehr liegt hier eine der offenen und produktiven Fragen für eine aktuelle feministische Politik vor. Was heißt es heute, ausgehend von Arendts Machtverständnis, zu ermöglichen, dass Frauen zusammen handeln können? Soll dies überhaupt ein Ziel sein? Auf diese Frage werde ich unten nochmals näher eingehen.

Eine dritte Konsequenz, die sich aus Arendts Machttheorie für feministische politische Theorien ziehen lässt, liegt darin, die oben beschriebenen, politischen Perspektiven auf geschlechtsspezifische Macht oder Gewalt selber als *politische* Unterscheidung zu definieren, insofern sie die Akteurinnen und Akteure im politischen Feld unterschiedlich verortet: einmal als Objekte, die Gewalt erfahren, das andere Mal als politische Subjekte, die an Machtverhältnissen partizipieren. Diese Entscheidung ist politisch, weil sie strukturiert, wer wofür Verantwortung zu tragen hat, welche Gewaltverhältnisse unsichtbar werden, wenn Menschen als handlungsmächtig gedeutet werden, und umgekehrt, wie die Viktimisierung von Menschen ihre Verantwortung für die aktuelle Welt negiert und sie damit politisch 'überflüssig' macht.

Die Möglichkeit, beide Perspektiven einzunehmen, ist bei Arendt theoretisch angelegt, weil sich Handeln nach Arendt immer in einem Verhältnis zu einer vorgefundenen Welt als Ausdruck einer 'Geworfenheit' manifestiert.[69] Wenn diese gegebene Welt gewaltförmig strukturiert ist, zerstört sie die Möglichkeitsbedingungen gemeinsamer Praxis und muss entsprechend in dieser de-

mus und der Abgrund der Freiheit, S. 131–170. Nach Zerilli ist die Ablehnung des weiblichen 'Opferstatus' für die Theorien des Mailänder Kollektivs zentral; vgl. ebd. S. 141f. Dagegen betont Lisa Disch, dass es nicht darum gehe, mit Arendt ein weibliches Modell der Macht zu definieren, sondern eine Form demokratischer Praxis; vgl. Disch, Lisa Jane: Hannah Arendt and the Limits of Philosophy, Ithaca/London 1994, S. 47.

69 Vgl. dazu oben Kap.I.3: *Sprechen und Handeln als Konstitutionsbedingungen gemeinsamer Macht*; vgl. auch VA 215.

struktiven Dynamik analysiert werden. Gleichzeitig ist aber jedes Menschenleben immer wieder aufgrund seiner Kommunikationsfähigkeit durch Handlungsfähigkeit und Spontaneität charakterisiert, so dass es möglich ist, in jedem sozialen und politischen Verhältnis das Potential von Macht im Sinne gemeinsamen Handelns zu suchen und politisch daran anzuknüpfen.

Beide Perspektiven – die Perspektiven auf Gewalt *und* Macht – sind für feministische Politiktheorien wichtig und es scheint darum unnötig, sich für eine der beiden zu entscheiden. Folgen wir Arendt, dann ist aber die Perspektive auf Macht für den Feminismus entscheidend. Trotz der weit ausgreifenden Analysen politischer Gewaltverhältnisse in Form des Imperialismus, Antisemitismus und Totalitarismus, die sie in *Elemente und Ursprünge totaler Herrschaft* vorlegt, dominiert bei Arendt in den späteren Werken der Fokus auf die Handlungsmächtigkeit von Menschen, weil sie dieser Perspektive letztlich eine performativ politische Bedeutung zuspricht. Menschen müssen demnach «die schiere Gegebenheit der eigenen Existenz realisieren, nicht etwa weil sie sie ändern könnten, sondern um zu artikulieren und aktualisieren, was sie sonst nur erleiden und erdulden würden» (VA 264).[70] Auch auf die Gefahr hin, wie es Nancy Hartsock nennt, «to redefine coercion as consent»,[71] ist es diese Haltung, die Menschen als politische Subjekte adressiert und damit überhaupt erst den Raum für ihr politisches Handeln vorbereitet. Denn, so Arendt, «diese artikulierende Aktualisierung vollzieht sich in den Tätigkeiten, die selbst reine Aktualitäten sind» (ebd.) und das heißt eben: im Vollzug des gemeinsamen Handelns.

Der performative Zusammenhang von Adressierung und Artikulation ist für feministische Bewegungen vital und sichert ihre emanzipatorische, politische Kraft. Ein gutes Beispiel dafür sind die feministischen Kritiken an Rassismus und Heterosexismus von feministischen Positionen, wie sie vor allem in den 1980er und 1990er Jahren von *Women of Color* in den USA formuliert wurden. Die US-amerikanische Schwarze Feministin Audre Lorde äußert diese

70 Vgl. zur Interpretation dieser Textstelle im Sinne einer Konzeption des 'gefährdeten Lebens' Butler, Am Scheideweg, S. 208.

71 Hartsock, Money, Sex,and Power, S. 219.

Kritik exemplarisch, wenn sie weißen Feministinnen vorhält, sie würden sich an Konferenzen treffen, um über Feminismus zu sprechen, während nicht-weiße Frauen zuhause auf ihre Kinder aufpassen.[72] Diese Kritik lässt sich im Sinne Arendts als Haltung deuten, alle Menschen grundsätzlich in ihrer Handlungsfähigkeit ernst zu nehmen und damit auch zur Verantwortung zu ziehen. Indem Lorde im US-amerikanischen Kontext weiße Feministinnen als verantwortliche und privilegierte Subjekte anspricht, durchbricht sie die Logik weißer feministischer Untersuchungen, die (weiße) Frauen nur als Opfer von Gewaltverhältnissen thematisieren. Was in der feministischen Theoriegeschichte oft als Bewegung der 'Intersektionalität' bezeichnet wird, in der sich die Identität von Frauen in Bezug auf ihre Klassenzugehörigkeit, ihr Alter, ihre sexuelle Orientierung, Nationalität und Ethnie oder 'Rasse' diversifiziert und Machtverhältnisse *zwischen* Frauen zum Thema werden, lässt sich aus der Perspektive Arendts demnach als performativen Akt der Ermächtigung lesen.[73] Indem, wie am Beispiel von Audre Lorde gezeigt, *Women of Color* in den USA sich weigern, eine feministische Politik zu unterstützen, die einseitig den Interessen

72 «Wenn weiße feministische Theorie meint, sich nicht mit den Unterschieden zwischen uns beschäftigen zu müssen und mit den sich daraus ergebenden Unterschieden unserer Unterdrückung, wie geht ihr dann mit der Tatsache um, daß Frauen, die eure Wohnungen putzen und auf eure Kinder achtgeben, während ihr an Konferenzen über feministische Theorie teilnehmt, vorwiegend mittellose Frauen und 'women of Color' sind?» (Lorde, Audre: Du kannst nicht das Haus des Herren mit dem Handwerkszeug des Herren abreissen, in: dies.; Rich, Adrienne: Macht und Sinnlichkeit, 3. erw. Aufl. Berlin 1991, S. 199–210, hier S. 200).

73 Da die Intersektionalitätstheorie ihre Anfänge im *Black Feminism* der USA hat, sind die sozialen Differenzierungskategorien, die in den Intersektionalitätsanalysen untersucht werden, aus dem US-amerikanischen resp. in jüngerer Zeit auch europäischen Kontext gewonnen; zur globalen Umsetzung des Intersektionalitätsansatzes in der UN-Menschenrechtspolitik vgl. Collins, Patricia Hill; Bilge, Sirma: Intersectionality, Cambridge 2016, S. 89–98; zum Potential des Intersektionalitätsansatzes für eine internationale politische Theorie vgl. auch Kerner, Ina: Transnationalismus, Geschlecht und Intersektionalität: Bausteine einer Internationalen Feministischen Politischen Theorie, in: Kreide, Regina; Niederberger, Andreas (Hg.): Internationale Politische Theorie. Eine Einführung, Stuttgart/Weimar 2015, S. 155–170.

von weißen, heterosexuellen und bürgerlichen Frauen dient, ermächtigen sie einesteils sich selbst als aktive, widerständige Subjekte, die trotz ihrer sich vielfach überkreuzenden ökonomischen, politischen und sozialen Abhängigkeiten in der Gesellschaft das Wort ergreifen und sich sicht- und hörbar machen, und sie adressieren gleichzeitig weiße Frauen als politische Subjekte, die mit ihrem Handeln und Denken ökonomische Ungleichheit, Rassismus und Heterosexismus unterstützen und dafür zur Verantwortung gezogen werden können. In diesem Licht erweisen sich Diversitäts- und Intersektionalitätstheorien nicht als epistemologische Bewegungen, sondern als Politisierungsbewegungen. Was dies im Hinblick auf Arendts normatives Ideal der Machtteilung bedeutet, soll zum Abschluss näher erläutert werden.

Intersektionale Machtteilung – diesseits und jenseits der Identitätspolitik

Im Feminismus wird das Interesse von Frauen, zusammen zu handeln und eine gemeinsame Praxis zu entwickeln, meist an die Bedingung einer feministischen Identität im Sinne eines 'Wir-Bewusstseins' geknüpft, das als Subjekt feministischer Politik dienen kann. In der Geschichte des Feminismus hat 'Identitätspolitik' jedoch einen ambivalenten Ruf.[74] Sie wird oft gleichgesetzt mit einem falschen Universalismus westlicher, weißer Feministinnen aus der Mittelschicht, die in den 1970er und 1980er Jahren eine Identität *der* Frauen proklamiert haben, welche zur Basis emanzipatorischer Ansprüche werden sollte. Dass diese Identität *der* Frauen eine sehr partikulare ist, die bestimmte nicht-heterosexuelle, *queere* Geschlechterformen ausgrenzt resp. auf die Erfahrungen weißer Mittelschichtsfrauen zugeschnitten ist, war eine zentrale Kritik von Judith Butler und von *Women of Color* in den USA. Die daraus abgeleitete Forderung des poststrukturalistischen Feminis-

74 Mary Dietz unterscheidet in Bezug auf feministische Identitätspolitiken drei Phasen: den Differenzansatz, den Diversity-Ansatz und den Ansatz der Dekonstruktion von Identität. Alle drei Positionen bleiben nach Dietz im Bannkreis der Identitätslogik, auch wenn sie Identität komplexer definieren oder dekonstruieren; vgl. dazu Dietz, Feminist Receptions, S. 33.

mus und der *Queer Theory*, überhaupt auf geschlechtliche Identitätsbezeichnungen und die Kategorisierung von Identitäten zu verzichten, ist eine mögliche Antwort auf dieses Problem.[75] Allerdings übergeht dieser Ansatz tendenziell wichtige Funktionen, die aus der Sicht marginalisierter Gruppen mit Identitätspolitiken verbunden sein können. Dazu gehört, dass sie nicht nur ausschließend und identitätsfixierend sind, sondern dass sie umgekehrt auch Ausdruck einer politischen Subjektivierung sein können, die den diskriminierten Individuen den Schutz einer kollektiven Solidarität gewährt und dadurch ihre politische Handlungsmächtigkeit unterstützt. Das Identitätsbewusstsein einer marginalisierten Gruppe kann, wie Kimberlé Crenshaw schreibt, der Selbstermächtigung dienen, indem sie den Beteiligten die Kraft gibt, gemeinsam gegen unterdrückende Strukturen vorzugehen.[76] Dabei ist diese politische Identität einer unterdrückten Gruppe, die bei Crenshaw jene der Schwarzen Frauen ist, selber nicht homogen zu verstehen, sondern bildet sich aus 'intersektionalen', das heißt sich überkreuzenden sozialen Identitäten, die zwar nicht im 'Wesen' der Menschen liegen, aber gesellschaftlich real sind. In diesem Sinn fordert auch Cathy Cohen, marginalisierte Gruppen müssten sich zu politischen Identitäten formieren, die nicht nach objektiven oder wesentlichen Identitätsmerkmalen, sondern nach Unterdrückungserfahrungen ausgerichtet sind, und sie müssten dabei die Unterschiede der Beteiligten im Blick behalten.[77] So lassen sich nach Cohen unter dem Label einer queeren Sexualität nicht nur Menschen versammeln, die schwul oder lesbisch sind, sondern auch Menschen, die zum Beispiel aus rassistischen Gründen in ihrer Heterosexualität diskriminiert werden – zum Beispiel minderjährige, arme, nicht-weiße

75 Vgl. dazu auch Lorey, Isabell: Konstituierende Kritik. Die Kunst, den Kategorien zu entgehen, in: Mennel, Birgit; Nowotny, Stefan; Raunig, Gerald (Hg.): Kunst der Kritik, Wien 2010, S. 47–64.

76 Vgl. dazu die «Conclusion» in Crenshaw, Kimberlé: Mapping the Margins: Intersectionality, Identity Politics, and Violence against Women of Color, in: Stanford Law Review 43 (1991), S. 1241–1299.

77 Vgl. Cohen, Cathy J.: Punks, Bulldaggers, and Welfare Queens: The Radical Potential of Queer Politics?, in: Black Queer Studies: A Critical Anthology, hg. von E. Patrick Johnson und Mae G. Henderson, Durham/London 2005, S. 21–51.

Mütter, die in den USA als *welfare queens* missachtet werden. Für Cohen ist es entscheidend, dass diskriminierte Menschen in kollektiven Identitäten Schutz finden und der gesellschaftlichen Gewalt nicht isoliert ausgeliefert sind.

Diese vor allem im Kontext des US-amerikanischen *Black Feminism* formulierte Verteidigung einer nicht-essentialistischen, transformativen und pluralen politischen Identität ähnelt in vielem den Anforderungen, die auch Arendt an eine demokratisch und pluralistisch organisierte Gemeinschaft richtet. Allerdings ist fraglich, ob Arendt der Konstruktion von politischen Identitäten tatsächlich eine Berechtigung zugesteht. Es ist bekannt, dass sie sich dem Feminismus und der Organisation von Fraueninteressen gegenüber sehr ablehnend verhalten hat und diese als unpolitisch beurteilte, weil sie Fragen, die mit Körperlichkeit, Reproduktion und Hausarbeit zusammenhängen, in den Raum der Öffentlichkeit tragen und damit die für Arendt unfreien Dimensionen des Arbeitens an die Stelle des Handelns setzen.[78] Wie oben ausführlich dargestellt, entwickelt Arendt ein emphatisches Verständnis politischer Macht, das als *Ermöglichungsmacht* mit Aktualität, Pluralität und Offenheit verknüpft ist.[79] In diesem Sinn sind poststrukturalistische Ansätze plausibel, die Arendts Verständnis von Identität als Effekt einer kontingenten performativen Praxis deuten, die sich in *actu* ereignet.[80] Wir müssen also – um mit anderen Menschen zusammen

78 Arendts verstreute Äußerungen zur Geschlechterfrage dokumentiert und diskutiert Kreisky, Eva: Zwischen allen Stühlen. Hannah Arendt aus der Perspektive der Frauen- und Geschlechterforschung in: Kubes-Hofmann, Ursula (Hg.): Sagen, was ist. Zur Aktualität Hannah Arendts, Wien 1994, 111–151; zu den Aporien von Arendts Verständnis des weiblichen Körpers als politisches Tabu vgl. Zerilli, Linda M.G.: The Arendtian Body, in: Honig, Bonnie (Hg.): Feminist Interpretations of Hannah Arendt, Pennsylvania 1995, S. 167–193; vgl. zu Arendts geschlechterrelevanten Unterscheidung von privat und öffentlich auch oben Kap. I.4. *Exklusion durch Geschlecht, 'Rasse' und Klasse: Gerechtigkeitsansprüche über Arendt hinaus.*

79 Vgl. dazu oben Kap. I.2. *Macht als gemeinschaftsbildende Kraft*; Kap. I.3. *Das Ereignis des Beisammenseins: mit und über Heidegger hinaus*; Kap. I.4. *Der Sinn des Politischen: Demokratische Teilhabe und Vermehrung von Macht.*

80 Vgl. dazu Honig, Bonnie: Agonaler Feminismus: Hannah Arendt und die Identitätspolitik, in: Geschlechterverhältnisse und Politik, hg. vom Institut

handeln und gemeinsame, bindende Entscheidungen suchen zu wollen – nicht vorgängig in einer gemeinsamen Identität verbunden sein. Wir müssen nicht einmal wissen, wer 'wir' sind – wo dieses Wir anfängt und aufhört –, um politische Macht aufzubauen. Nancy Fraser bringt diesen Aspekt terminologisch auf den Punkt, wenn sie mit Bezug auf Arendt schreibt, an die Stelle des Begriffs einer politischen Gemeinschaft trete jener der Öffentlichkeit.[81] Für Arendt ist die Öffentlichkeit der Ort, an dem Menschen die gemeinsamen Angelegenheiten verhandeln und an dem sich eine gemeinsame Welt aktualisiert, die auf der Pluralität von Meinungen und Perspektiven beruht. So betont auch Mary Dietz, dass es der Politik im Sinne Arendts, um «issues» gehe, nicht um «identity».[82]

Allerdings wird diese Dichotomie instabil, wenn Arendts Definition der Öffentlichkeit als «Erscheinungsraum» (VA 252) ernst genommen wird. Die Möglichkeit für Menschen, zusammen zu kommen und sich sichtbar und hörbar zu machen, gehört demnach zur Minimalbedingung einer Öffentlichkeit, in der die gemeinsame Welt gestaltet und verhandelt wird. Was aber bedeutet es für die politische Deliberation, wenn der Zugang zum öffentlichen Raum durch Identitätsmerkmale reguliert wird, – wenn also die *issues* der Politik von der *identity* der Menschen abhängen, die im öffentlichen Raum erscheinen und handeln wollen?

Die Aktualität dieser Frage zeigt sich am Beispiel des eingeschränkten Zugangs verschleierter resp. nicht-verschleierter muslimischer Frauen zum öffentlichen Raum. Entsprechende Normen sind sowohl in einzelnen muslimischen als auch in einzelnen nicht-muslimischen oder laizistischen Staaten gesetzlich veran-

für Sozialforschung, Frankfurt a.M. 1994, S. 43–71; Hark, Sabine: Was wir zeigen, sind wir, nicht umgekehrt. Hannah Arendt und die Dekonstruktion von Identitätspolitik, in: Kahlert, Heike; Lenz, Claudia (Hg.): Die Neubestimmung des Politischen. Denkbewegungen im Dialog mit Hannah Arendt, Königstein/Taunus 2001, S. 77–105.

81 Vgl. Fraser, Neue Überlegungen zur Öffentlichkeit, S. 136: «Die ‚Gemeinschaft' deutet eine festumrissene und leidlich homogene Gruppe an, oft bezeichnet sie auch Konsens. Die 'Öffentlichkeit' hingegen betont die diskursive Interaktion, die im Prinzip keine feste Begrenzung und kein festgelegtes Ende hat, was wiederum eine Pluralität der Perspektiven impliziert.»

82 Dietz, Feminist Receptions, S. 38.

kert, wenn auch unter umgekehrten Vorzeichen.[83] Ich werde mich hier auf die Situation in Frankreich und der Schweiz konzentrieren. In Frankreich ist es Frauen seit 1989 explizit verboten, an öffentlichen Orten wie etwa Schulen, Gerichten oder Amtsstuben ein Kopftuch zu tragen. Das Kopftuch-Verbot wird mit dem Laizismus der Französischen Republik begründet, der auf der religiösen Neutralität des Staates in öffentlichen Einrichtungen beruht.[84] Seit 2011 ist es in Frankreich zudem verboten, dass Frauen mit einer Ganzverschleierung (Nikab oder Burka) in der Öffentlichkeit auftreten.[85] Die Begründung lautet hier, dass die Vollverschleierung gegen den Grundsatz der Gleichheit zwischen Mann und Frau verstoße und das Symbol der Unterdrückung der Frau sei. Auch im Kanton Tessin in der Schweiz ist es Frauen verboten, sich mit einem Ganzkörperschleier, der das Gesicht vollständig bedeckt, auf der Straße zu bewegen. Eine Ausweitung des Verbots auf die ganze Schweiz wird zurzeit in der Öffentlichkeit diskutiert. Das Burka-Verbot wird mit Frauenrechten, Sicherheitserwägungen und Sittlichkeitsaspekten begründet, wonach es gegen den Anstand und die Würde der Frau in der Schweiz verstoße, ihr Gesicht zu verbergen. In dem Maß, in dem Frauen auf die Verschleierung nicht verzichten wollen oder können, sind sie durch diese Gesetze faktisch von einer Teilhabe an der Öffentlichkeit ausgeschlossen, und es findet statt, was Arendt in anderen Zusammenhängen – nämlich in Bezug auf

83 Zur Rekonstruktion der Hintergründe für das Wiedererstarken des Schleiers in der arabischen Welt und seinen Zusammenhängen mit neo-kolonialen, geopolitischen Bewegungen vgl. Lazreg, Marnia: Questioning the Veil: Open Letters to Muslim Women, Princeton, 2010.

84 Vgl. zur Analyse der französischen 'L'affaire du foulard' Benhabib, Seyla: Demokratische Iterationen: Das Lokale, das Nationale, das Globale, in: dies.: Kosmopolitismus und Demokratie. Eine Debatte, Frankfurt a.M. 2008, S. 43–71.

85 Das Verbot erfasst nicht nur den öffentlichen Raum der Strasse, sondern auch Ämter, Spitäler, Schulen, das Gericht, die Post und die öffentlichen Verkehrsmittel. In Nizza und anderen französischen Städten galt zudem im Juli 2016 das Verbot, im Gankörperbadeanzug (Burkini) im Meer zu baden, da es gegen Sicherheitsüberlegungen, die Sittlichkeit und die Laizität verstosse. Dieses Verbot wurde im August 2016 vom französischen Verwaltungsgericht als verfassungswidrig aufgehoben.

Flüchtlinge und Staatenlose – als fundamentalen Rechtsentzug beschreibt. Damit schreibt sich das aus feministischer Perspektive hoch problematische Öffentlichkeitsverständnis des politischen Islam, das die Handlungsmöglichkeiten von Frauen im öffentlichen Raum beschränkt[86], paradoxerweise in sogenannt laizistischen Staaten fort. Auch diese unterwerfen muslimische Frauen, wenn auch aus anderen Gründen, restriktiven Gesetzen, die ihren Zugang zur Öffentlichkeit regulieren und einschränken.[87]

Interessanterweise taucht dieser Zusammenhang, der zwischen der Öffentlichkeit als *Erscheinungsraum* und der *sichtbaren* Identität eines Menschen besteht, bei Arendt als Problem nicht auf, weil sie davon ausgeht, dass alle Menschen von Identitätszuschreibungen frei werden, *wenn* sie am öffentlichen Raum partizipieren.[88] Aus feministischer Sicht ist diese Annahme und die damit verbundene Trennung von unpolitischer Identität (identity) und politischem Sachbezug (issue) allerdings nicht überzeugend. Denn wenn die politische Öffentlichkeit den öffentlichen Raum durch Identitätspolitiken reguliert, wird *identity* selber zu einem politischen *issue*.

86 Das Erstarken des politischen Islam ist nur einer der Aspekte, die Frauen in Ländern des Mittleren Ostens und Nordafrikas den Zugang zum öffentlichen Raum und zur politischen Partizipation erschweren; vgl. zur Analyse der aktuellen Situation in der MENA-Region Zataari, Zeina: No Democracy without Women's Equality: Middle East and North Africa, in: Social Science Research Council, Conflict Prevention and Peace Forum, 2013.

87 Fatima Sadiqi vertritt entsprechend die These, dass die strenge Polarisierung zwischen politischem Islam und Säkularismus an sich problematisch sei und dass es aus feministischer Sicht darum gehe, den Handlungsraum für Frauen *zwischen* Islamismus und Säkularismus zu erweitern vgl. Sadiqi, Fatima: The Center: A New Post-Arab Spring Space for Women's Rights, in: Women's Movements in the Post-«Arab Spring» North Africa, hg. von Fatima Sadiqi, New York 2016.

88 Interessant ist in diesem Zusammenhang allerdings, dass Arendt selber in ihrer «Sonning-Preis-Rede» von 1975 darauf hinweist, dass sie dazu «neige [...], den öffentlichen Raum zu meiden», und sogleich anfügt, das könnte jene erstaunen, die ihre Bücher kennen; zitiert nach: Holland-Cunz, Barbara: Gefährdete Freiheit. Über Hannah Arendt und Simone de Beauvoir, Opladen/Berlin/Toronto 2012, S. 115; zu Arendts Verhältnis zu ihrer Identität als Frau und zum Feminismus vgl. ebd. S. 113–117.

Für die von solchen Ausschlüssen betroffenen Menschen liegt ein möglicher Weg, sich politisch handelnd öffentlich sichtbar zu machen, darin, ihre Identität zu *politisieren*. Was aber heißt Politisierung, wenn wir sie im Sinne Arendts verstehen wollen und eingedenk der Tatsache, dass wir eine solche Antwort nur mit ihr gegen sie finden können? Für Linda Zerilli ist entscheidend, dass die Politisierung einer Identität etwas Neues und Anfängliches in die Welt bringen kann.[89] Eine emanzipatorische Bewegung ist für Zerilli demnach im Sinne Arendts politisch und initiativ, wenn sie nicht einfach gesellschaftliche Identitätszuschreibungen übernimmt und reproduziert, sondern wenn diese vielmehr der Anlass für neue kollektive Aktionen und Subjektivierungsprozesse sind. Es handelt sich also nicht darum, eine verworfene soziale Identität positiv umzudeuten und in ihrer Bedeutungsdimension zu verschieben, sondern darum, aus der verworfenen Identität eine kollektive *Handlungsmächtigkeit* zu gewinnen.[90]

Was dies genau bedeuten könnte, lässt sich an einem Beispiel aufzeigen. Es bezieht sich auf das politische Thema des *Racial Profiling*. Damit wird eine Maßnahme bezeichnet, die vor allem von Polizei, Sicherheitsdiensten und Grenzwachtbeamten praktiziert wird und in der Menschen anhand spezifischer 'rassischer' Merkmale wie Hautfarbe oder ethnischer oder religiöser Zugehörigkeit systematisch stärker kontrolliert und im öffentlichen Raum überprüft werden. Obwohl sich diese Praxis nicht auf Gesetze stützen kann, die Menschen mit bestimmter Hautfarbe oder Ethnie den Zugang zur Öffentlichkeit verwehren, haben Praktiken des *Racial Profiling* doch den Effekt, bestimmten Menschen den Aufenthalt im öffentlichen Raum zu erschweren. Entsprechend gibt es immer

89 Vgl. Zerilli, Feminismus und der Abgrund der Freiheit, S. 44f.

90 Eine feministische Kritik an Arendt lautet, dass sie diesem Übergang von der Marginalisierung zur Handlungsmächtigkeit – oder in anderen Worten: vom *Paria* zum *Citizen* – zu wenig Beachtung geschenkt habe, dass aber gerade dieser Übergang für feministische Bewegungen zentral sei; vgl. dazu Stifft, Stefanie; Zwingel, Susanne: Die greifbaren Sterne der Macht. Kollektives Handeln, Gemeinsinn und individuelles Selbstbewusstsein im politischen Denken Hannah Arendts, in: Virginia Penrose; Clarissa Rudolph (Hg.): Zwischen Machtkritik und Machtgewinn: feministische Konzepte und politische Realität. Frankfurt am Main 1996, S. 71–88, bes. S. 83ff.

wieder Bewegungen, die diese Maßnahmen kritisieren und den diskriminierenden Umgang mit bestimmten Identitäten *politisieren*.

Diese Politisierung kann im Sinne Arendts nicht bedeuten, dass sich die Politisierung auf die diskriminierten Identitäten abstützt und deren Anerkennung zum Inhalt der politischen Praxis macht. Das Ziel sollte vielmehr sein, dass sich die diskriminierten Menschen politisch in die Welt einschalten und mit anderen, die dasselbe Ziel verfolgen, zusammenschließen können, so dass sich im Vollzug dieser Praxis in actu eine Form demokratischer Öffentlichkeit ereignet. Wenn sich politische Gruppen und Bewegungen bilden, die gegen *Racial Profiling* vorgehen, dann können Menschen mit verschiedensten Erfahrungen aktiv werden, die eigene Diskriminierungserfahrung haben oder diese nur indirekt oder gar nicht erlebt haben. Diese unterschiedlichen Menschen können aber nur dann egalitär zusammen handeln, wenn sie die Differenzen, die zwischen ihnen bestehen, nicht negieren und die Diskriminierungserfahrungen, die mit den unterschiedlichen Identitäten zusammenhängen, nicht ausklammern. Audre Lorde verweist auf diesen Zusammenhang in der paradoxen Formel, dass sich das Trennende zwischen Frauen nur dann *nicht* bemerkbar macht, wenn sie die Trennungen thematisieren.[91] Die 'Trennungen zu thematisieren' bedeutet dabei im Sinne Arendts nicht, auf Identitäten zurückzugreifen und diese gegeneinander auszuspielen. Dies würde bedeuten, dass sich das gemeinsame Handeln wieder unter den Bann fixer Identitätszuschreibungen begeben und diese wiederholen würde. Das Trennende bezieht sich vielmehr auf unterschiedliche Machtverhältnisse und Gewalterfahrungen, die durch soziale Identitätszuschreibungen begründet sind und also solche thematisiert werden müssen.

Arendts Konzept der Machtteilung bietet einen Weg, die Politisierung von Identitäten nicht identitätspolitisch zu verstehen. Die

91 «Natürlich bestehen sehr reale Unterschiede zwischen uns, was die Hautfarbe betrifft, das Alter, das Geschlecht. Aber diese Unterschiede sind nicht, was uns voneinander trennt. Was uns trennt ist vielmehr die Weigerung, diese Unterschiede anzuerkennen und die Verzerrung durch falsche Benennung sowie deren Auswirkung auf Verhalten und Erwartungen zu überprüfen.» (Lorde, Du kannst nicht das Haus des Herren…, S. 202).

Frage «Wie lässt sich die Macht, an der ich partizipiere oder partizipieren will, teilen?» ist eine Frage, die sich in alle politischen Zusammenhänge hineintragen lässt. Sie ist in jeder Interaktion relevant und gerade auch dann, wenn unklar ist, ob sich die Beteiligten selber in einer Machtkonstellation als mächtig, ohnmächtig oder widerständig verstehen. Das lässt sich nochmals am Beispiel der Politisierung von Racial Profiling illustrieren.[92] Ausgehend von der Initiative einzelner Personen, ihre Diskriminierungserfahrungen in die Öffentlichkeit zu tragen, kann sich eine Auffächerung der Perspektiven und eine Differenzierung und Ausweitung der Themenstellung ergeben, die unter anderem auch mit dem Motiv zusammenhängt, dass der Kreis jener, die sich in einer Bewegung engagieren und durch eine Bewegung ermächtigt werden, vergrößert werden soll. So wird deutlich, dass Racial Profiling mit Ethnic Profiling zusammenhängt, dass Profiling auch weibliche und männliche Sexarbeiter oder Armutsbetroffene berührt und dass sich alle diese Dimensionen ineinander verschränken. In diesem Licht ist klar, dass sich die Politisierung einer gesellschaftlichen Praxis nicht auf einzelne identitäre Zuschreibungen fixieren kann und soll, aber dass sie von sozialen Identitätszuschreibungen auch nicht abstrahieren darf. Machtteilung muss darum immer als intersektionale Machtteilung verstanden werden. Sie erscheint als adäquate politische Antwort, um auf die vielfältigen Spaltungslogiken einer Gesellschaft politisch handelnd und 'anfänglich' zu reagieren.[93]

Die Bereitschaft zur Teilung und Vermehrung von ermöglichender Macht ist *das* zentrale Kriterium, um demokratische und egalitäre Machtverhältnisse von Gewaltpraktiken zu unterscheiden, und sie ist – trotz ihres realpolitisch gesehen utopischen Zuschnitts, – nicht naiv. Um Gewaltverhältnisse in einer Gesellschaft zu vermeiden, ist es unverzichtbar, darauf zu vertrauen, dass sich durch Machtteilung ein Effekt wechselseitiger Ermächtigung, Förderung und Kontrolle von Macht entwickelt und sich neben der

92 Ich stütze mich dabei auf wichtige Überlegungen der Schweizer «Allianz gegen Racial und Ethnic Profiling»; vgl. dazu https://wemakeit.com/projects/stop-racial_ethnic-profiling vom 17.8.2016.

93 Vgl. in diesem Sinn auch Saar, Immanenz der Macht, S. 198.

Macht zum Widerstand auch die Chance bietet, das Handeln mit anderen als sinnvoll zu erfahren, *weil* alle Beteiligten unterschiedliche Meinungen und Erfahrungen in die gemeinsame Praxis hinein tragen. Der Imperativ zur Machtteilung gilt auch und gerade in einer Weltlage, die mit immer neuen Trenn- und Konfliktlinien konfrontiert ist, welche durch intersektionale Theorien bisher noch nicht eingeholt sind. Das Konzept der Machtteilung kann in dieser Hinsicht eine Brücke bilden, die feministische Theorie und demokratische Praxis verbindet.

Nachweise und Danksagung

Das vorliegende Buch ist ein überarbeiteter Teil meiner Studie *Macht, Gewalt und Ohnmacht. Normative Sozialphilosophie nach Arendt und Foucault*, die im Herbst 2012 von der Universität Basel als Habilitationsschrift angenommen wurde. Verschiedene kürzere und längere Passagen vor allem aus der Einleitung, Kapitel I.1, I.2., II.1., II.2., II.3 und III.2. finden sich in schon publizierten Aufsätzen: «Hannah Arendt. Auf der Suche nach der Freiheit jenseits von Souveränität», in: Munz, Regine (Hg.): *Philosophinnen des 20. Jahrhunderts*, Darmstadt 2004, S. 159–180; «Kritik der Postdemokratie. Rancière und Arendt über die Paradoxien von Macht und Gleichheit», in: *Leviathan* 39 (2011), S. 21–38; «Ordnung jenseits von Souveränität. Arendts Verständnis demokratisch geteilter Macht», in: *Ambivalenzen der Ordnung. Der Staat im Denken Hannah Arendts*, hg. von Julia Schulze Wessel, Christian Volk und Samuel Salzborn, Wiesbaden 2013, S. 235–257; «Dramatisierende Gewalt. Hannah Arendt über Politik und Empörung», in: Martinsen, Franziska; Flügel-Martinsen, Oliver (Hg.): *Gewaltbefragungen. Beiträge zur Theorie von Politik und Gewalt*, Bielefeld 2014, S. 17–31; «Krisis des Machtbegriffs und Kritik der Gewalt», in: *studia philosophica. Jahrbuch der Schweizerischen Philosophischen Gesellschaft*, Bd. 74, Basel 2015, S. 93–105; «Der Kreislauf von Macht und Gewalt», in: *Macht. Aktuelle Perspektive aus Philosophie und Sozialwissenschaften*, hg. von Phillip H. Roth, Frankfurt a.M./New York 2016, S. 45–62; «Demokratie zwischen Volkssouveränität und egalitärer Machtteilung. Kritische Überlegungen aus neorepublikanisch-feministischer Perspektive», in: Demirović, Alex (Hg.): Transformation der Demokratie – demokratische Transformation, Münster 2016, S. 174–200; «Ambivalence of Power: Heidegger's 'Man' and Arendt's 'Acting in Concert'», in: *Conventionalism. Heidegger's 'Anyone' and Contemporary Social Theory*, hg. von Gerhard Thonhauser und Hans Bernhard Schmid (im Erscheinen).

Emil Angehrn, Martin Hartmann, Rahel Jaeggi und Angelika Krebs danke ich für ihre Bereitschaft und ihr Engagement bei der Begutachtung der Arbeit. Viele Impulse für meine Forschung verdanke ich den langjährigen Diskussionen, die ich mit den Kolleginnen und Kollegen am Zentrum Gender Studies der Universität Basel, am Philosophischen Seminar der Universität Basel, am Fachbereich Philosophie der Universität St. Gallen sowie in den interdisziplinären Diskussionsgruppen KWK und HBK führen konnte. Besonders die Diskussionen mit dem Frankfurter Arbeitskreis für politische Theorie und Philosophie (FrAK) waren für meine Arbeit sehr inspirierend. Daneben haben mich die Debatten in der Menschenrechtsgruppe ‘augenauf’ und besonders der kritische Geist von Felicitas Borer mehr beeinflusst, als ihr selber bewusst sein konnte.

Während der Abfassung der Habilitationsschrift habe ich von vielen Seiten Anregung und Unterstützung erfahren. Ich danke Gabriele Huschke-Meier, Fabienne Peter, Karin Schlapbach und Modou Lamin Sillah für ihre kritischen Kommentare zu einzelnen Kapiteln und für viele Anregungen im Gespräch. Yves Winter hat ältere Versionen des Textes mit viel Geduld kommentiert und wichtige Gedankenprozesse begleitet. Ein besonders großer Dank geht an Ariane Bürgin, Stephanie Ehret und Barbara von Reibnitz, die das ganze Buchmanuskript mit klarem Blick für das Wesentliche gelesen und mir wichtige Anregungen gegeben haben.

Ich danke meinen Kolleginnen und Mitarbeiterinnen im Netzwerk Gender Studies Schweiz und vor allem Tina Bopp für die Entlastung und Unterstützung während der Schlussphase der Habilitation. Ein großer Dank geht auch an Andrea Maihofer und Regina Wecker für die Ermöglichung einer Auszeit, die für die Fertigstellung der Habilitationsschrift entscheidend war.

Für die Publikation einzelner Teile der Habilitationsschrift im Rahmen der Reihe Reflexe des Schwabe Verlags bin ich Barbara Handwerker Küchenhoff für ihre Initiative, mit der sie das Projekt lanciert hat, und für ihre kompetente Begleitung des Publikationsprozesses äußerst dankbar. Dem Schweizerischen Nationalfonds danke ich für die Bereitschaft, die Publikation des Buches im open access-Verfahren zu unterstützen.

Schließlich danke ich meinen Freundinnen und Freunden sowie meiner Familie für ihre Unterstützung und ihr Interesse, die meine Habilitationsschrift von Anfang an und bis zur Drucklegung dieses Buches in anregender Weise begleitet haben.

Basel, im August 2016 Katrin Meyer

Siglen

D	Arendt, Hannah: Denktagebuch. 1950-1973, 2 Bde., hg. von Ursula Ludz und Ingeborg Nordmann, München/Zürich 2003
EU	Arendt, Hannah: Elemente und Ursprünge totaler Herrschaft [1951/1955], München 1986[4]
EJ	Arendt, Hannah: Eichmann in Jerusalem. Ein Bericht von der Banalität des Bösen [1964], München 1986
MG	Arendt, Hannah: Macht und Gewalt [1970], München 1987[6]
SM	Foucault, Michel: Das Subjekt und die Macht [1982], in: Dreyfus, Hubert L.; Rabinow, Paul: Michel Foucault. Jenseits von Strukturalismus und Hermeneutik, Frankfurt a.M. 1987, S. 240-261
ÜR	Arendt, Hannah: Über die Revolution [1963/1965], München/Zürich 1974
VA	Arendt, Hannah: Vita activa oder Vom tätigen Leben [1958/1967], München 1981

Literaturverzeichnis

Adorno, Theodor W.; Gehlen, Arnold: Ist die Soziologie eine Wissenschaft vom Menschen? Ein Streitgespräch [1965], in: Grenz, Friedemann: Adornos Philosophie in Grundbegriffen, Frankfurt a.M. 1974, S. 225–251.

Agamben, Giorgio: Homo sacer. Die souveräne Macht und das nackte Leben, Frankfurt a.M. 2002.

– Mittel ohne Zweck. Noten zur Politik, Berlin 2001.

Allen, Amy: «Rethinking Power», in: Hypatia (1998) 13/1, S. 21–40.

– The Power of Feminist Theory. Domination, Resistance, Solidarity, Boulder 1999.

– Solidarity after Identity Politics. Hannah Arendt and the Power of Feminist Theory, in: Philosophy and Social Criticism (1999), 25/1, S. 97–118, (ND: in: Hannah Arendt, hg. von Amy Allen, Burlington/Hampshire 2008, S. 407–428).

– Power, Subjectivity, and Agency: between Arendt and Foucault, in: International Journal of Philosophical Studies, (2002) 10/2, S. 131–150.

Althusser, Louis: Ideologie und ideologische Staatsapparate. Aufsätze zur marxistischen Theorie, Hamburg 1977.

Angehrn, Emil: Wozu Philosophiegeschichte? in: ders.: Wege des Verstehens. Hermeneutik und Geschichtsdenken, Würzburg 2008, S. 111–133.

Arendt, Hannah: Der Liebesbegriff bei Augustin. Versuch einer philosophischen Interpretation [1928], Wien 2005[2].

– The Origins of Totalitarianism, New York 1951.

– Elemente und Ursprünge totaler Herrschaft [1951/1955], München 1986[4].

– The Human Condition, Chicago 1958.

– Vita activa oder Vom tätigen Leben [1958/1967], München 2002.

– Was ist Autorität? [1961], in: dies.: Zwischen Vergangenheit und Zukunft. Übungen im politischen Denken I, hg. von Ursula Ludz, München/Zürich 1994, 2. durchges. Aufl. 2000, S. 159–200.

– On Revolution, New York 1963.

– Über die Revolution [1963/1965], München/Zürich 1974.

– Eichmann in Jerusalem. Ein Bericht von der Banalität des Bösen [1964], München 1986.

– Was heißt persönliche Verantwortung unter einer Diktatur? [1964], in: dies.: Nach Auschwitz. Essays & Kommentare 1, hg. von Eike Geisel und Klaus Bittermann, Berlin 1989, S. 81–97.

– On Violence, New York/London 1970.

– Macht und Gewalt [1970], München 1987[6].

– Ziviler Ungehorsam [1970], in: dies.: Zur Zeit. Politische Essays (1943–1975), Hamburg 1999, S. 119–159.

– Diskussion mit Freunden und Kollegen in Toronto [1972], in: dies.: Ich will verstehen. Selbstauskünfte zu Leben und Werk, München/Zürich 1996, S. 71–113.

– The Jewish Writings, hg. von J. Kohn und R. H. Feldman, New York 2007.

– Vom Leben des Geistes. Das Denken. Das Wollen, hg. von Mary McCarthy, München/Zürich 2002.

– Denktagebuch. 1950–1973, 2 Bde., hg. von Ursula Ludz und Ingeborg Nordmann, München/Zürich 2003.

Aristoteles: Metaphysik. Schriften zur Ersten Philosophie, übers. und hg. von Franz F. Schwarz, Stuttgart 1970, erg. Ausg. 1984.

augenauf: «dem einfach etwas entgegensetzen». 20 Jahre Menschenrechtsarbeit in einem selbstgefälligen Land, Bern 2015.

Austin, John R.: Zur Theorie der Sprechakte (How to do Things with Words), dt. Bearb. v. Eike von Savigny, Stuttgart 1972, 1979².

Balibar, Étienne: (De)Constructing the Human as Human Institution, in: Hannah Arendt: Verborgene Tradition – Unzeitgemäße Aktualität? hg. von der Heinrich-Böll-Stiftung, Deutsche Zeitschrift für Philosophie, Sonderband 16, Berlin 2007, S. 261–268.

Benhabib, Seyla: Selbst im Kontext. Kommunikative Ethik im Spannungsfeld von Feminismus, Kommunitarismus und Postmoderne, Frankfurt a.M. 1992.

– Hannah Arendt: Die melancholische Denkerin der Moderne, erw. Ausgabe, Frankfurt a.M. 2006.

– Kosmopolitismus und Demokratie. Eine Debatte, Frankfurt a.M. 2008.

Brown, Wendy: Manhood and Politics. A Feminist Reading in Political Theory, Totowa/New Jersey 1988.

– ; Scott, Joan W.: Power, in: Critical Terms for the Study of Gender, hg. von Catharine R. Stimpson und Gilbert Herdt, Chicago 2014, S. 178–206.

Brunkhorst, Hauke: Die Produktivität der Macht. Hannah Arendts Revolutionierung des klassischen Begriffs der Politik, in: Hannah Arendt weitergedacht, hg. von Lothar Fritze, Göttingen 2008, S. 57–70.

Bürgin, Ariane: Endliches Subjekt. Gleichheit und der Ort der Differenz bei Hobbes und Rousseau, München 2008.

Burckhardt, Jacob: Über das Studium der Geschichte, hg. von Peter Ganz, München 1982.

Butler, Judith: Das Unbehagen der Geschlechter, Frankfurt a.M. 1991.

– Psyche der Macht. Das Subjekt der Unterwerfung, Frankfurt a.M. 2001.

– Konkurrierende Universalitäten, in: dies.; Laclau, Ernesto, Žižek, Slavoy: Kontingenz, Hegemonie, Universalität. Aktuelle Dialoge zur Linken, Wien/Berlin 2013, S. 171–226.

– Am Scheideweg. Judentum und die Kritik am Zionismus, Frankfurt a.M./New York 2013.

– Spivak, Gayatri Chakravorty: Sprache, Politik, Zugehörigkeit, Zürich/Berlin 2007.

Canovan, Margaret: The Contradictions of Hannah Arendt's Political Thought, in: Political Theory 6 (1978) S. 5–26 (ND in: Allen, Amy (Hg.): Hannah Arendt, Burlington/Hampshire 2008, S. 3–24).
– Hannah Arendt: A Reinterpretation of Her Political Thought, London 1992.
Celikates, Robin: Ziviler Ungehorsam und radikale Demokratie. Konstituierende vs. konstituierte Macht?, in: Bedorf, Thomas; Röttgers, Kurt (Hg.): Das Politische und die Politik, Berlin 2010, S. 274–300.
Collins, Patricia Hill; Bilge, Sirma: Intersectionality, Cambridge 2016.
Comtesse, Dagmar: Radikaldemokratische Volkssouveränität für ein postnationales Europa. Eine Aktualisierung Rousseaus, in: Hetzel, Andreas; Flügel-Martinsen, Oliver (Hg.): Zeitgenössische Diskurse des Politischen, Bd. 12, Baden-Baden 2016.
Crenshaw, Kimberlé: Mapping the Margins: Intersectionality, Identity Politics, and Violence against Women of Color, in: Stanford Law Review 43 (1991), S. 1241–1299.
Cohen, Cathy J.: Punks, Bulldaggers, and Welfare Queens: The Radical Potential of Queer Politics?, in: Black Queer Studies: A Critical Anthology, hg. von E. Patrick Johnson und Mae G. Henderson, Durham/London 2005, S. 21–51.
Dabag, Mihran; Kapust, Antje; Waldenfels, Bernhard (Hg.): Gewalt. Strukturen, Formen, Repräsentationen, München 2000.
Das, Veena: Life and Words. Violence and the Descent into the Ordinary, Berkeley/Los Angeles/London 2007.
Deleuze, Gilles; Guattari, Félix: Tausend Plateaus. Kapitalismus und Schizophrenie, hg. von Günther Rösch, Berlin 1997.
Demirović, Alex: Demokratie – zwischen autoritären Tendenzen und gesellschaftlicher Transformation. Zur Kritik der politischen Demokratie, in: ders. (Hg.): Transformation der Demokratie – demokratische Transformation, Münster 2016, S. 278–302.
Dietz, Mary G.: Hannah Arendt and Feminist Politics, in: Shanley, Mary Lyndon; Pateman, Carole (Hg.): Feminist Interpretations and Political Theory, Cambridge 1991, S. 232–252.
– Feminist Receptions of Hannah Arendt, in: Honig, Bonnie (Hg.): Feminist Interpretations of Hannah Arendt, Pennsylvania 1995, S. 17–50.
Disch, Lisa Jane: Hannah Arendt and the Limits of Philosophy, Ithaca/London 1994.
Fanon, Frantz: Von der Gewalt, in: ders.: Die Verdammten dieser Erde, Frankfurt a.M. 1981, S. 29–91.
Figal, Günter: Öffentliche Freiheit. Der Streit von Macht und Gewalt. Zum Begriff des Politischen bei Hannah Arendt, in: Politisches Denken, Stuttgart 1994, S. 123–136.
Fink-Eitel, Hinrich: Dialektik der Macht, in: Angehrn, Emil et al. (Hg.): Dialektischer Negativismus. Michael Theunissen zum 60. Geburtstag, Frankfurt a.M. 1992, S. 35–56.

Förster, Jürgen: Die Sorge um die Welt und die Freiheit des Handelns. Zur institutionellen Verfassung der Freiheit im politischen Denken Hannah Arendts, Würzburg 2009.

Foucault, Michel: Überwachen und Strafen. Die Geburt des Gefängnisses [1975], Frankfurt a.M. 1976.

– Der Wille zum Wissen. Sexualität und Wahrheit 1 [1976], Frankfurt a.M. 1983.

– Geschichte der Gouvernementalität. Bd. I/II [1977–79], hg. von Michel Sennelart, Frankfurt a.M. 2004.

– Das Subjekt und die Macht [1982], in: Dreyfus, Hubert L.; Rabinow, Paul: Michel Foucault. Jenseits von Strukturalismus und Hermeneutik, Frankfurt a.M. 1987, S. 240–261.

– Why Study Power: The Question of the Subject, in: Dreyfus, Hubert L.; Rabinow, Paul: Michel Foucault. Beyond Structuralism and Hermeneutics, Chicago 1982, S. 208–226.

– Schriften in vier Bänden (=Dits et Ecrits), hg. von Daniel Defert und François Ewald, Frankfurt a.M. 2001–2005.

Fraser, Nancy: Die halbierte Gerechtigkeit. Schlüsselbegriffe des postindustriellen Sozialstaates, Frankfurt a.M. 1997.

– Hannah Arendt im 21. Jahrhundert, in: Meints, Waltraud; Klinger, Katherine (Hg.): Politik und Verantwortung. Zur Aktualität von Hannah Arendt, Hannover 2004, S. 73–86.

Friedman, Marilyn: Feminismus und moderne Formen der Freundschaft: Eine andere Verortung von Gemeinschaft, in: Honneth, Axel (Hg.): Pathologien des Sozialen. Die Aufgaben der Sozialphilosophie, Frankfurt a.M. 1994, S. 184–204.

Frost, Samantha: Lessons from a Materialist Thinker. Hobbesian Reflections on Ethics and Politics, Stanford 2008.

Gadamer, Hans-Georg: Wahrheit und Methode. Grundzüge einer philosophischen Hermeneutik, fünfte durchges. u. erw. Aufl., Tübingen 1986.

Göhler, Gerhard: Transitive und intransitive Macht, in: Brodocz, André; Hammer, Stefanie (Hg.): Variationen der Macht, Baden-Baden 2013, S. 225–242.

Gosepath, Stefan: Hannah Arendts Kritik der Menschenrechte und ihr 'Recht, Rechte zu haben', in: Hannah Arendt: Verborgene Tradition – Unzeitgemäße Aktualität? hg. von der Heinrich-Böll-Stiftung, Deutsche Zeitschrift für Philosophie, Sonderband 16, Berlin 2007, S. 279–288.

Habermas, Jürgen: Strukturwandel der Öffentlichkeit. Untersuchungen zu einer Kategorie der bürgerlichen Gesellschaft [1962], 2. durch. Aufl. 1965.

– Die klassische Lehre von der Politik in ihrem Verhältnis zur Sozialphilosophie, in: ders.: Theorie und Praxis [1963], Frankfurt a.M. 1993[6], S. 48–88.

– Hannah Arendt: Die Geschichte von den zwei Revolutionen [1966], in: ders.: Philosophisch-politische Profile, Frankfurt a.M. 1987, S. 223–228.

– Hannah Arendts Begriff der Macht [1976], in: ders.: Philosophisch-politische Profile, Frankfurt a.M. 1981, S. 228–248.

- Alfred Schütz [1980], in: ders.: Philosophisch-politische Profile, Frankfurt a.M. 1987, S. 402–410.
- Faktizität und Geltung. Beiträge zur Diskurstheorie des Rechs und des demokratischen Rechtsstaats [1992], vierte erw. Aufl. Frankfurt a.M. 1994.
- ; Luhmann, Niklas: Theorie der Gesellschaft oder Sozialtechnologie – Was leistet die Systemforschung? Frankfurt a.M. 1971.

Han, Byung-Chul: Was ist Macht? Stuttgart 2005.

Hannah Arendt: Verborgene Tradition – Unzeitgemäße Aktualität? hg. von der Heinrich-Böll-Stiftung, Deutsche Zeitschrift für Philosophie, Sonderband 16, Berlin 2007.

Hardt, Michael; Negri, Antonio: Empire. Die neue Weltordnung. Frankfurt a.M./ New York 2002.

Hark, Sabine: Was wir zeigen, sind wir, nicht umgekehrt. Hannah Arendt und die Dekonstruktion von Identitätspolitik, in: Kahlert, Heike; Lenz, Claudia (Hg.): Die Neubestimmung des Politischen. Denkbewegungen im Dialog mit Hannah Arendt, Königstein/Taunus 2001, S. 77–105.

Hartsock, Nancy C.: Money, Sex, and Power. Toward a Feminist Historical Materialism, New York/London 1983.

Hartsock, Nancy C.M.: Community/Sexuality/Gender. Rethinking Power, in: Hirschmann, Nancy H.; Di Stefano, Christine (Hg.): Revisioning the Political. Feminist Reconstructions of Traditional Concepts in Western Political Theory, Boulder 1996, S. 27–49.

Haugaard, Mark (Hg.): Power: A Reader, Manchester/New York 2002.

Heidegger, Martin: Sein und Zeit, 15. an Hand der Gesamtausgabe durchges. Aufl. mit den Randbemerkungen aus dem Handexemplar des Autors im Anhang, Tübingen 1984.

- Nietzsche, 2 Bde., Pfullingen 1961.
- Vorträge und Aufsätze, Pfullingen 1990.

Hirsch, Alfred: Recht auf Gewalt? Spuren philosophischer Gewaltrechtfertigung nach Hobbes, München 2004.

Hobbes, Thomas: Leviathan oder Stoff, Form und Gewalt eines kirchlichen und bürgerlichen Staates [1651], hg. und eingel. von Iring Fetscher, Frankfurt a.M. 1984.

- Elemente der Philosophie. Erste Abteilung. Der Körper [1655], übers., mit einer Einl. und mit textkritischen Annotationen vers. und hg. von Karl Schuhmann, Hamburg 1997.

Hoibraaten, Helge: Kommunikative und sanktionsgestützte Macht bei Jürgen Habermas, mit einem Seitenblick auf Hannah Arendt, in: The Angel of History is Looking Back. Hannah Arendts Werk unter politischem, ästhetischem und historischem Aspekt, Würzburg 2001, S. 153–193.

Holland-Cunz, Barbara: Die Wiederentdeckung der Herrschaft, in: Kreisky, Eva; Sauer, Birgit (Hg.): Geschlechterverhältnisse im Kontext politischer Transformationen. Politische Vierteljahresschrift. Sonderheft 28, Opladen/Wiesbaden 1998, S. 83–97.

– Gefährdete Freiheit. Über Hannah Arendt und Simone de Beauvoir, Opladen/Berlin/Toronto 2012.

Honig, Bonnie: Agonaler Feminismus: Hannah Arendt und die Identitätspolitik, in: Geschlechterverhältnisse und Politik, hg. vom Institut für Sozialforschung, Frankfurt a.M. 1994, S. 43–71.

Honneth, Axel: Kritik der Macht. Reflexionsstufen einer kritischen Gesellschaftstheorie, Frankfurt a.M. 1985.

– Kampf um Anerkennung. Zur moralischen Grammatik sozialer Konflikte, Frankfurt a.M. 1994.

Jaeggi, Rahel: Die im Dunkeln sieht man nicht: Hannah Arendts Theorie der Politisierung, in: Hannah Arendt: Verborgene Tradition – Unzeitgemäße Aktualität? hg. von der Heinrich-Böll-Stiftung, Deutsche Zeitschrift für Philosophie, Sonderband 16, Berlin 2007, S. 241–250.

– Wie weiter mit Hannah Arendt? Hamburg 2008.

Kahlert, Heike; Lenz, Claudia (Hg.): Die Neubestimmung des Politischen. Denkbewegungen im Dialog mit Hannah Arendt, Königstein/Taunus 2001.

Kant, Immanuel: Ideen zu einer allgemeinen Geschichte in weltbürgerlicher Absicht (1784), in: ders.: Ausgewählte kleine Schriften, Hamburg 1963, S. 27–44.

Kateb, George: Freedom and Worldliness in the Thought of Hannah Arendt, in: Political Theory 5 (1977), S. 141–182 (ND in: Allen, Amy (Hg.): Hannah Arendt, Burlington/Hampshire 2008, S. 25–66).

– Political action: its Nature and Advantages, in: Villa, Dana (Hg.): The Cambridge Companion to Hannah Arendt, Cambridge 2000, S. 130–148.

Kerner, Ina: Transnationalismus, Geschlecht und Intersektionalität: Bausteine einer Internationalen Feministischen Politischen Theorie, in: Kreide, Regina; Niederberger, Andreas (Hg.): Internationale Politische Theorie. Eine Einführung. Stuttgart/Weimar 2015, S. 155–170.

Klein, Naomi: Die Schock-Strategie. Der Aufstieg des Katastrophen-Kapitalismus, Frankfurt a.M. 2009².

Klinger, Cornelia: Macht – Herrschaft – Gewalt, in: Rosenberger, Sieglinde K.; Sauer, Birgit (Hg.): Politikwissenschaft und Geschlecht. Konzepte – Verknüpfungen – Perspektiven, München/Wien 2004, S. 83–105.

Kreisky, Eva: Zwischen allen Stühlen. Hannah Arendt aus der Perspektive der Frauen- und Geschlechterforschung in: Kubes-Hofmann, Ursula (Hg.): Sagen, was ist. Zur Aktualität Hannah Arendts, Wien 1994, 111–151.

Krüger, Hans-Peter: Die *condition humaine* des Abendlandes. Philosophische Anthropologie in Hannah Arendts Spätwerk, in: Deutsche Zeitschrift für Philosophie 55 (2007) 4, S. 605–626.

Kuch, Hannes: Austin – Performative Kraft und sprachliche Gewalt, in: Philosophien sprachlicher Gewalt. 21 Grundpositionen von Platon bis Butler, hg. von Hannes Kuch und Steffen K. Herrmann, Weilerswist 2010, S. 219–240.

Lazreg, Marnia: Questioning the Veil: Open Letters to Muslim Women, Princeton 2010.

Lefort, Claude: Die Frage der Demokratie, in: Rödel, Ulrich (Hg.): Autonome Gesellschaft und libertäre Demokratie, Frankfurt a.M. 1990, S. 281–297.

Liebsch, Burkhard; Hetzel, Andreas; Sepp, Hans Rainer (Hg.): Profile negativistischer Sozialphilosophie. Ein Kompendium, Berlin 2011.

Loick, Daniel: Kritik der Souveränität, Frankfurt a.M./New York 2012.

Lorde, Audre: Du kannst nicht das Haus des Herren mit dem Handwerkszeug des Herren abreissen, in: dies.; Rich, Adrienne: Macht und Sinnlichkeit. Ausgewählte Texte, hg. von Dagmar Schultz, erw. Neuausgabe, Berlin 1991, S. 199–212.

Lorey, Isabell: Konstituierende Kritik. Die Kunst, den Kategorien zu entgehen, in: Mennel, Birgit; Nowotny, Stefan; Raunig, Gerald (Hg.): Kunst der Kritik, Wien 2010, S. 47–64. Luhmann, Niklas: Macht, 2. durchg. Aufl. Stuttgart 1988.

Lukes, Steven: Power. A Radical View, 2. erw. Ausg. New York 2005.

MacKinnon, Catharine: Desire and Power, in: Theorizing Feminisms, hg. von Elizabeth Hackett und Sally Haslanger, New York/Oxford 2006, S. 256–265.

Maihofer, Andrea: Geschlecht als Existenzweise. Macht, Moral, Recht und Geschlechterdifferenz, Frankfurt a.M. 1995.

– Dialektik der Aufklärung – die Entstehung der modernen Gleichheitsidee, des Diskurses der qualitativen Geschlechterdifferenz und der Rassentheorie im 18. Jahrhundert, in: Hobuß, Steffi; Schües, Christina; Zimnik, Nina; Hartmann, Birgit; Patrut, Iulia (Hg.): Die andere Hälfte der Globalisierung. Menschenrechte, Ökonomie und Medialität aus feministischer Perspektive, Frankfurt a.M. 2001, S. 113–132.

Marchart, Oliver: Neu beginnen. Hannah Arendt, die Revolution und die Globalisierung, Wien 2005.

Marti, Urs: Auf der Suche nach dem Politischen, in: Deutsche Zeitschrift für Philosophie 50 (2002) 5, S. 806–812.

Mbembe, Achille: Nekropolitik, in: Biopolitik – in der Debatte, hg. von Marianne Pieper et al., Wiesbaden 2011, S. 63–96.

Meints-Stender, Waltraud: Hannah Arendt und das Problem der Exklusion – eine Aktualisierung, in: Hannah Arendt: Verborgene Tradition – Unzeitgemäße Aktualität? hg. von der Heinrich-Böll-Stiftung, Deutsche Zeitschrift für Philosophie, Sonderband 16, Berlin 2007, S. 251–258.

Meyer, Katrin: Hannah Arendt. Auf der Suche nach der Freiheit jenseits von Souveränität, in: Munz, Regine (Hg.): Philosophinnen des 20. Jahrhunderts, Darmstadt 2004, S. 159–180.

– Denkweg ohne Abschweifungen. Heideggers Nietzsche-Vorlesungen und das Nietzsche-Buch von 1961 im Vergleich, in: Heidegger und Nietzsche. Heidegger-Jahrbuch, Bd. 2, hg. von Alfred Denker et al., Freiburg/München 2005, S. 132–156.

– Kritik der Postdemokratie. Rancière und Arendt über die Paradoxien von Macht und Gleichheit, in: Leviathan 39 (2011), S. 21–38.
– Demokratie ohne Menschenrechte? Das Problem der normativen Unbestimmtheit von Demokratien nach Platon, Lefort und Arendt, in: studia philosophica. Jahrbuch der Schweizerischen Philosophischen Gesellschaft, Bd. 71, Basel 2012, S. 107–127.
– Ordnung jenseits von Souveränität. Arendts Verständnis demokratisch geteilter Macht, in: Ambivalenzen der Ordnung. Der Staat im Denken Hannah Arendts, hg. von Julia Schulze Wessel, Christian Volk und Samuel Salzborn, Wiesbaden 2013, S. 235–257.
– Dramatisierende Gewalt. Hannah Arendt über Politik und Empörung, in: Martinsen, Franziska; Flügel-Martinsen, Oliver (Hg.): Gewaltbefragungen. Beiträge zur Theorie von Politik und Gewalt, Bielefeld 2014, S. 17–31.
– Krisis des Machtbegriffs und Kritik der Gewalt, in: studia philosophica. Jahrbuch der Schweizerischen Philosophischen Gesellschaft, Bd. 74, Basel 2015, S. 93–105.
– Der Kreislauf von Macht und Gewalt, in: Macht. Aktuelle Perspektive aus Philosophie und Sozialwissenschaften, hg. von Phillip H. Roth, Frankfurt a.M./New York 2016, S. 45–62.
– Demokratie zwischen Volkssouveränität und egalitärer Machtteilung. Kritische Überlegungen aus neorepublikanisch-feministischer Perspektive, in: _ Demirović, Alex (Hg.): Transformation der Demokratie – demokratische Transformation, Münster 2016, S. 174–200.
– Ambivalence of Power: Heidegger's 'Man' and Arendt's 'Acting in Concert', in: Conventionalism. Heidegger's 'Anyone' and Contemporary Social Theory, hg. von Gerhard Thonhauser und Hans Bernhard Schmid (im Erscheinen).
– Purtschert, Patricia: Migrationsmanagement und die Sicherheit der Bevölkerung, in: Purtschert, Patricia; Meyer, Katrin; Winter, Yves (Hg.): Gouvernementalität und Sicherheit. Zeitdiagnostische Beiträge im Anschluss an Foucault, Bielefeld 2008, S. 149–172.

Mills, Charles: The Racial Contract, Ithaca 1997.

Morriss, Peter: Power. A Philosophical Analysis, Manchester, 1987.

Mouffe, Chantal: Das demokratische Paradox, Wien 2008.

Nietzsche, Friedrich: Sämtliche Werke. Kritische Studienausgabe in 15 Einzelbänden, hg. von Giorgio Colli und Mazzino Montinari, München 1988.

Norton, Anne: Heart of Darkness: Africa and African Americans in the Writings of Hannah Arendt, in: Honig, Bonnie (Hg.): Feminist Interpretations of Hannah Arendt, Pennsylvania 1995, S. 247–261.

Okin, Susan Moller: Justice, Gender, and the Family, New York 1989.

Passerin d'Entrèves, Maurizio: The Political Philosophy of Hannah Arendt, London/New York 1994.

Pateman, Carole: Participation and Democratic Theory, Cambridge 1970.

– Der Geschlechtervertrag, in: Appelt Erna; Neyer Gerda (Hg.): Feministische Politikwissenschaft, Wien 1994, S. 73–95.
– ; Mills, Charles W.: Contract and Domination, Manchester 2007.
Phillips, Anne: Geschlecht und Demokratie, Hamburg 1995.
Pitkin, Hanna Fenichel: Wittgenstein and Justice, Berkeley 1972.
– Justice: On Relating Private and Public, in: Political Theory 9/3, (1981), S. 327–352, (ND in: Allen, Amy (Hg.): Hannah Arendt, Burlington/Hampshire 2008, S. 89–114).
Purtschert, Patricia; Meyer, Katrin; Winter, Yves (Hg.): Gouvernementalität und Sicherheit. Zeitdiagnostische Beiträge im Anschluss an Foucault, Bielefeld 2008.
Rancière, Jacques: Das Unvernehmen. Politik und Philosophie, Frankfurt a.M. 2002.
– Who is the Subject of the Rights of Man?, in: The South Atlantic Quarterly 103: 2/3, (2004), S. 297–310.
– Zehn Thesen zur Politik, Zürich/Berlin 2008.
Ricœur, Paul: Pouvoir et violence, in: Colloque Hannah Arendt: Politique et pensée, Paris 2004, S. 205–232.
Röttgers, Kurt: Spuren der Macht. Begriffsgeschichte und Systematik, Freiburg i.Br./München 1990.
Rousseau, Jean-Jacques: Diskurs über die Ungleichheit [1755]. Discours sur l'inégalité. Kritische Ausgabe des integralen Textes. Paderborn/München 2001[5].
– Vom Gesellschaftsvertrag oder Grundsätze des Staatsrechts [1762], in Zusammenarbeit mit Eva Pietzcker neu übers. und hg. von Hans Brockard, Stuttgart 2003.
Roviello, Anne-Marie: Freiheit, Gleichheit und Repräsentation, in: Ganzfried, Daniel; Hefti, Sebastian (Hg.): Hannah Arendt – Nach dem Totalitarismus, Hamburg 1997, S. 120–134.
Saar, Martin: Genealogie als Kritik. Geschichte und Theorie des Subjekts nach Nietzsche und Foucault, Frankfurt a.M. 2007.
– Die Immanenz der Macht. Politische Theorie nach Spinoza, Berlin 2013.
Sadiqi, Fatima: The Center: A New Post-Arab Spring Space for Women's Rights, in: Women's Movements in the Post-'Arab Spring' North Africa, hg. von Fatima Sadiqi, New York 2016.
Sartre, Jean-Paul: Kritik der dialektischen Vernunft. Bd. 1: Theorie der gesellschaftlichen Praxis, Reinbek 1967.
Sauer, Birgit: Gewalt, Staat und Geschlecht, in: Transit 23/2002, S. 73–86.
Schälin, Stefanie: 'Hegemoniale Weiblichkeit(en)?'. Eine Untersuchung über machtvolle Frauen aus der schweizerischen Wirtschaftselite, Vortrag, Lausanne 2016, unveröff. Ms.
Schlapbach, Karin: 'Under the full impact of a catastrophic end' – Augustine and the fall of Rome in Hannah Arendt's reading, in: Décadence. 'Decline and Fall'

or 'Other Antiquity'?, hg. von Marco Formisano und Therese Fuhrer, Heidelberg 2014, S. 97–112.

Schnell, Martin W.: Unforgettable. Macht und Gewalt politischer Stiftungen, in: Liebsch, Burkhard; Mensink, Dagmar (Hg.): Gewalt verstehen, Berlin 2003, S. 141–155.

Schulze Wessel, Julia: Über die zwei Seiten der Macht. Zum Machtbegriff Hannah Arendts, in: Brodocz, André; Hammer, Stefanie (Hg.): Variationen der Macht, Baden-Baden 2013, S. 41–56.

Simmel, Georg: Soziologie. Untersuchungen über die Formen der Vergesellschaftung, hg. von Otthein Rammstedt, Gesamtausgabe Bd. 11, Frankfurt a.M. 1992.

Spinoza, Baruch de: Werke in drei Bänden, hg. v. Wolfgang Bartuschat, Hamburg 2006.

Staudigl, Michael: Phänomenologie der Gewalt, Cham/Heidelberg/New York 2015.

Stifft, Stefanie; Zwingel, Susanne: Die greifbaren Sterne der Macht. Kollektives Handeln, Gemeinsinn und individuelles Selbstbewusstsein im politischen Denken Hannah Arendts, in: Penrose, Virginia; Rudolph, Clarissa (Hg.): Zwischen Machtkritik und Machtgewinn: feministische Konzepte und politische Realität. Frankfurt a.M. 1996, S. 71–88.

Strecker, David: 'Macht und Gewalt sind Gegensätze'. Überlegungen zu einer Selbsttäuschung des politischen Denkens aus sklavereitheoretischer Perspektive, in: Martinsen, Franziska; Flügel-Martinsen, Oliver (Hg.): Gewaltbefragungen. Beiträge zur Theorie von Politik und Gewalt, Bielefeld 2014, S. 99–116.

Tocqueville, Alexis de: Über die Demokratie in Amerika [1835/40], Stuttgart 1985.

Tully, James: The Agonic Freedom of Citizens, in: Economy and Society 28/2, (1999), S. 161–182.

Villa, Dana R.: Arendt and Heidegger: The Fate of the Political, Princeton 1996.

Wartenberg, Thomas E.: The Forms of Power. From Domination to Transformation, Philadelphia 1990.

Weber, Max: Wirtschaft und Gesellschaft. Grundriss der verstehenden Soziologie. Fünfte, rev. Aufl. besorgt von Johannes Winckelmann, Tübingen 1980.

Weil, Simone: L'Iliade ou le poème de la force, in: Simone Weil's The Illiad or the Poem of Force. A Critical Edition, hg. von James P. Holoka, New York/Washington/Bern/Berlin 2003.

Winter, Yves: Beyond Blood and Coercion: A Study of Violence in Machiavelli and Marx, Diss. Berkeley 2009, unveröff. Ms.

Wolf, Ursula: Möglichkeit und Notwendigkeit bei Aristoteles und heute, München 1979.

Young-Bruehl, Elisabeth: Hannah Arendt: Leben, Werk und Zeit, Frankfurt a.M. 1991.

Zataari, Zeina: No Democracy without Women's Equality: Middle East and North Africa, in: Social Science Research Council, Conflict Prevention and Peace Forum, 2013.

Zerilli, Linda M.G.: The Arendtian Body, in: Honig, Bonnie (Hg.): Feminist Interpretations of Hannah Arendt, Pennsylvania 1995, S. 167–193.

– Feminismus und der Abgrund der Freiheit, Wien 2010.

Žižek, Slavoj: Arendt? Nein, danke!, in: Literaturen, September 2002, S. 39.

Das Signet des 1488 gegründeten Druck- und Verlagshauses Schwabe reicht zurück in die Anfänge der Buchdruckerkunst und stammt aus dem Umkreis von Hans Holbein. Es ist die Druckermarke der Petri; sie illustriert die Bibelstelle Jeremia 23,29: «Ist nicht mein Wort wie Feuer, spricht der Herr, und wie ein Hammer, der Felsen zerschmettert?»